N° D'ORDRE
**396**

# THÈSES

PRÉSENTÉES

## A LA FACULTÉ DES SCIENCES DE PARIS

POUR OBTENIR

LE GRADE DE DOCTEUR ÈS SCIENCES NATURELLES

PAR

Jules BARROIS

1re **THÈSE**. — Mémoire sur l'embryologie des Némertes (2ᵉ partie).

2ᵉ **THÈSE**. — Propositions données par la Faculté.

**Soutenues le    novembre 1877 devant la Commission d'examen.**

MM. MILNE EDWARDS     *Président.*
    DUCHARTRE          } *Examinateurs.*
    HÉBERT

PARIS

G. MASSON, ÉDITEUR

LIBRAIRE DE L'ACADÉMIE DE MÉDECINE

Boulevard Saint-Germain, en face de l'École de médecine

1877

# THÈSES

PRÉSENTÉES

## A LA FACULTÉ DES SCIENCES DE PARIS

POUR OBTENIR

LE GRADE DE DOCTEUR ÈS SCIENCES NATURELLES

PAR

### Jules BARROIS

1ʳᵉ **THÈSE**. — MÉMOIRE SUR L'EMBRYOLOGIE DES NÉMERTES (2ᵉ PARTIE).

2ᵉ **THÈSE**. — PROPOSITIONS DONNÉES PAR LA FACULTÉ.

**Soutenues le    novembre 1877 devant la Commission d'examen.**

MM. MILNE EDWARDS          *Président.*
DUCHARTRE
HÉBERT                     } *Examinateurs.*

## PARIS

G. MASSON, ÉDITEUR

LIBRAIRE DE L'ACADÉMIE DE MÉDECINE

Boulevard Saint-Germain, en face de l'École de médecine

1877

# ACADÉMIE DE PARIS

## FACULTÉ DES SCIENCES DE PARIS

| | | |
|---|---|---|
| **Doyen** | MILNE EDWARDS, Professeur. | Zoologie, Anatomie, Physiologie comparée. |
| **Professeurs honoraires** | DUMAS.<br>PASTEUR.<br>DELAFOSSE. | |

| | | |
|---|---|---|
| | CHASLES | Géométrie supérieure. |
| | P. DESAINS | Physique. |
| | LIOUVILLE | Mécanique rationnelle. |
| | PUISEUX | Astronomie. |
| | HÉBERT | Géologie. |
| | DUCHARTRE | Botanique. |
| | JAMIN | Physique. |
| | SERRET | Calcul différentiel et intégral. |
| | H. SAINTE-CLAIRE DEVILLE. | Chimie. |
| **Professeurs** | DE LACAZE-DUTHIERS | Zoologie, Anatomie, Physiologie comparée. |
| | BERT | Physiologie. |
| | HERMITE | Algèbre supérieure. |
| | BRIOT | Calcul des probabilités, Physiq. mathématiq. |
| | BOUQUET | Mécanique et physique expérimentale. |
| | TROOST | Chimie. |
| | WURTZ | Chimie organique. |
| | FRIEDEL | Minéralogie. |
| | N. | Astronomie. |

| | | |
|---|---|---|
| **Agrégés** | BERTRAND<br>J. VIEILLE | Sciences mathématiq. |
| | PELIGOT | Sciences physiques. |
| **Secrétaire** | PHILIPPON. | |

A

# M. A. GIARD

PROFESSEUR À LA FACULTÉ DES SCIENCES DE LILLE

Le but de ce travail est de donner d'une manière aussi complète que possible la série régulière du développement normal du groupe des Némertes. Jusqu'ici l'embryologie des différents types est loin d'avoir mené à des résultats concordants : les seules analogies qu'on a pu découvrir entre eux concernent de vagues rapports de formes larvaires que personne n'a encore cherché à contrôler par l'étude suivie des phénomènes internes; il est indispensable, avant de songer à établir en détail la marche régulière de l'embryogénie, de soumettre au contrôle d'observations nouvelles la réalité du lien théorique établi jusqu'ici entre les différentes formes, afin de le détruire, ou de lui donner une base plus certaine, d'après la connaissance des phénomènes internes. Cette étude constituera la première partie du travail, la recherche du *cycle embryonnaire*.

La marche générale une fois bien connue, il devient généralement facile d'en déduire tout de suite la série complète du développement. Mais chez les Némertes nous rencontrons encore une difficulté : la structure du Némerte, telle que nous arrivons à l'établir par l'embryogénie, s'écarte en plusieurs points essentiels de l'organisation admise chez l'adulte; il est indispensable, avant de rien conclure, d'étudier en détail ces parties discordantes. C'est ce qui nous oblige à ajouter au travail une seconde partie : *l'étude du plan de structure du Némerte adulte*. Dans cette partie nous déterminons avec plus de soin les points d'organisation dont l'embryogénie nous a révélé l'importance,

1

2 **J. BARROIS.**

et nous réduisons, par la comparaison des formes principales, l'organisme tout entier à un type idéal plus simple, facilement comparable avec les embryons.

Ce n'est qu'à la suite de ces deux parties : 1° cycle embryonnaire ; 2° plan de structure, que nous nous occupons d'établir la série complète d'embryogénie avec les conclusions qui en sont la suite. Chacune des deux parties précédemment indiquées comprend, outre les conclusions partielles spéciales à chacune d'elles, la première, l'étude des types d'embryogénie : 1° *Pilidium* et *type de Desor ;* 2° *développement direct* et *Planule ;* la seconde : 1° l'*étude de la paroi du corps,* et 2° *celle des cavités internes.* A la première nous avons ajouté un historique des travaux relatifs à l'embryogénie. Mes recherches ont eu lieu sur les côtes de la Manche : à Roscoff, Wimereux et Saint-Waast ; j'ai été guidé dans cette dernière localité par les beaux travaux de MM. de Quatrefages et Milne Edwards : ce dernier surtout m'a donné, pour l'exploration de la localité, d'excellents conseils qui m'y ont été d'un précieux secours.

## PREMIÈRE PARTIE.

### DU CYCLE EMBRYONNAIRE.

### HISTORIQUE.


BIBLIOGRAPHIE.

1847. — J. Müller, Archiv. für Anat. und Physiol., p. 159, pl. 7.
1848. — Desor, Archiv. für Anat. und Physiol., p. 511, ou Boston Journal o Nat. Hist., vol. VI, p. 1.
1851. — Busch, Beobachtungen über Anat. und Entwickel. wirbelloser Thiere.
1851. — Max Schultze, Beiträge zur Naturgeschichte der Turbellarien, p. 60, pl. 6.
1853. — Max Schultze, Zeitschrift für wissensch.-Zoologie, vol. IV, p. 179.
1854. — Gegenbaur, Zeitschrift für wissensch. Zoologie, vol. V, p. 345.
1854. — J. Muller, Archiv. für Anat. und Physiol., p. 75-78, pl. 4.
1858. — Krohn, Archiv. für Anat. und Physiol., p. 293.
1858. — Leuckart et Pagenstecher, Archiv. für Anat. und Physiol.
1861. — Van Beneden, Mém. Acad. de Belgique, t. XXXII.
1862. — Keferstein, Zeitschrift für wissensch. Zoologie, t. XXII, fascicule 1.

1863. — Claparède, Beobachtungen über Anatomie und Entwickel. wirbelloser
    Thiere.
1870. — Uljanin, Reischnetschnie (Turbellaria) Sevastopoliskoï bouxti (Moscou).
1870. — Metschnikoff, Mém. Acad. de Saint-Pétersbourg, 7ᵉ série, t. XIV.
1873. — Rutschli, Archiv. für Naturgeschichte, 39ᵉ année, 3ᵉ livraison.
1873-74. — Mac-Intosh, Ray Society.
1874. — Marion, Annales des sciences naturelles, 5ᵉ série, t. XVII, et Hautes
    Études, t. X.
1874. — Dieck, Jenaïsche Zeitschrift, vol. VIII, p. 500.
1874. — Hubrecht, Aanteekeningen over de Anat. Hist. und Ontwickkelings-
    geschiedenis van eenige Nemertinen.

Je renvoie au début de l'étude de chacune des formes, pour
l'examen détaillé des opinions des auteurs sur les faits détaillés
du développement; je me bornerai ici à jeter un coup d'œil
d'ensemble sur les divers travaux, en résumant à la fin l'état
actuel des connaissances à ce sujet.

*J. Müller*, 1847. — Le fait le plus ancien que l'on puisse
trouver sur le sujet qui nous occupe est la découverte du
*Pilidium :* ce fut J. Müller qui en donna le premier une description. Il reconnut très-bien sa nature de larve et en fit connaître la structure exacte; mais son travail, ne déterminant
pas les relations de cette forme, ne touche en réalité que d'une
manière indirecte au développement du groupe des Némertes.
Peu après, Siebold (1) émettait l'opinion que le *Pilidium* n'était
qu'une larve d'Échinoderme.

*Desor*, 1848. — Les premières notions positives nous sont
donc fournies seulement par le travail de Desor sur l'embryogénie du *Borlasia obscura*. D'après cet auteur, la segmentation donne naissance à une *Morula;* on voit ensuite apparaître
dans cette *Morula* deux, puis trois zones concentriques; au
bout d'un mois, la plus externe de ces zones tombe et met en
liberté un jeune Némerte composé essentiellement des deux
zones internes. Desor commet de fortes erreurs, rectifiées plus
tard par Max Schultze, sur la correspondance des organes larvaires avec ceux de l'adulte, mais sa description se distingue
de celles de ses successeurs par un fait essentiel dont on doit lui

(1) *Compte rendu des travaux de 1847*, dans *Archiv für Naturgeschichte*,
1850, t. II, p. 407.

savoir gré, la description de la formation du Némerte à la suite de l'apparition des trois zones concentriques.

*Busch*, 1854. — Il cherche à reconnaître la nature des *Pilidium :* il voit ces larves perdre leurs appendices et se concentrer en une sphère irrégulièrement ciliée, dans laquelle les organes internes sont en dégénérescence. La présence, peu après la disparition de ces sphères, de larves d'Échinodermes dans le même bocal, suggéra de nouveau à Busch (quoique d'une manière très-dubitative) l'idée d'un rapprochement du *Pilidium* au groupe des Échinodermes.

A côté de cette tentative infructueuse basée tout entière sur des stades anormaux, le travail de Busch contient certains faits utiles à la science, par exemple : 1° la découverte (à tort attribuée à Müller) des plaques discoïdes du *Pilidium* qu'il désigne sous le nom de *ohrformige Körper*, et 2° la description de l'*Alardus caudatus* trouvé en même temps que le *Pilidium*, et dont il figure les organes latéraux et la queue segmentée.

*Max Schultze*, 1851 (*Tetrastemma obscurum*). — Ne commence sa description que sur de jeunes Némertes déjà tout formés, qu'il décrit avec soin en étudiant surtout la formation des stylets. — Malgré l'absence complète des stades antérieurs, Max Schultze reconnaît que le développement est *sans métamorphose*, et l'oppose comme mode plus simple au développement décrit par Desor.

1853, *Nemertes olivacea*. — A propos de cette espèce, il confirme la description donnée par Desor pour le *B. obscura*, et ramène le mode à la métamorphose : le développement consiste, d'après lui, dans le développement d'embryons ciliés très-peu contractiles d'où sort à un moment donné un animal très-mobile qui possède tous les caractères d'un jeune Némertien. C'est, dit-il, « un mode particulier de métamorphose dont le premier anneau, la larve, ne dépasse pas le type embryonnaire. »

Max Schultze établit mieux que son devancier les relations entre les parties du jeune Némerte et celles de l'adulte ; mais il a le tort de ne voir dans les zones concentriques que l'indication des différents organes du jeune Némerte. « Je n'ai, dit-il,

» jamais pu envisager de la même façon que Desor l'ensemble
» des diverses couches concentriques dessinées par lui; je ne
» puis voir dans leur alternance qu'une indication de la for-
» mation des organes internes. » Plus haut, il rapporte la couche
moyenne aux cordons nerveux; la partie interne, plus sombre,
au tube digestif, le reste à la peau. Le développement n'est
donc, selon lui, qu'une apparition directe et sur place des différents organes.

*Gegenbaur*, 1854. — Reconnaît pour le *Pilidium* la nature
anormale des stades décrits par Busch, et met sur la voie du
développement véritable par la description de deux *Pilidium*
assez avancés, chez lesquels les cils s'étaient disposés en une
frange ciliaire comparable à celle des auriculaires. Ces *Pilidium*
contenaient un jeune Némerte incomplétement formé, mais déjà
reconnaissable. Gegenbaur se demande d'abord si cet animal
inclus n'est pas un parasite, mais il finit par répondre d'une
manière négative et le considère comme un animal de seconde
génération *greffé* sur le premier.

*J. Müller*, 1854. — Donne connaissance d'une lettre écrite
par Krohn en 1851, et dans laquelle cet observateur déclare
que l'amas obscur situé autour de la bouche du *Pilidium*, et
décrit par Müller dès 1847 comme n'étant qu'un simple épaississement labial (*Wulst, der den Eingang in die Mundhöhle
umgiebt*), représente en réalité un jeune Turbellarié en voie de
formation qu'il suppose produit par génération alternante aux
dépens du *Pilidium*. Müller fait ensuite suivre cette importante
citation par trois observations qui la confirment et l'étendent.

1° Il annonce avoir souvent trouvé en 1851, avec Max Müller,
de semblables Turbellariés dans l'intérieur du *Pilidium* et il
en donne plusieurs figures.

2° L'étude plus attentive de ces Turbellariés lui a montré
qu'ils se rapportaient au groupe des Némertes, et devaient
être identifiés à l'*Alardus caudatus* décrit par Busch en 1851.

3° L'examen des caractères de cette dernière espèce permet
de la considérer comme une forme jeune du genre *Micrura*
d'Ehrenberg.

Ainsi se trouvaient établies les relations complètes du *Pilidium;* mais, ajoute Müller, il importe, avant d'adopter la série ainsi établie, de bien en démontrer le point de départ, à savoir : que le Némerte est le produit du bourgeonnement du *Pilidium.* Cette dernière assertion est encore douteuse ; il rappelle à ce sujet l'objection de parasitisme, et décrit à cette occasion, comme constituant un phénomène de développement étranger au Némerte, le nombre et la disposition exacte de ses quatre disques.

*Krohn;* 1858. — Il combat les derniers scrupules de Müller en faisant remarquer l'absence complète d'ouvertures pour l'introduction du parasite dans la cavité générale ; il signale de plus entre le *Pilidium* et le jeune Némerte la présence de connexions intimes ; fait remarquer, en troisième lieu, la grande concordance qui subsiste au sujet du cycle d'alternance entre le *Pilidium* et le type de Desor. Cette dernière observation est le point de départ de la réunion des différents types par le lien d'alternance. Max Schultze avait cru devoir rapporter le type de Desor, au point de vue de l'ensemble des phénomènes internes, au développement simple constaté par lui chez le *Tetrastemma* (développement direct) ; l'observation de Krohn montre que, d'un autre côté, la succession des formes embryonnaires est la même que celle du *Pilidium.* La déduction légitime à tirer de ces faits est d'admettre que le type de Desor est un intermédiaire voisin des formes simples (*Tetrastemma*) par les phénomènes internes, et des formes complexes (*Pilidium*) par la succession des formes externes. On en vient donc à établir entre les trois types la série suivante :

Développement direct.

|

Type de Desor.

|

Pilidium.

exprimant une simplification graduelle du cycle d'alternance du *Pilidium* au développement direct.

*Leuckart et Pagenstecher,* 1858. — Retracent le processus

complet de formation du Némerte à l'intérieur du *Pilidium* et nous font connaître ces faits importants : 1° que l'évolution du Némerte à l'intérieur du *Pilidium* consiste, dans son ensemble, dans l'enveloppement du tube digestif par une plaque ventrale entourant la bouche; et 2° que c'est l'ensemble constitué par cette peau de seconde formation avec l'intestin du *Pilidium* qui constitue entièrement le jeune Némertien. Ces auteurs décrivent le développement d'une manière complète et nous donnent de bons renseignements sur la formation des différents organes (trompe, organes latéraux, système nerveux, etc.) ; ils signalent aussi la présence de l'amnios, mais sans rien pouvoir dire de sa formation. Le fait que le tube digestif du *Pilidium* passe au jeune Némerte les empêche d'adopter d'une manière complète les idées de Krohn sur l'alternance : ils aiment mieux voir dans ce mode d'embryogénie un phénomène mixte intermédiaire entre l'alternance et la métamorphose, quoique plus voisin de cette dernière et comparable à ce qui existe chez les Échinodermes. En ce qui concerne l'origine de la plaque ventrale, ces auteurs restent muets; ils semblent la considérer comme dérivant de deux espèces de bandes embryonnaires et paraissent n'avoir pas bien vu les deux paires de disques.

*Van Beneden*, 1861, *Polia involuta*. — Jusqu'en 1861 le *Pilidium* était la seule larve connue des Némertes; à cette époque, Van Beneden fit la découverte d'une nouvelle larve en forme de Planule et munie à son extrémité d'un plumet de cils. Cette découverte modifia encore la théorie du développement. Van Beneden s'en sert pour insister de nouveau sur le cycle d'alternance; il généralise la série admise par ses prédécesseurs, et admet que le développement consiste essentiellement dans l'évolution successive de deux formes distinctes : la larve et l'adulte, qui représentent, la première le *Scolex*, la seconde le *Proglottis*. La *Planula* du *Polia involuta* représentait ainsi le cycle complet, mais avec une simplification de structure du *Scolex*. Cet état de *Scolex* libre, mais moins compliqué que le *Pilidium*, se réunit ainsi au type de Desor (*Scolex* resté à l'état embryonnaire) pour former une seconde forme intermédiaire entre les modes extrêmes (*Pilidium* et *développement direct*). À l'appui de cette idée, Van Beneden décrit chez son *Polia* une chute de la peau comparable à celle du type de Desor; ce dernier point, nié par Mac-Intosh, est plus que contestable.

Les phénomènes du développement interne du *Polia involuta* semblent être, d'après Van Beneden, un peu plus graduels que dans la description du développement direct donnée par Max Schultze. Après la segmentation, les sphères vitellines se condensent à la périphérie, tandis que la masse vitelline se retire au centre; puis a lieu l'éclosion : le blastoderme se délimite ensuite mieux pour former la peau, tandis que la masse vitelline, « qui a cédé toute sa quintessence pour la formation des tissus », se concentre en arrière pour former le tube digestif.

En résumé, la série complète des différents modes serait augmentée, d'après l'auteur belge, d'une forme nouvelle; elle acquiert dès lors la disposition suivante :

Développement direct.

Type de Desor.      Planula.

Pilidium.

Le développement de la nouvelle forme (*Planula*) consisterait surtout dans une séparation en portion interne et couche périphérique, la première donnant naissance au tube digestif, la seconde à la peau.

*Nemertes communis.* — Le même auteur dit aussi quelques mots du développement de cette espèce (identique au *Nemertes olivacea*); mais ce qu'il dit à ce sujet mérite peu d'attention : il se borne à signaler la transformation du vitellus en embryon cilié, sans y insister d'une autre manière. Sa description est bonne tout au plus à confirmer l'idée émise par Max Schultze de la simplicité du développement du type de Desor.

*Keferstein*, 1862, *Prosoochmus Claparedii.* — *Claparède*, 1863, *id.* — *Uljanin*, 1870, *Borlasia vivipara, Polia aurita.* — Nous donnent, surtout le premier, de bonnes descriptions du

Némerte récemment éclos, mais possédant déjà tous les caractères qui distinguent l'adulte ; bien que faites avec soin, ces observations, commencées trop tard, ne nous apprennent rien en ce qui concerne les phénomènes de développement, et nous n'avons pas à nous en occuper plus longtemps. Seul, Claparède décrit des états moins âgés rencontrés dans la cavité du corps du *Prosorochmus*. La segmentation est totale et régulière, et donne directement naissance, après la *Morula*, à un jeune Némerte déjà tout formé. Bien que cette description soit très-superficielle, elle n'en constitue pas moins une confirmation importante du fait déjà entrevu par Max Schultze, de l'extrême simplicité de l'embryogénie dans le développement direct. Claparède est le premier qui semble avoir suivi, dans ce mode de développement, la série complète, et qui l'ait rapportée à la différenciation de la *Morula*.

*Metschnikoff*, 1870. — 1. *Pilidium*. — Décrit la formation du *Pilidium* aux dépens de l'œuf et découvre le rôle des disques de Müller ; il suit leur formation par invagination de l'exoderme de la *Gastrula*, et leur soudure les uns aux autres pour donner naissance à la plaque ventrale ; il découvre aussi l'origine de l'amnios formé par la lame externe des mêmes rudiments, et établit en somme l'ensemble du développement du *Pilidium* tel qu'on le conçoit encore aujourd'hui.

De même que Leuckärt et Pagenstecher, Metschnikoff considère le passage partiel du *Pilidium* au Némerte adulte comme un rapprochement vers la métamorphose ; mais l'évolution des disques qu'il rapproche ici des bourgeons internes (*Brutkapsel des Cestods*) constitue, d'après lui, un rapprochement important vers l'alternance dont les auteurs allemands n'avaient pu tenir compte. Sans quitter l'opinion de ces deux auteurs sur la nature mixte du phénomène, Metschnikoff le déclare plus voisin de l'alternance ; de plus, au lieu de se contenter d'un rapprochement vague avec les Échinodermes, il établit, pour préciser la place qu'il lui assigne, le tableau suivant, qui explique, selon lui, le passage graduel de la métamorphose à l'alternance :

| | | |
|---|---|---|
| Métamorphose. | 1. Transformation totale de la larve en adulte. | *Auriculaires.* |
| | 2. Destruction des organes de natation...... | *Pluteus.* |
| | 3. Destruction de toute une partie de la peau. | *Echinides.* |
| | 4. Destruction de la peau entière.......... | *Pilidium.* |
| Alternance : | 5. Destruction de l'organisme larvaire entier. | *Cestodes.* |

Il demeure donc acquis que l'auteur russe voit dans les quatre disques des *bourgeons internes*, et s'en sert pour rapprocher le *Pilidium* plus de l'alternance que ne l'avaient fait Leuckärt et Pagenstecher.

2. *Planula.* — A ces belles études sur le *Pilidium* Metschnikoff ajoute quelques mots sur le développement de la *Planula.* Sa description, faite d'après un *Tetrastemma* indéterminé, se rapproche assez de celle de Van Beneden; mais, au lieu d'y avoir « refoulement à la périphérie des sphères vitellines et condensation au centre des éléments nutritifs », il y a stratification directe de la *Morula* en couche externe et masse interne. Metschnikoff n'a pas suivi le développement ultérieur.

*Butschli,* 1876. — Confirme les descriptions de Metschnikoff sur le rôle des disques et donne d'intéressants détails sur les processus détaillés de formation du Némerte (voyez plus loin). D'après lui comme d'après ses prédécesseurs, le développement consiste essentiellement dans la formation par bourgeonnement interne d'une peau nouvelle destinée à remplacer la peau primitive du *Pilidium.*

*Mac-Intosh,* 1873-1874 : *Lineus Gesserensis, Amphiporus lactifloreus, Nemertes carcinophila, Tetrastemma dorsalis, Cephalothrix linearis.* — Il étudie tous les types, excepté le *Pilidium;* nous allons voir ses conclusions sur chacun d'eux.

1. *Développement direct.* — Il donne de très-bonnes figures du développement, qui peuvent être d'une grande utilité pour montrer les différents aspects de différenciation de la *Morula;* les phénomènes sont retracés d'une manière infiniment plus détaillée, très-supérieure à celle de ses prédécesseurs, mais la conception du développement reste cependant la même : après les premières divisions, *les sphères glissent les unes sur les autres* de manière à donner naissance à une masse solide qui se différencie.

2. *Type de Desor*. — Après la *Morula*, semblable à celle du développement direct, s'écoule un long espace de temps pendant lequel Mac-Intosh ne décrit aucun phénomène ; cette période se termine par la chute de la peau et la sortie du jeune Némerte. D'après sa description, le type de Desor se rapporte entièrement, pour les phénomènes internes, à la différenciation de la *Morula*.

3. *Planula*. — S'écarte un peu de Van Beneden et de Metschnikoff par la ressemblance plus grande qu'il semble admettre entre ce mode d'embryogénie et le développement direct : beaucoup de ces larves ciliées ne différeraient que peu, d'après ses figures, de la *Morula* (*Tetrastemma dorsalis, Cephalothrix linearis*), et la différenciation de ces *Morula* en Némertes adultes se ferait tout à fait de la même manière que dans le développement direct. Quelques-unes de ses figures semblent aussi indiquer, comme dans les descriptions de Metschnikoff et Van Beneden, une division avant l'apparition des autres parties, en couche externe (*cutaneous texture*), et portion interne (*opaque, granular matter*) ; mais ces deux parties constituent beaucoup moins, d'après ses figures, des couches bien distinctes dont on puisse suivre l'évolution séparée, que des alternances de coloration dues à la marche même de la différenciation. Le peu de développement du texte sur ce sujet rend fort difficile l'appréciation exacte des idées de l'auteur ; néanmoins il me semble ressortir clairement de ses descriptions et de ses dessins, que l'embryogénie est fondamentalement la même que celle du développement direct : la seule différence est que la différenciation histologique, au lieu de s'effectuer simultanément dans toute la masse, peut commencer par laisser apparaître d'une manière plus distincte d'abord la peau externe, puis le tube digestif.

En somme, la conclusion du travail de Mac-Intosh est de ramener trois types d'embryogénie au type schématique simple de différenciation de la *Morula*. Ce développement simple paraît être la règle chez les Némertiens, et le *Pilidium* est un cas exceptionnel sans autre exemple dans le groupe ; les graduations successives que l'on a établies entre les différentes formes embryonnaires ne se retrouvent donc plus en ce qui concerne les phénomènes internes, mais les trois derniers types se ramènent à un seul, tandis que le *Pilidium* demeure isolé.

*Marion*, 1874. — Donne une bonne figure d'un jeune Némerte éclos du *Borlasia Keferstenii*.

*Dieck*, 1874, *Cephalothrix Galateæ*. — Décrit la *Planula* et donne une embryogénie complète de cette espèce ; sa description ressemble beaucoup à celle de Van Beneden : les cellules de la *Morula* vont former à la surface une couché continue, tandis qu'il reste au centre une masse plus obscure qui se concentre en arrière pour former l'intestin. La larve éclôt à cette période, et acquiert graduellement la structure complète d'un Némerte adulte. La couche périphérique donne naissance à la peau.

Dieck signale aussi une chute de la peau, mais sans autres preuves ni meilleures figures que Van Beneden pour le *Polia ;* il termine en donnant une phylogénie qui n'est que la répétition, sous une forme plus neuve, du cycle établi par Van Beneden (1).

Un fait intéressant annoncé dans ce travail mérite cependant une mention spéciale : c'est la présence, à un stade de la *Morula*, d'une dépression profonde rappelant l'invagination du tube digestif du *Pilidium*.

*Hubrecht*. — Cet état de *Morula* portant en un de ses points une dépression profonde est une indication de la forme *Gas-*

---

(1) Dieck ne paraît pas avoir eu connaissance du travail de l'auteur belge. Sa phylogénie ne diffère de celle de ce dernier que par l'intervention d'un caractère nouveau, la présence ou l'absence de cavité du corps ; mais je ne puis ajouter foi à ce caractère, car l'absence de cavité du corps, très-douteuse aujourd'hui même chez les Turbellariés les plus inférieurs, n'existe certes jamais chez aucun Némertien. Je dois de plus prémunir ici contre une erreur qui pourrait, si elle était propagée, jeter dans ce sujet une grande confusion : Dieck place le *Pilidium* parmi les *Enopla*. Or, il est depuis longtemps parfaitement prouvé que cette forme larvaire est exclusive aux *Anopla*. Cela résulte des observations de J. Müller, Metschnikoff, et même Leuckärt et Pagenstecher, car le mot Borlasie dont se servent ces derniers désignait, à l'époque où ils l'employaient, un type d'*Anopla* et non d'*Enopla*.

*trula*. Hubrecht l'a retrouvé la même année chez une forme voisine du *Borlasia olivacea ;* mais ni lui ni Dieck ne suivent le rôle de cette *Gastrula* dans l'embryogénie, et les renseignements sur sa structure exacte font tout à fait défaut dans leurs descriptions. Pour Dieck, elle constitue un stade transitoire, dernier reste de l'état de *Pilidium*, mais n'a pas d'influence sur la marche générale du développement. Hubrecht (dont la *Gastrula* me semble, comme on le verra plus tard, devoir se rapporter au *Pilidium*) ne l'a pas suivi au delà.

Résumé. — 1. *Pilidium* (J. Müller, 1847). — Déterminé, à la suite des travaux de J. Müller (1847-1854), Busch (1851), Gegenbaur (1854) et Krohn (1858), comme forme larvaire du groupe des Némertes, il est étudié, au point de vue des phénomènes internes, par Leuckärt et Pagenstecher (1858), Metschnikoff (1870) et Butschli (1873), qui découvrent les phénomènes complexes du développement et le ramènent à la formation par bourgeonnement interne d'une peau nouvelle destinée à remplacer la peau du *Scolex*. Le cycle général est, après discussion, rapporté à l'alternance.

2. *Type de Desor*. — Desor (1848) fait connaître la chute de la peau et décrit la présence de trois zones concentriques. — Max Schultze (1853) ramène le développement interne à la formation directe du Némerte par différenciation de la *Morula*. — Krohn (1858) fait remarquer l'analogie des phénomènes externes avec ceux du *Pilidium*. — Van Beneden (1861) et Mac-Intosh (1873) confirment l'assertion de Max Schultze sur la simplicité du développement interne.

. 3. *Développement direct* (Max Schultze, 1851). — Décrit par Max Schultze, et ensuite (1863) plus complétement par Claparède comme consistant dans la différenciation directe de la *Morula*. — En 1862, 1870 et 1874, description d'embryons par Keferstein, Uljanin et Marion.      En 1874, étude détaillée du développement par Mac-Intosh, qui confirme sa grande simplicité et donne de bons dessins des aspects graduels de différenciation de la *Morula*. Les rapports établis, d'une part par Max Schultze entre le développement simple et les phénomènes internes du type de Desor, de l'autre entre les formes embryonnaires de ce dernier type et le *Pilidium*, permettent de considérer le type de Desor comme un intermédiaire auquel s'ajoutera bientôt la *Planula* (Van Beneden), de manière à former la série suivante basée sur l'alternance :

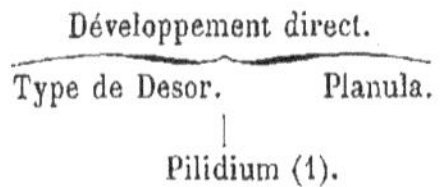


4. *Planula* (Van Beneden, 1861). — Regardée par Van Beneden (1861), et plus récemment par Dieck (1874), comme constituant un *Scolex* (*Pilidium*) simplifié, qu'ils placent à côté du type de Desor, entre les deux modes extrêmes.

Pour les phénomènes internes, Metschnikoff (1870) voit une stratification directe de la *Morula* en deux portions concentriques dont il ne suit pas l'évolution ultérieure. Van Beneden et Dieck décrivent une différenciation en couche périphérique qui devient la peau, et en masse interne qui se concentre en arrière pour former l'intestin. Bien que différant un peu pour la forme, leur description ne s'éloigne, en réalité, en rien de la différenciation directe de la *Morula*. Mac-Intosh, qui paraît avoir mieux suivi les couches musculaires, la ramène complétement à ce mode si simple.

5. Enfin, des *Gastrula* ont été signalées, mais dans des con-

(1) Ce cycle, qui fait du *Pilidium* la forme primitive du groupe des Némertes, a donné lieu à diverses tentatives de comparaison avec les groupes voisins : l'une des plus remarquables est celle de Schneider (*Untersuchungen über Plathelminthen*, 1873). Cet auteur compare le *Pilidium* à une Planaire adulte ; il s'appuie, pour cela, sur la disposition de la trompe de ces animaux. D'après lui, la peau d'une Planaire adulte (1), la peau qui tapisse le vestibule qui contient la trompe (2), le feuillet externe de la trompe (3), enfin son feuillet interne avec l'intestin (4), sont respectivement homologues à la peau du *Pilidium* (1), à l'amnios (2), à la couche des disques (3) et à l'intestin (4). On s'est servi aussi de la ressemblance du *Pilidium* avec les larves d'Échinodermes, de *Balanoglossus* et de certains Annélides pour conclure à un rapprochement direct entre ces groupes ; on a aussi souvent comparé la *Planula* aux larves d'Annélides. Nous reviendrons plus tard sur ces rapprochements.

ditions encore trop imparfaites, pour permettre de rien conclure
de nouveau.

Un fait à remarquer dans ces divers travaux, c'est l'absence
complète, dans les trois derniers modes, de tout phénomène
interne autre qu'une simple différenciation de la *Morula*. On a
bien cherché, Desor pour le *Borlasia obscura*, Van Beneden et
Dieck pour la *Planula*, à trouver une marche plus graduelle ;
ils y ont décrit la présence de zones successives, au lieu d'une
différenciation brusque de tout l'ensemble. Mais, outre que le
mode qu'ils tendent à établir fait encore partie de la différenciation de la *Morula*, ces zones délimitées par eux d'une manière trop vague ont été attribuées par tous les autres auteurs
à des différences de coloration produites par la différenciation
de la peau, de l'intestin et des cordons nerveux, ce qui identifie
ce processus à celui de la différenciation immédiate des organes.

Cette présence exclusive chez les trois derniers types, d'un
développement extrêmement simple, par différenciation directe
de la *Morula*, ne peut se concilier avec la série si complexe des
phénomènes internes du *Pilidium*. Ce dernier paraît donc une
forme toute spéciale égarée au milieu d'un mode général d'une
grande simplicité, et qui ne peut offrir avec les autres types
aucun élément de comparaison. Le lien sériaire si bien établi
entre les quatre formes sur la seule inspection des phénomènes
externes ne peut se soutenir du moment que l'on passe aux phénomènes internes ; à côté du cycle basé sur le lien d'alternance
et exprimé par la série

Développement direct.

Type de Desor.      Planula.

Pilidium.

on se trouve obligé d'admettre un mode de développement
général extrêmement simple basé sur la différenciation directe
de la *Morula* et comprenant les trois dernières formes ; tandis
qu'au contraire le *Pilidium* demeure isolé, présentant une série
anormale de phénomènes complexes et formant, au milieu d'un

cycle général très-simple, un cas aberrant comparable aux formes les plus différenciées.

Tel était l'état de la question quand je fis paraître, en 1874, une communication à l'Académie, dans laquelle je décrivais un intermédiaire entre ces deux modes : j'annonçai que le type de Desor, regardé jusqu'ici comme faisant partie du mode le plus simple, n'avait été placé dans cette division que par suite de l'insuffisance des observations, et qu'il présentait, bien que sous une forme plus simple, les mêmes phénomènes de développement interne que le *Pilidium* (évolution des disques, etc.). Cette découverte des phénomènes internes restreints jusque-là au *Pilidium*, chez un type rangé dans le cas ordinaire de différenciation de la *Morula*, montrait la possibilité de la réunion entre les deux, et faisait par cela même disparaître en partie l'aspect anormal du *Pilidium*. Néanmoins cette réunion n'était encore, par ce fait, que très-grossièrement indiquée, et le développement demeurait encore scindé en deux divisions bien tranchées : 1° les types à phénomènes internes plus complexes (*Pilidium, type de Desor*) ; 2° les types chez lesquels la simplicité demeurait constante (*développement direct, Planula*). Reste à étudier avec plus de détail ces deux divisions, de façon à tâcher d'arriver à une réunion plus complète : c'est ce que nous allons essayer de faire.

PILIDIUM ET TYPE DE DESOR.

1. Pilidium.

1848 à 1858, J. Müller, Busch, Gegenbaur, Krohn.
1858, Leuckärt et Pagenstecher.
1870, Metschnikoff.
1873, Butschli.

Avant d'entreprendre nos descriptions, nous devons étudier plusieurs points spéciaux pour lesquels les auteurs sont en désaccord, et dont nous n'avons pu parler dans l'historique général.

Ainsi que nous l'avons dit dans ce qui précède, les recherches jusqu'à l'année 1858 apprirent très-peu de chose sur le développement interne du *Pilidium;* cependant, dès l'année 1851, Busch avait signalé les corps vésiculaires (*ohrformige Körper*) désignés plus tard sous le nom de disques (*Napfen*), et dont J. Müller fit connaître avec soin, en 1854, le nombre et la disposition exacte. Le rôle de ces rudiments demeura inconnu pendant longtemps encore, et ce fut Metschnikoff qui découvrit leur rôle dans la formation de la peau.

*Leuckärt et Pagenstecher* (1). — Ils prennent pour point de départ de leurs observations un stade dans lequel les rudiments du Némerte ne sont encore représentés que par deux bandes cellulaires (*Keimstreifen*) situées du côté ventral et placées symétriquement à droite et à gauche de l'intestin : de chaque côté de l'œsophage se trouvaient, au même stade, deux organes vésiculaires qui semblaient dérivés d'un bourgeonnement de ses parois. En suivant le cours du développement, les auteurs virent les deux bandes ventrales se réunir pour constituer une plaque ventrale, et cette dernière, s'étendant graduellement vers le haut en contournant l'intestin, finissait par envelopper les organes internes et former un sac continu qui devenait la peau du Némerte futur; ils suivirent en outre le développement des deux poches situées de chaque côté de l'œsophage et les reconnurent comme les rudiments des organes latéraux; ils virent se former l'invagination de la peau qui donne naissance à la trompe, et constatèrent la naissance des ganglions nerveux sous forme d'un épaississement de la peau du Némerte à la partie antérieure des organes latéraux; enfin, ils découvrirent que tout autour du corps du jeune Némerte se distinguait, à l'intérieur de la peau du *Pilidium*, une seconde membrane plus mince, destinée à être entraînée avec elle dans la chute, et qui fut désignée sous le nom d'*amnios*. La série des figures qui accompagnent leur mémoire nous rend parfaitement compte de l'environnement graduel des organes internes par les deux bandes embryonnaires, et c'est là, sans contredit, le

(1) *Muller's Archiv*, 1858.

résultat le plus important de tout leur travail. Mais quelle est l'origine de ces bandes cellulaires? Là se trouve une lacune que ces deux auteurs n'ont pas pu combler : les plus jeunes exemplaires qu'ils ont pu étudier présentaient, selon eux, une seule paire de rudiments arrondis, qu'ils rapportent aux organes latéraux, dont la naissance serait ainsi antérieure à celle des rudiments de la peau du Némerte.

*Metschnikoff.*—Les recherches de Metschnikoff (1), qui vinrent ensuite, furent, comme nous l'a dit l'auteur lui-même, entreprises dans le but de rechercher l'origine des bandes embryonnaires décrites par Leuckärt et Pagenstecher. Ses recherches, confirmées depuis par celles de Butschli, nous donnent sur la question : une solution complète ; il montra que la plaque ventrale décrite par les auteurs résultait de la soudure de quatre rudiments, dont il reconnut l'identité avec les plaques discoïdes vues la première fois par Busch et décrites plus tard avec soin par Joh. Müller. On put, à partir de cette découverte importante, considérer le développement du Némerte à l'intérieur du *Pilidium* comme résultant, dans son ensemble, de l'environnement des organes internes par quatre bourgeons nés de la peau du *Pilidium*, et qui arrivent graduellement à se souder entre eux pour donner naissance à un revêtement continu qui environne complétement les organes internes. A côté de ce résultat fondamental, Metschnikoff nous fournit aussi quelques renseignements d'une importance moindre : il reconnaît que l'amnios résulte, comme la peau du Némerte, de la confluence des quatre disques ; les vésicules aplaties qui constituent ces disques offrent une paroi interne tournée en dedans, et une paroi externe tournée en dehors. C'est la paroi interne seule qui, par son accroissement, donne naissance à la peau du Némerte ; la paroi externe produit, de la même façon, l'amnios. La description de la formation du *Pilidium* à partir de l'œuf est encore

(1) Metschnikoff, *Studien über die Entwickelung der Echinodermen und Nemertinen* (*Mémoires de l'Académie des sciences de Saint-Pétersbourg*, 7ᵉ série, 1870, t. XIV).

un résultat dû au même auteur : Metschnikoff démontre, d'après des matériaux fournis par Kowalevsky, que le *Pilidium* dérive directement du stade *Gastrula* produit par invagination de la blastosphère.

Telle est l'histoire générale du développement du *Pilidium*; mais, à côté de ces résultats aujourd'hui incontestés, et qui semblent définitivement acquis à la science, s'en trouvent d'autres qui sont encore douteux, et sur lesquels nous devons nous appesantir avec plus de soin. De ce nombre sont surtout deux points très-importants : l'*origine de la musculature* du Némerte adulte, et le *mode d'évolution des organes latéraux*. Ces deux points, auxquels j'accorde, comme on le verra par la suite, une importance fondamentale, ont été étudiés par les auteurs qui précèdent d'une manière incomplète et souvent erronée; l'analogie, je dirai presque l'identité, qui existe entre les phénomènes observés par moi chez le *Lineus obscurus* et le développement du *Pilidium* me permet, bien que je n'aie pu étudier de *Pilidium*, de juger ici en connaissance de cause et d'indiquer les vues que je crois les meilleures.

1. *Formation des muscles.* — D'après Leuckärt et Pagenstecher, la peau formée par l'accroissement de la plaque ventrale est d'abord composée d'une couche unique et se différencie ensuite en enveloppes musculaire et épithéliale. Metschnikoff paraît être d'un avis contraire : cet auteur indique, au commencement de l'évolution des quatre disques, une différenciation de leur paroi interne (celle qui formera la peau du Némerte) en deux couches ou feuillets : une, interne, qui reste plus mince et constituera la paroi musculaire du corps; l'autre, externe, qui demeure plus épaisse et devient l'épiderme. Plus loin il revient encore sur la même question, et ajoute : « En ce qui concerne la paroi musculaire, j'ai pu me convaincre, à diverses reprises, qu'elle dérive directement du feuillet interne des rudiments du jeune Némerte. » Enfin, dans l'énumération finale de ses résultats, il revient encore sur le même sujet, et dit : « Die vier aus einem Theile der Hauteinstülpungen entstan- » denen Scheiben, welche den künftigen Keimstreif repräsen-

20        **J. BARROIS.**

» tiren, erscheinen aus zwei Blättern zusammengesetzt. Von
» diesen bildet das äussere Blatt ausser der Epidermis, noch
» das centrale Nervensystem, während das innere, dünnere
» Blatt zum Muskelschlauche wird (1). » Il est impossible de
se montrer plus affirmatif.

Butschli (2) ne trouve jamais la paroi interne des quatre
disques composée de deux couches, mais il décrit de bonne
heure, appliquées contre la paroi épaisse de chacun de ces
rudiments, un petit nombre de cellules étoilées de la même
espèce que celles qu'on rencontre en grand nombre dans la
cavité générale, mais dont il n'indique pas la provenance. Pour
Butschli comme pour Metschnikoff, cet amas constitue le point
de départ de la musculature. Dans la suite du développement,
ces amas prennent un accroissement assez considérable, en
même temps qu'il s'amasse autour de l'intestin des cellules
semblables ; la réunion de ces dernières avec celles qui tapissent
la face interne des disques constitue, lors de l'environnement
complet des organes internes, un *feuillet moyen* d'où dérive la
musculature.

En ce qui concerne le fait de la présence à la partie interne
des disques de deux feuillets distincts, mes observations
s'écartent peu de celles des deux auteurs précédents ; elles se
rattachent plutôt, pour le détail, à celles de Metschnikoff. J'ai
constamment vu, en effet, la paroi interne de ces disques
éprouver, chez le *Lineus obscurus*, un commencement de dégénérescence graisseuse qui produit un amas de globules graisseux
représentant sans doute le feuillet interne des auteurs précédents. La formation de deux feuillets à la face interne de chacun
des disques me semble donc plutôt due à une délamination,
comme le dit Metschnikoff, qu'à une accumulation d'éléments
étrangers, comme le dit Butschli. Néanmoins je dois dire que
ces globules graisseux ne restent pas disposés en couche con-

(1) Metschnikoff, *Mém. Acad. de Saint-Pétersbourg*, 1870, p. 57.
(2) Butschli, *Einige Bemerkungen über Metamorphose des* Pilidium (*Archiv
für Naturgeschichte*, 39ᵉ année, 3ᵉ livraison, p. 266).

tinue, mais se disséminent irrégulièrement dans la cavité du corps.

En ce qui concerne le point sur lequel les deux auteurs précédents semblent se trouver d'accord, la destinée ultérieure de ces deux feuillets, je m'écarte d'une manière beaucoup plus notable ; mon opinion ne se rattache ni à leur manière de voir, ni aux vues opposées de Leuckärt, Pagenstecher et Desor (*Nemertes obscura*), d'après lesquels la différenciation en couches ne se ferait qu'après la soudure complète des quatre disques. Je suis convaincu que chacun de ces auteurs n'a vu, en réalité, qu'une moitié des phénomènes ; je les ai tous deux retrouvés successivement chez le *Lineus obscurus*. Il y a d'abord, comme le disent les premiers auteurs, séparation de la paroi interne des quatre disques en deux couches distinctes ; ensuite, ainsi que le disent les seconds auteurs, différenciation de la couche externe en éléments musculaires et épithéliaux.

Cette vue est confirmée, du reste, par l'examen des travaux mêmes de Metschnikoff et Butschli : tous deux, bien que soutenant que le feuillet externe ne donne naissance qu'à l'épithélium, figurent cette couche comme ayant une épaisseur très-considérable. Butschli la figure même, sans rien dire sur ce fait dans le texte, comme divisée, chez le jeune Némerte, en deux couches distinctes, et Metschnikoff déclare que vers la fin de la réunion des quatre disques, « le feuillet externe augmente beaucoup en épaisseur, tandis que l'interne n'est *plus qu'un amas de cellules arrondies traversé par la trompe* ». Ce dernier fait de dégénérescence graisseuse de la couche interne prouve bien l'identité de ce feuillet avec la couche graisseuse (*gl*, fig. 23, pl. 2) du *Lineus obscurus*. Nous voyons, par ces espèces de contradictions, que toute la différence tient à une erreur d'interprétation ainsi qu'au peu d'attention qu'ils ont accordé à l'étude du Némerte éclos, plutôt qu'à une différence réelle.

Le fait de la présence de trois couches au lieu de deux nous empêche d'ajouter aux deux feuillets de la face interne de chaque disque la même signification que Metschnikoff et Butschli. Des trois couches, c'est la moyenne, celle qui résulte

de la différenciation de la couche épaisse des disques en éléments musculaires, qui est de beaucoup la plus importante ;
c'est elle qui constitue la partie essentielle (quoique non la
totalité) de la musculature ; en dehors elle est bordée par l'enveloppe épithéliale, en dedans elle se trouve superposée aux
éléments graisseux de la couche interne. Les observations de
Butschli sont très-instructives en ce qui a rapport au rôle des
éléments de cette couche interne ; elles nous montrent qu'ils
sont destinés à former une *mince couche* musculaire comprise
entre la couche importante et le tube digestif, et qui constitue très-probablement *le réticulum connectif de la cavité
du corps.* Je conclurai donc en regardant le feuillet interne des
disques comme représentant le reticulum connectif dans lequel
se développeront plus tard les organes circulatoires, et le feuillet
externe comme représentant l'épithélium, plus le tube musculaire de la paroi du corps.

La formation des organes latéraux a été suivie avec soin par
Leuckärt et Pagenstecher ; ces auteurs les ont vus naître sous
forme de deux vésicules arrondies adhérentes aux parois de
l'œsophage et dont la cavité centrale, fortement ciliée, était
mise plus tard en communication avec l'extérieur par un canal
cilié partant de l'extrémité inférieure des fentes céphaliques.
Leuckärt et Pagenstecher nous donnent à ce propos d'excellentes figures ; leur description est demeurée la meilleure que
nous possédions encore aujourd'hui, mais ils n'indiquent pas
comment les organes latéraux se détachent de l'œsophage.

Metschnikoff a assisté à la naissance des organes latéraux
aux dépens de l'œsophage ; il les a vus naître peu après les
quatre disques, sous forme de deux petites vésicules placées
symétriquement. Leur destinée ultérieure est décrite de la
même manière, mais moins complétement que dans le travail
de Leuckärt et Pagenstecher ; il indique aussi le canal cilié,
mais sans pouvoir dire s'il constitue bien la communication de
l'organe latéral avec l'extérieur.

Butschli seul a élevé des doutes sur la naissance des organes
latéraux aux dépens de l'œsophage ; mais, comme ces doutes

reposent sur de simples aspects, et qu'il avoue lui-même n'avoir pas suivi leur formation, sa manière de voir n'a que peu de valeur contre les assertions précises de ses devanciers. Il arrive du reste, chez certaines espèces, comme je l'ai vu à propos du *Lineus obscurus*, que les organes latéraux, au lieu de se mettre en communication avec l'extérieur par un long canal cilié, se mettent en communication par un tube court et largement ouvert au dehors : le *Pilidium* étudié par Butschli semble se rapporter à ce dernier cas; or, dans ces circonstances, on obtient des aspects (voy. fig. 38, pl. 3) qui feraient certainement croire à une formation de l'organe latéral par invagination de la peau. Les doutes de Butschli reposent sur l'observation d'aspects analogues; or on verra plus loin, sur le *Lineus obscurus*, que, dans ce dernier cas, les organes latéraux n'en dérivent pas moins de l'œsophage.

Un fait plus intéressant, découvert par Butschli à propos de cette même question, est la présence de deux poches ciliées distinctes des organes latéraux et situées, chez le jeune Némerte, à l'endroit où se trouvait l'œsophage du *Pilidium*. Ces poches ciliées, dont la signification semblait très-obscure, me paraissent analogues à deux taches blanches qui existent, au même stade et à la même place, dans le jeune Némerte du *Lineus obscurus*, et qui correspondent au point d'insertion des organes latéraux à la paroi de l'œsophage. Chez le *Lineus*, les organes latéraux restent pendant longtemps en communication avec cet organe par deux courts pédoncules; à l'époque de la chute de la peau de la larve, l'œsophage est complétement emporté avec cette membrane; il n'en reste que les deux points d'insertion des organes latéraux, qui apparaissent alors comme deux taches blanches : ce sont ces deux taches blanches, seules restes, compris à l'intérieur du jeune Némertien, de l'œsophage primitif, qui vont s'accroître pour se souder l'un à l'autre et former un épaississement qui devient le point de départ de l'œsophage définitif.

Chez le *Pilidium*, l'œsophage est toujours fortement cilié; la transparence des tissus rend le mouvement de ces cils très-apparents. Il n'y a absolument rien d'étonnant que les restes de l'œsophage qui, dans le *Lineus*, se présentaient sous forme de deux taches blanches, apparaissent ici sous forme de deux poches ciliées.

RÉSUMÉ. — A la suite des observations de Busch, J. Müller, Leuckärt et Pagenstecher, Metschnikoff et Butschli, on est arrivé à savoir d'une manière positive que l'évolution du *Pilidium* consistait dans la confluence, autour du tube digestif, de quatre doubles disques nés de l'exoderme, et formant par leur réunion deux membranes concentriques (amnios qui tombe avec la peau du *Pilidium* et peau du Némerte).

En ce qui concerne la formation des différentes parties du jeune Némertien (musculature, organes latéraux, système nerveux), rien de positif.

1° ORGANES LATÉRAUX. — *Leuckärt et Pagenstecher.* — D'abord adhérents seulement à l'œsophage, ils se mettent plus tard en communication, par un canal, avec l'extérieur ; ces auteurs n'indiquent pas la suite du développement.

*Metschnikoff.* — Ils naissent de l'œsophage et se prolongent plus tard en un long canal cilié dirigé vers le dehors, mais dont le parcours n'est pas suivi jusqu'au bout.

*Butschli.* — Met en doute la naissance aux dépens de l'œsophage, et décrit à l'éclosion la présence, outre les organes latéraux, de deux poches ciliées suspendues à l'œsophage.

D'après moi, les organes latéraux naissent de l'œsophage, comme le dit Metschnikoff, et se mettent ensuite en relation avec l'extérieur, comme le disent Leuckärt et Pagenstecher. Les poches ciliées décrites par Butschli, de chaque côté de l'œsophage, ne constituent pas des organes spéciaux, mais n'indiquent que les points d'insertion des organes latéraux à la paroi de l'œsophage.

2° MUSCLES. — *Desor, Leuckärt et Pagenstecher.* — La division de la peau du Némerte en couche musculaire et couche épithéliale se fait tard et par simple délamination en deux couches à l'époque de la destruction du *Pilidium*.

*Metschnikoff, Butschli.* — La division se fait de bonne heure, très-peu après la naissance des disques ; ces derniers montrent très-tôt leur lame interne composée de deux couches, dont l'externe, plus épaisse, formera l'épithélium, et l'interne, plus mince, la couche musculaire (*Hautmuskelschlauch*).

Pour Metschnikoff, la couche interne est formée par délamination de la lame interne des disques ; elle se compose de cellules arrondies graisseuses et disposées en une couche qui passe directement à la couche musculaire. Pour Butschli, elle résulte d'une accumulation irrégulière des corpuscules étoilés de la cavité du corps ; il se produit des amas analogues de ces corpuscules le long de l'intestin ; la musculature résulte de l'union de tous ces amas en couche continue après l'union des disques.

D'après moi, les deux modes (1° Desor, Leuckärt et Pagenstecher ; 2° Metschnikoff et Butschli) existent en même temps ; il y a division de la couche interne des disques peu après leur formation, et nouvelle scission de la plus externe des deux couches ainsi produite à l'époque de la destruction du *Pilidium*. La scission qui s'opère au moment de la sortie du jeune Némerte a pour but la division de la couche externe (que Metschnikoff et Butschli rapportent tout entière à l'épithélium) en épiderme et couche musculaire de la peau (*Hautmuskelschlauch*). Les éléments de la couche interne des disques, que j'ai vus dériver, comme Metschnikoff, de délamination, se disséminent ensuite, comme le dit Butschli, irrégulièrement dans la cavité du corps, et constituent, d'après moi, le *reticulum connectif;* il y a ainsi deux délaminations successives, la première divisant les disques en *reticulum connectif* et *couche cutanée*, la seconde divisant la couche cutanée en *épiderme* et *muscles de la paroi du corps.*

3° SYSTÈME NERVEUX. — La fausse interprétation donnée par Metschnikoff à la couche cutanée doit faire concevoir des doutes très-sérieux sur la réalité du fait qu'il indique de la naissance des masses ganglionnaires aux dépens de l'épithélium ; comme il y a erreur dans la détermination de ce dernier, il est naturel de penser que l'erreur se répète pour le système nerveux. Tout ce que nous pouvons conclure des observations de l'auteur russe, est que les ganglions dérivent du *feuillet cutané*, ce qui revient au cas déjà décrit par Leuckärt et Pagenstecher. Le système nerveux chez les Némertiens à *Pilidium* ne dériverait donc point du feuillet externe, mais simplement du mésoderme (1), et la formation des masses ganglionnaires ne différerait, chez ce même type, de ce que l'on a dans les modes plus simples, que par ce fait que chez le premier ils *bourgeonnent* aux dépens du mésoderme, tandis que chez les seconds il y a différenciation directe de la masse.

### 2. Type de Desor.

#### 1. Historique.

Desor, 1848, *Borlasia obscura*.
Max Schultze, 1853, *Nemertes olivacea*.
Van Beneden, 1861, *Nemertes communis*.
Mac-Intosh, 1873, *Lineus Gesserensis*.
Hübrecht, 1874, *Borlasia olivacea*.

Nous avons déjà vu que, contrairement au *Pilidium*, le type de Desor avait été ramené par les derniers auteurs à une grande simplicité en ce qui concernait les phénomènes internes. Le premier qui se soit occupé de la question, Desor est le seul qui ait fait quelques tentatives pour distinguer dans l'œuf différents feuillets ; néanmoins, d'après lui, l'embryogénie prend pour point de départ une simple *Morula;* l'œuf se convertit après une segmentation irrégulière en une masse pleine de cellules à éléments de plus en plus petits, et qui au quatorzième jour devient ciliée sur toute sa périphérie : le développement, dans son ensemble, consiste dans la différenciation de cette *Morula* ciliée. On voit d'abord apparaître un peu au-dessous du centre de l'œuf une tache claire en forme de fer à cheval; puis la masse cellulaire qui compose l'œuf se divise en deux couches nettement séparées, l'externe plus transparente, l'interne chargée au contraire de matières nutritives et qui

(1) Nous verrons en effet, plus loin, que ce *feuillet externe* représente le mésoderme.

forme un noyau opaque au centre de l'œuf. Quelques jours
plus tard on constate par compression l'apparition entre les
deux précédentes d'une troisième couche d'une couleur plus
claire que les autres et dont l'auteur n'indique pas la provenance.

Tel était l'état de l'œuf, quand, dit Desor, un nouveau phénomène est venu tout à coup jeter une lumière imprévue sur
le développement tout entier, et me faire saisir en un clin d'œil
la signification de ces diverses couches : la plus externe se
détruit, tombe en diffluence, et il en sort un animal semblable
à un jeune Turbellarié dont la peau est constituée par la
couche moyenne, transparente, et dont l'intérieur est rempli
par le noyau opaque qui formait la masse interne de l'œuf.

Dans le jeune Némerte ainsi formé, Desor figure ensuite la
différenciation de la couche externe en deux parties distinctes,
l'épithélium et les muscles; il indique aussi la trompe d'une
manière fort nette, et donne de tous ces stades de bonnes
figures parfaitement reconnaissables. Une de ses erreurs capi-
tales consiste en ce qu'il prend la trompe (dérivée d'après lui
de la tache en forme de croissant mentionnée plus haut) *pour
un tube digestif*, et la masse graisseuse qui doit constituer le
tube digestif pour un amas de vitellus nutritif destiné à être
résorbé sans donner naissance à aucun organe. Malgré ces
erreurs, il est juste de reconnaître que Desor avait, dès l'année
1848, indiqué et noté avec un grand soin la présence chez ce
type de trois feuillets distincts, fait capital qui ne fut pas également compris par ses successeurs.

*Max Schultze.* — Max Schultze (1), en effet, tout en recti-
fiant les vues de Desor sur l'irrégularité de la segmentation, la
destinée réelle de la tache claire en fer à cheval (ouverture
buccale), la signification de la trompe et la destinée de
l'amas graisseux, tombe dans d'autres erreurs pour l'interprétation de la couche moyenne décrite par Desor, il la considère
comme représentant les cordons nerveux, et parallélise d'une

(1) Max Schultze, *Nemertes olivacea* (*Zoologische Skissen*, dans *Zeitschrift
für wissensch Zoologie*, 1853, Bd IV, p. 179).

manière complète le développement au mode direct observé par lui chez le *Tetrastemma*.

Dans une note complémentaire publiée dans le même travail, Max Schultze revient ensuite sur sa première opinion : il déclare avoir vu le fait, qui lui avait d'abord échappé, du changement de peau, et n'hésite plus dès lors à voir, dans le développement du *Nemertes olivacea*, un mode spécial d'embryogénie qu'il rapproche sans hésiter de la métamorphose ; la correction qu'il donne n'est cependant que partielle, il semble maintenir le mode de développement qu'il venait de décrire, et dit en toutes lettres que « la transformation s'effectue sans que les embryons présentent d'autres changements qu'une séparation plus complète d'une membrane externe ».

Au lieu de chercher, comme son prédécesseur, à se rendre compte de la formation du Némerte par une série de délaminations successives, par la production de feuillets concentriques dont il fallait suivre l'évolution, Max Schultze semble en revenir à une différenciation directe, et sur place, de tous les organes : pour lui, le développement du *Nemertes olivacea* est un développement analogue à celui du *Tetrastemma*, dans lequel, à un moment donné, se sépare une membrane externe.

*Van Beneden* (1) prétend avoir vu se développer des embryons dans le corps même de la mère. Ce fait, qui n'est pas rare chez d'autres espèces, même à sexes séparés (*Polia carcinophila*), n'a pas été revu depuis chez le *Lineus obscurus*, et je doute de son existence dans ce cas spécial. Van Beneden ne s'occupe de ces embryons que d'une manière très-rapide ; il ne doit être cité ici que pour mémoire : d'après lui, la vésicule germinative disparaît, le vitellus s'organise, et l'on voit bientôt les embryons couverts de cils vibratiles et prenant une forme plus ou moins allongée. L'auteur belge ne parle, ni de la segmentation, ni de la chute de la membrane périphérique ; les quelques mots qu'il nous dit ne permettent pas de rattacher son développement à autre chose qu'à une simple différenciation de la *Morula*.

(1) Van Beneden, *Mémoires de l'Académie de Bruxelles*, 1861, t. XXXII.

*Mac-Intosh* (1) a suivi d'une manière complète la marche entière des phénomènes, et ses vues se rapprochent de celles de Max Schultze : « La segmentation, dit-il, mène dès le » sixième ou septième jour à une *Morula*, dans laquelle on dis- » tingue bientôt, comme l'indique Desor, une tache claire et » des granules libres contenus dans l'intérieur : bientôt, par » suite des progrès de la segmentation, les sphères vitellines » deviennent très-petites, l'œuf reprend sa forme arrondie et » se couvre de cils vibratiles (12ᵉ jour). Il s'écoule alors un » mois sans aucun changement; à la fin de cette époque, une » légère compression montre le Némerte tout formé à l'intérieur » de la peau qui le renferme. » Tous les phénomènes semblent se borner, d'après cette description, à de simples modifications dans la disposition des granules vitellins au milieu de l'œuf; les éléments nutritifs se rendent au centre, la périphérie s'é-claircit, et dessine bientôt l'ensemble des organes du jeune Némerte ; enfin sa partie superficielle se détache pour former la membrane caduque. Le tout se réduit, comme semble également ment le penser Max Schultze, à une *différenciation directe de la Morula;* les figures que donne Mac-Intosh confirment, comme son texte, cette manière de voir.

En résumé, tous les auteurs s'accordent à considérer la *Morula* comme point de départ du développement; le seul point en question réside dans le mode de différenciation de cette *Morula*. Desor tend à y voir une séparation en feuillets distincts, dont naîtront ensuite les divers organes. Ce mode d'embryogénie présentait ainsi une marche spéciale, plus instructive au point de vue de la formation des organes que le développement direct ; mais cette vue est contredite par tous ses successeurs, qui décrivent ces phénomènes comme consis-tant dans la différenciation directe et simultanée de tous les organes, et rapportent complétement, au point de vue de la for-mation du Némerte, cette embryogénie au type si simple du développement direct.

(1) Mac-Intosh, *A Monograph of the British Annelids*, Part 1 : *Nemerteans* (*Ray Society*, ann. 1873 et 1874).

*Hubrecht.* — La description d'Hubrecht s'écarte de toutes celles de ses prédécesseurs par l'éclosion prématurée de la *Morula*, qui se transforme en larve du type de la *Ilnula*. Cette larve porte en un de ses points un enfoncement pareil à celui de la *Morula* du *Cephalothrix* (Dieck), que Hubrecht rapporte à la *Gastrula*. Nous avons évidemment ici un type différent de ceux qui précèdent, et dont il n'est guère possible de déterminer la nature avant de nouvelles observations ; néanmoins on doit supposer, s'il n'y a pas erreur de détermination, qu'il s'agit ici d'un mode voisin un peu moins simplifié, et dans lequel l'état de *Pilidium*, disparu comme larve dans les cas précédents, existerait encore ici en liberté. La figure de Hubrecht, qui place le plumet ciliaire au pôle opposé à la dépression, est assez favorable à cette manière de voir.

### 2. Embryologie du *Lineus obscurus*.

Les différents types sur lesquels a été étudié le mode de développement qui nous occupe ont été réunis par Mac-Intosh en deux espèces distinctes : les *Lineus sanguineus* et *Gesserensis*. L'espèce que j'ai étudiée à Wimereux, et sur laquelle a été faite l'embryologie qui va suivre, possède très-nettement les caractères de ces deux espèces, et il est impossible de la rapporter plutôt à l'une qu'à l'autre. La plupart des exemplaires de cette localité appartiennent au type du *Lineus Gesserensis*, mais il en est aussi dans le nombre qui présentent la coloration caractéristique du *sanguineus* : ces deux espèces se trouvent du reste toujours associées, et l'on observe entre elles tous les passages possibles. J'ai pu également les observer dans d'autres localités, et ai constaté leur présence tout le long des côtes de la Manche, depuis Ostende jusqu'à Brest (à Ostende, Wimereux, Saint-Waast et Roscoff). En certains points, le *Lineus Gesserensis*, si commun à Wimereux, devient beaucoup plus rare que le *sanguineus*, ce dernier constitue alors la forme la plus répandue ; mais jamais il ne m'est arrivé de ne trouver en un point que des *sanguineus*, ou que des *Gesserensis* dans un autre; toujours j'ai rencontré ces deux espèces associées et accompagnées de nombreux types intermédiaires. Ces circonstances m'obligent à réunir en une seule ces deux espèces distinguées par l'auteur anglais, et j'adopte pour cette espèce unique le nom d'*obscurus* déjà donné à la même espèce par Desor, et qui me semble avoir des droits à la priorité à cause du nom donné par Pallas (*Species Lumbrici marini tota atra*). Les *L. sanguineus* et *Gesserensis* sont deux variétés principales à côté desquelles on en rencontre beaucoup d'autres passant au noir, au jaune, mais en général moins bien caractérisées. Une des formes les plus communes sous laquelle se trouve le *Lineus obscurus* est celle d'un Némerte blanchâtre de petite taille, qui abonde toujours dans les endroits habités par cette espèce; ces individus sont, comme j'ai pu m'en assurer par l'observation directe, des jeunes nés l'hiver précédent et sur lesquels le dépôt de pigment ne s'est pas encore effectué.

Le temps nécessaire au développement du *Lineus obscurus* est extrêmement variable : la température en modifie beaucoup la durée; aussi serait-il tout à fait illusoire de décrire jour par jour la marche des phénomènes. Je me bornerai donc, comme mes devanciers, à indiquer l'époque approximative des principaux stades. J'ajouterai seulement ici que le développement est, chez cette espèce, excessivement lent; il s'écoule ordinairement deux mois entiers entre la ponte et la formation tout à fait complète du jeune Némerte; le passage d'un stade à un autre exige environ deux heures dans les premiers temps de développement (segmentation). Lors de la formation des principaux feuillets, on ne constate plus de changements appréciables que de jour en jour; enfin, après la formation de la *Gastrula*, il suffit, pour continuer à suivre la marche graduelle, sans crainte de laisser passer aucun stade, d'examiner l'embryon toutes les quarante-huit heures.

Pour suivre le développement avec plus de facilité, nous en diviserons l'étude en deux périodes : 1° développement de l'embryon; 2° développement de l'adulte.

Première période : développement de l'embryon.

A. *Feuillets primitifs*. — La ponte du *Lineus obscurus*, le mode de formation du cordon gélatineux dans lequel sont contenus les œufs du Némerte, enfin la sortie de ces œufs à travers la double série d'orifices placés de chaque côté du corps, ont déjà été décrits avec trop de soin pour qu'il soit bien utile d'y revenir ici ; je me bornerai à ajouter une simple confirmation aux descriptions si complètes qu'en a données Max Schultze. La coque, qui existe d'une manière certaine avant la ponte chez quelques espèces (*Amphiporus lactifloreus*), m'a également paru toute formée dans le corps du *Lineus obscurus*, et je la crois produite par la sécrétion de l'épithélium qui tapisse les chambres génitales. Chacun des paquets d'un ou plusieurs œufs contenus dans le cordon de mucus correspond ainsi au contenu d'une de ces chambres.

La fécondation avait déjà été étudiée par Van Beneden, mais cet observateur ne semble l'avoir observée que d'une manière artificielle : « Elle doit, dit-il, avoir lieu pendant la ponte ou » immédiatement après, lorsque les œufs flottent dans une » atmosphère de spermatozoïdes : des œufs mis en contact avec » des spermatozoïdes sont enveloppés par ceux-ci en quelques » secondes et se couvrent d'un nuage de filaments féconda- » teurs. » Je me suis efforcé de saisir la marche naturelle du phénomène, et voici ce que j'ai observé. Un mâle se réunit généralement à une femelle pour sécréter le cordon muqueux qui enveloppe les œufs ; puis, chaque individu décharge au milieu de la masse glaireuse le produit génital dont il est porteur, le mâle avant la femelle. Quand on prend un cordon immédiatement après la ponte, avant même que la femelle ait eu le temps de s'en dégager, on constate qu'en certains points de la masse glaireuse se trouvent des amas de spermatozoïdes : un petit nombre seulement de ces filaments fécondateurs réussit à se dégager de la masse visqueuse pour pénétrer jusqu'à l'œuf, le reste y demeure emprisonné ; ils y forment par leur réunion des traînées plus ou moins compactes dont les mouvements se ralentissent et cessent rapidement. Les spermatozoïdes qui ont réussi à pénétrer jusqu'à l'œuf s'aperçoivent à cette époque, renfermés dans le liquide qui remplit la coque, où on les voit encore s'agiter pendant très-longtemps. Ces spermatozoïdes sont fusiformes, mais l'une de leurs extrémités est moins effilée que l'autre : en examinant avec attention les coques qui contiennent des spermatozoïdes, on voit qu'à côté d'un grand nombre qui continuent à se mouvoir librement, quelques-uns se sont fixés au vitellus par leur extrémité la moins effilée et font subir à leur extrémité libre un mouvement oscillatoire. Ce mouvement dure environ deux heures, après quoi les spermatozoïdes se flétrissent et disparaissent sans laisser de traces. Je ne puis dire de quelle façon ils réussissent à pénétrer à l'intérieur de la coque.

Ce mode d'adhérence d'un petit nombre de spermatozoïdes à l'œuf s'accorde assez bien avec les observations de Hertwig (1) sur le *Toxopneustes*, et de Ed. Van Beneden sur le Lapin (2); malheureusement j'ai dû négliger la partie la plus intéressante du phénomène, l'opacité de l'œuf ne m'ayant pas permis d'étudier d'une manière suivie les modifications internes qui correspondent à l'acte de la fécondation.

Examinés après la sortie du corps de la mère, les œufs (fig. 1, pl. 1) m'ont paru posséder à peu près la même structure que celle qu'ils avaient dans son intérieur; le vitellus est formé d'un protoplasma transparent dans lequel sont plongés en grande quantité des granules vitellins. La vésicule germinative est transparente et sans tache germinative; mais au lieu d'être située comme avant la ponte, au milieu de l'œuf, elle occupe une position un peu excentrique : l'écartement du centre augmente de plus en plus dans les stades qui suivent; la vésicule germinative finit par venir se placer à la périphérie (fig. 2, pl. 1),

(1) Oscar Hertwig, *Beiträge zur Kenntniss der Bildung, Befruchtung und Theilung des thierischen Eies*, dans *Gegenbaur Morphologischea Jahrbuch*, 1875, t. I, fasc. 3, p. 348.

(2) Ed. Van Beneden, *Maturation de l'œuf, fecondation et premiers phénomènes du développement embryonnaire des Mammifères* (*Bull. Acad. Belgique*, 2ᵉ série, 1875, t. XL, nᵒ 12).

où elle éprouve rapidement une réduction considérable et disparaît bientôt sans laisser de traces.

Pendant les vingt-quatre heures qui suivent la ponte, on voit l'œuf présenter de lents mouvements amœboïdes qui en altèrent légèrement le contour extérieur; puis commence la segmentation. Contrairement aux assertions de Desor, déjà rectifiées par Max Schultze, cette dernière s'effectue avec régularité; les stades 2, 4 et 8 se produisent comme de coutume par deux plans méridiens perpendiculaires l'un à l'autre et coupés par un plan équatorial : les deux premiers divisent la sphère vitelline en quatre côtes égales, et le troisième divise chacune de ces côtes en deux moitiés semblables qui restent superposées immédiatement l'une à l'autre.

Examiné avec soin peu après la segmentation en huit sphères vitellines, l'œuf se montre composé de deux moitiés semblables séparées l'une de l'autre par l'équateur, et exactement superposées l'une à l'autre (pl. 1, fig. 3). Mais cette coïncidence entre les deux portions n'est pas de longue durée : si l'on reprend l'œuf environ une heure après le stade (fig. 3), on constate qu'il y a eu un déplacement; il n'y a plus correspondance entre les éléments cellulaires et les sillons de séparation, mais chacune des moitiés semble occuper par rapport à l'autre une position arbitraire. Ce changement est dû à une rotation l'une sur l'autre de ces deux parties : cette rotation continue jusqu'à ce que les sphères vitellines de l'une soient venues se superposer aux sillons de séparation de l'autre; les cellules de chacune d'elles s'engrènent alors dans les intervalles qui leur correspondent, et l'on obtient un stade (fig. 4) dans lequel les cellules de chaque moitié alternent régulièrement avec celles de l'autre et où l'équateur est représenté par une ligne brisée. Ce stade est produit par une rotation de 45 degrés de l'une des portions de l'œuf sur l'autre portion.

Ce n'est que lorsque l'alternance s'est définitivement produite (fig. 4) que commence la nouvelle segmentation qui donnera naissance au stade 16.

J'ai réussi à saisir sur le fait l'acte de la nouvelle segmen-

tation ; je l'ai représenté dans les deux figures 5 et 61 des
planches 1 et 5. Chacune des cellules se segmente par un
nouveau plan parallèle au plan équatorial en deux cellules superposées ; l'œuf se compose alors de huit séries de deux cellules
engrenées les unes dans les autres, de la même manière que
l'étaient auparavant les huit cellules simples. La figure 5, pl. 1,
fera bien saisir la marche de la segmentation : on voit que les
cellules nouvellement produites correspondent aux deux groupes
de quatre qui occuperont chaque pôle de l'œuf. Dans la figure 61
(pl. 5), les cellules laissées en blanc appartiennent à la moitié
supérieure de l'œuf; celles colorées en noir, à l'inférieure.
L'œuf est vu de trois quarts et par le pôle supérieur; les quatre
cellules en croix qui occupent ce pôle y sont toutes visibles.

A partir du stade 16, les cellules qui forment chacune
des rangées de deux continuent à se segmenter dans le sens
transversal et glissent ensuite les unes sur les autres de façon
à venir alterner entre elles. Le stade le plus voisin du stade
16 que j'aie pu observer chez l'espèce qui nous occupe est
représenté fig. 6, pl. 1. On voit à chacun des pôles un
groupe de quatre cellules disposées en croix, et, entre ces
deux groupes, une large zone composée de cellules qui alternent
entre elles : les deux groupes de quatre cellules correspondent
évidemment aux deux groupes de quatre cellules qui déjà, au
stade précédent (fig. 61, pl. 5), occupaient chaque pôle. La zone
à cellules alternantes correspond aux huit cellules situées au
stade 16, entre les quatre de chaque extrémité. Le passage
d'un stade à l'autre, ainsi que la disposition plus précise des
cellules du stade (fig. 6), ne m'est pas bien connu pour cette
espèce ; je l'ai étudié avec plus de détail à propos de l'*Amphiporus lactifloreus*. Ce qui vient d'être dit suffit néanmoins
pour montrer l'identité des phénomènes chez les deux espèces.

En même temps que les sphères vitellines viennent se disposer, comme il vient d'être dit, à la surface de l'œuf, s'effectuent à son intérieur des modifications non moins importantes. L'acide acétique facilite beaucoup l'étude de ces
phénomènes; il donne aux œufs une grande transparence, et

c'est au moyen de ce réactif que j'ai pu étudier en détail, à ce stade et à ceux qui suivent, les divers phénomènes d'embryogénie que n'avaient pu aborder mes prédécesseurs. Examiné par transparence après addition d'acide acétique, le stade 8 de la figure 3 (pl. 1) montre que les sphères vitellines n'arrivent pas vers le centre en contact immédiat, mais qu'elles comprennent entre elles une petite cavité. Cette cavité est le premier rudiment de la cavité de segmentation ; elle persiste dans les jours suivants sans changer sensiblement ses faibles dimensions, mais prend dans la suite un développement beaucoup plus rapide ; le huitième jour, elle forme une spacieuse cavité (fig. 10) autour de laquelle les sphères vitellines constituent une simple membrane blastodermique ; l'accroissement graduel de cette cavité et la diminution qui l'accompagne des sphères vitellines en longueur occasionnent une série d'aspects dont les figures 7, 8, 9 et 10 donneront une idée. Au début (fig. 7), la cavité est petite, les cellules qui l'entourent sont grandes et très-allongées ; l'œuf a l'aspect d'une sphère pleine à cellules disposées radiairement autour d'un point central. La figure 8 nous montre la cavité déjà un peu plus grande et les cellules moins allongées ; la figure 9 constitue un état intermédiaire ; enfin, au stade fig. 10, l'œuf n'est plus une masse solide, c'est une vésicule à paroi formée d'un seul rang de cellules : c'est le stade connu sous le nom de *Blastula*.

Cette *Blastula* est à l'origine parfaitement sphérique ; mais elle prend bientôt une forme allongée, puis elle se déprime d'un côté, et une grande portion de sa paroi s'invagine à l'intérieur : on arrive au stade de la *Gastrula*. La cavité de segmentation est réduite à une simple fente, future cavité générale du Némerte ; la cavité d'invagination devient le tube digestif. L'ouverture d'invagination, d'abord largement ouverte (fig. 11), se referme ensuite graduellement (fig. 12 et 13), et l'œuf reprend bientôt (fig. 13) l'aspect régulièrement arrondi qu'il avait avant l'invagination. Rien de tout cela ne s'écarte du processus, déjà tant de fois décrit, du mode de formation typique de la *Gastrula*, et il me semble inutile d'y insister davantage. Une chose néan-

moins doit être notée avec plus de soin : l'invagination qui
donne naissance au tube digestif ne se dirige pas, dans l'intérieur de l'œuf, concentriquement à la paroi, comme c'est le
cas ordinaire, mais se trouve au contraire incurvée d'un côté ;
elle est *dirigée obliquement* dans l'intérieur de la *Blastula*, et
donne naissance, dès le début, à une poche dont la cavité se
trouve entièrement rejetée d'un seul côté de l'ouverture buccale (fig. 13). Cette particularité, en apparence de faible importance, est le point de départ de la structure bilatérale ; on
peut dès cet instant distinguer dans l'embryon une face dorsale
et une face ventrale, une partie antérieure et une partie postérieure : la première, située tout entière en avant de la bouche
et ne contenant aucune portion du tube digestif, le *prostomium* ; la seconde, située derrière l'ouverture buccale et contenant le tube digestif tout entier, le *metastomium*. C'est au
même stade qu'il faut remonter pour saisir le premier indice
de différenciation du tube digestif en œsophage et en intestin :
dès le stade fig. 13, le tube digestif se trouve composé d'une
portion renflée (*f*) située tout entière dans la partie postérieure de l'embryon, et d'une portion étranglée (*œ*) qui va de
cette portion à l'ouverture buccale : cette dernière est destinée
à former l'œsophage.

L'achèvement complet de la *Gastrula* ainsi constituée et
portant déjà les traces évidentes de la division en face dorsale
et face ventrale, région prostomiale et métastomiale, œsophage
et intestin (fig. 13), marque la fin de la première période de
développement. Nous y avons trouvé successivement trois stades
fondamentaux : la *sphère à cellules radiaires*, la *Blastula*, et la
*Gastrula*. J'insiste sur le premier de ces trois états plus qu'on a
coutume de le faire, pour des raisons dont on se rendra compte
plus loin à propos des autres modes de développement du
groupe.

B. *Développement des disques.* — A peine la *Gastrula* se
trouve-t-elle produite, que commence la série de phénomènes
qui donnera naissance au feuillet moyen. Si l'on examine de
*face* un embryon arrivé au stade fig. 13, on voit (fig. 14) que

l'œuf présente, à cette époque, une forme arrondie ; au pourtour
se voient les deux feuillets primitifs *end*, *ex*, séparés par la fente
de la cavité générale *c s*, au centre la cavité digestive C D, enfin
au dedans de cette dernière l'ouverture buccale B. Bientôt
après l'achèvement de la *Gastrula*, cet aspect commence à se
modifier. L'œuf change un peu sa forme : son contour, d'arrondi, devient pentagonal (fig. 15), puis les quatre côtés antérieurs du pentagone commencent à s'enfoncer en dedans (pl. 2,
fig. 19), et il se forme ainsi quatre dépressions situées comme
l'indique la figure 19. D'abord largement ouvertes, ces dépressions ne tardent pas à être recouvertes par l'accroissement des
bords qui les limitent ; les portions d'exoderme qui constituaient
le fond de ces dépressions se trouvent ainsi refoulées dans l'intérieur de l'œuf, où elles constituent quatre lames cellulaires
dont nous suivrons tout à l'heure la destinée. Tout cela se rapproche beaucoup, au premier coup d'œil, de la formation des
quatre poches latérales du *Pilidium* par invagination. Néanmoins le processus que nous rencontrons chez le *Lineus*
s'écarte de l'invagination proprement dite d'une manière assez
importante pour qu'il soit nécessaire d'y insister ici avec
quelques détails. Dans l'invagination véritable, le pourtour,
d'abord largement ouvert, de la dépression primitive se rétrécit ensuite avec régularité par le simple rapprochement
des bords de cette dépression ; sur toute la circonférence de
cette dernière, l'exoderme se soulève en constituant un bourrelet saillant composé de deux lames cellulaires adossées l'une
à l'autre. C'est par le développement centripète de ce bourrelet
saillant que s'effectue la fermeture de l'ouverture d'invagination ; chacune des deux lames cellulaires qui le constituent
devient, après cette fermeture, un feuillet continu qui s'étend
sans interruption au-dessus de ce qui était auparavant le fond
de la dépression : le feuillet supérieur vient former la continuation de l'exoderme au-dessus de la vésicule invaginée ; l'inférieur constitue la paroi supérieure de cette vésicule, la
portion qui, chez le *Pilidium*, formera l'amnios.

Chez notre *Lineus*, le bourrelet saillant qui se soulève sur le pourtour de la dépression ne se développe plus avec la même régularité que nous venons de décrire : deux modifications concernant, 1° le mode de fermeture, 2° la structure du bourrelet saillant qui s'étend au-dessus de la dépression, viennent altérer la marche des phénomènes :

1° Les bords des dépressions ne se soulèvent plus d'une manière uniforme sur toute la circonférence, mais ne donnent naissance au bourrelet saillant que sur l'une de leurs moitiés. Le bourrelet a ici la forme d'un demi-cercle qui entoure la dépression d'un seul côté (fig. 19), et c'est par l'extension progressive de ce demi-cercle tout autour de chaque dépression que s'effectuera sa fermeture complète. Les figures 16, 17, 18 représentent des coupes transversales à travers les dépressions antérieures à différents stades de leur fermeture. Les figures 19, 20, 21 sont des vues de face de l'œuf aux mêmes stades.

Dans la paire antérieure, l'environnement de chaque dépression par le demi-cercle que constitue le bourrelet se fait d'une manière assez régulière ; les deux extrémités de ce demi-cercle s'incurvent l'une vers l'autre en fer à cheval, à peu près avec la même rapidité ; l'ouverture d'invagination se rétrécit sans changement de forme bien notable : elle se présente sous l'aspect d'un demi-cercle qui se rétrécit de plus en plus (fig. 19, 20, 21), jusqu'à occlusion complète.

La paire postérieure se referme avec moins de régularité : au lieu de s'incurver l'une vers l'autre, les extrémités de chacun des arcs de cercle qui forment le bourrelet se recourbent tous deux dans une même direction (en dedans) ; leur marche parallèle rend impossible leur rencontre au-dessus de l'ouverture de la dépression, aussi n'est-ce pas par ce processus que se fait la fermeture de cette dernière. Les extrémités inférieures de chacun des arcs, incurvées toutes deux vers le dedans, ne tardent pas (fig. 20) à se rejoindre l'une à l'autre sur la ligne médiane, de manière à former par leur réunion une ligne continue *cr* qui forme la lèvre supérieure commune des dépressions postérieures ; les extrémités supérieures des mêmes arcs contournent vers le haut chacune des dépressions et s'accroissent vers le bas sur toute leur longueur, pour arriver enfin à rejoindre sur la ligne médiane celle du côté opposé : elles forment ainsi une seconde ligne continue, opposée à la première *cr*, et qui constitue la lèvre inférieure commune des deux dépressions. La figure 19 représente l'extrémité supérieure du bourrelet saillant en train de contourner l'extrémité correspondante de la dépression; la figure 20 la montre au moment où elle s'est déjà prolongée d'une manière assez notable sur son pourtour externe. Au stade (fig. 21) ce processus est achevé; la lèvre externe est venue se juxtaposer à la lèvre interne, réduisant l'ouverture de chaque dépression à une simple fente. Cette différence dans le mode de fermeture des deux paires de dépressions influe sur leur forme d'une manière assez importante : les postérieures sont allongées comme le représentent les figures 21, 22; les antérieures sont arrondies.

2° La seconde modification, plus importante que celle qui concerne le mode d'extension du bourrelet saillant autour de l'ouverture, a rapport à la structure de ce bourrelet. Au début, le bourrelet résulte d'un soulèvement des bords de la dépression; il est donc composé de deux lames cellulaires adossées l'une à l'autre. Cette structure se reconnaît dans les premiers stades et même dans les premiers moments de l'accroissement au-dessus de la dépression (fig. 16 et 17 *cr*) ; mais bientôt elle disparaît, et l'on ne retrouve plus au-dessus de la cavité qu'une seule lame cellulaire (fig. 18 *cr*). Le feuillet supérieur du bourrelet n'entraîne plus dans son développement le feuillet qui tapisse sa face interne ; mais, par suite de son accroissement beaucoup plus rapide, il se détache de ce feuillet inférieur, chevauche au-dessus de lui, et s'étend seul au-dessus de la dépression. Un processus en tout point semblable a déjà été décrit par Kowalewsky (1) à propos de la formation du feuillet moyen de l'Hydrophile; il a pour résultat la disparition de l'une des deux lames situées au-dessus du fond de la dépression. La plaque cellulaire invaginée n'est plus recouverte,

(1) Kowalewsky, *Embryologische Studien an Wurmer und Arthropoden* (*Mémoires de l'Académie de Saint-Pétersbourg*, 7ᵉ série, t. VI).

chez le *Lineus obscurus*, que par l'exoderme ; le feuillet qui tapissait la face interne de cette portion de l'exoderme manque ici d'une manière complète : ce feuillet, chez le *Pilidium*, formait l'amnios ; son absence, dans le cas actuel, peut nous faire prévoir dès à présent la disparition de cette membrane, et c'est en effet ce qui a lieu.

La constatation des différents faits que nous venons de décrire exige, pour donner un degré suffisant de certitude, une étude ininterrompue du développement. L'œuf n'offre pendant ces stades, à l'observateur, aucun point de repère d'une observation facile auquel on puisse réussir à se guider d'une manière certaine ; aussi n'est-ce qu'après de longues études que je suis parvenu à me faire une idée complète des phénomènes. Rien n'est plus facile à constater que la présence des invaginations, mais rien n'est, par contre, plus difficile à déterminer que leur ñombre et leur disposition exacte. Le moyen d'observation a été, comme dans les stades précédents, l'emploi de l'acide acétique, après lequel je faisais agir quelquefois le carmin.

Pendant ces différents changements, l'œuf a graduellement perdu la forme régulièrement sphérique qu'il possédait jusqu'alors ; il s'est allongé et aplati (comparez les figures 13 et 31), et ce changement de forme a amené des modifications dans les vues de face représentées (fig. 14 à 21). L'œsophage et la bouche, au lieu de se projeter sur la poche arrondie qui forme l'intestin, se projettent en dehors, et apparaissent par suite d'une manière distincte dans les figures 20 et 21. Dans la dernière, l'œsophage se présente sous forme d'une portion plus étroite, située à la partie antérieure, et l'ensemble du tube digestif, au lieu d'apparaître simplement comme une masse arrondie (fig. 14, 15, 17), s'y montre avec ses deux divisions. Cet aspect, ne l'oublions pas, n'est dû en aucune façon à une modification de structure, mais à un simple changement de forme qui amène sur deux plans différents des parties qui se projetaient l'une sur l'autre dans les vues de face ; la division en œsophage et en estomac résulte du mode de formation même de la *Gastrula :* elle est déjà indiquée au stade (fig. 13).

C'est à peu près à l'époque de la fermeture des dépressions latérales qu'apparaît le revêtement général de cils vibratiles (fig. 21), et que l'embryon commence à tourner à l'intérieur de l'œuf.

Examiné immédiatement après la fermeture des dépressions latérales, l'œuf ne présente encore qu'une étroite cavité du corps ; les feuillets primitifs sont encore directement accolés l'un contre l'autre, et les nouvelles parties formées par l'exoderme (disques) n'apparaissent que difficilement comme organes internes au milieu de la masse compacte (fig. 21) qui résulte de l'accolement de ces différentes parties. Mais bientôt (fig. 22) la cavité générale prend un accroissement rapide, l'embryon s'éclaircit d'une manière notable, et l'on aperçoit alors, au milieu de l'espace vide laissé entre la peau et le tube digestif, ces portions apparaître sous forme de lames cellulaires qui correspondent exactement aux disques de Müller.

La destinée ultérieure de ces rudiments est assez difficile à suivre. Bien que nous présentant, par l'acide acétique, une netteté assez grande, les embryons de *Lineus obscurus* sont bien loin cependant de nous offrir une transparence qui approche de celle que l'on rencontre chez les animaux nageurs, comme le *Pilidium*. Les divers processus qui, chez ce dernier, apparaissent sans trop d'efforts, ne peuvent se suivre ici qu'avec les plus grandes difficultés : les deux disques antérieurs sont, en ce qui concerne le simple fait de leur présence, d'une constatation facile ; ils se montrent de profil, isolés sur le fond transparent de la cavité générale, et apparaissent comme deux lames cellulaires très-nettes qui occupent de chaque côté la partie antérieure du corps de l'embryon ; leur situation, exceptionnellement favorable pour l'observation, les fait distinguer sans difficulté. Il est également aisé de suivre leur évolution graduelle toujours de profil ; mais les choses changent de face quand il s'agit de se rendre compte de leur accroissement total : autant leur accroissement en longueur est facile à suivre sur les vues de profil, autant est difficile leur accroissement en largeur ; vues de face à travers l'exoderme, tandis qu'elles se projettent sur le fond opaque constitué par l'œsophage, les lames cellulaires qui constituent ces disques sont à peine visibles, et ce n'est qu'avec la plus grande persévérance qu'on peut arriver à distinguer leurs limites.

Les disques postérieurs placés au-dessous du tube digestif et projetés tout entiers sur le fond opaque formé par cet organe sont, même en ce qui concerne leur simple constatation, extrêmement difficiles à apercevoir, et pendant longtemps je ne réussissais à les découvrir qu'à partir du moment (fig. 27) où, à la suite de leur accroissement, ils arrivent à déborder l'intestin et à apparaître de profil de chaque côté. Ce n'est qu'après de longues observations infructueuses que je suis arrivé, à l'aide du carmin employé après l'acide acétique, à voir d'une manière constante ces disques postérieurs, dont j'ai même pu, dans plusieurs préparations heureuses, tracer les limites avec précision. Une série de recherches poursuivies sans interruption pendant deux hivers m'a enfin permis de me rendre compte d'une manière assez complète de l'accroissement des quatre disques : les figures 22 à 33 représentent la série des aspects que je suis parvenu à voir d'une manière bien nette. La figure 22 représente l'embryon au moment où les parties formées aux dépens des dépressions latérales commencent, comme je l'ai dit, à apparaître à l'intérieur sous forme de plaques discoïdes (disques de Müller) ; les figures 23-24, 25-26, 27-28 et 29-30 montrent les stades successifs de l'accroissement de ces quatre disques vus alternativement des côtés dorsal et ventral.

Au stade 23-24, les plaques antérieures n'ont déjà plus, dans les vues de profil, la forme de demi-vésicules suspendues à l'exoderme, mais apparaissent au contraire comme deux larges bandes cellulaires qui s'étendent sur toute la moitié antérieure du corps de l'embryon jusqu'à la ligne de séparation de l'œsophage et de l'intestin ; leur cavité d'invagination (fig. 23 et 24 *ci*) apparaît sous l'aspect d'une fente allongée située entre l'exoderme et la lame cellulaire du disque. En ajoutant une goutte de carmin à l'embryon déjà traité par l'acide acétique, on voit

(fig. 23) que chacun des disques se prolonge du côté ventral
en deux lames qui viennent recouvrir les organes situés dans
cette partie du corps, mais je n'ai pu distinguer le point précis
où s'arrêtaient ces lames. Les disques antérieurs ne se prolongent pas encore (fig. 24) du côté dorsal.

Les disques postérieurs se sont, comme les autres, agrandis
d'une manière assez considérable et recouvrent maintenant
l'intestin en très-grande partie (fig. 23) ; ils se sont fortement
accrus du côté interne, se sont rapprochés tous deux de la ligne
médiane et ne demeurent plus séparés l'un de l'autre que par
un espace très-peu étendu. Du côté externe l'accroissement
a été moins considérable, leurs limites extrêmes sont simplement un peu plus avancées vers la partie antérieure ; du côté
dorsal (fig. 24) on n'aperçoit encore aucune trace des disques
postérieurs encore complétement cachés par l'intestin.

Outre les changements de dimension des quatre plaques discoïdes que nous venons de décrire, le stade des figures 23-24
nous offre encore quelques petites modifications : l'œsophage
et l'intestin, qui, bien que distincts, passaient jusqu'ici insensiblement de l'un à l'autre, se trouvent maintenant séparés par
l'apparition d'un étranglement (fig. 23), qui les délimite l'un
de l'autre d'une manière précise ; la bouche s'élargit un peu,
et change l'aspect arrondi qu'elle possédait jusqu'alors pour
prendre la forme élargie représentée dans les figures 23 et 24 ;
enfin, et ceci est plus important, les cellules qui composent les
quatre disques subissent à leur partie interne une dégénérescence, et donnent naissance à un amas de globules graisseux
(*gl*) qui demeurent quelque temps accumulés à la partie interne de chacun des disques, mais se disséminent ensuite irrégulièrement dans la cavité générale. Cette délamination en
couche graisseuse interne et couche cellulaire externe, qui
demeure la partie essentielle des disques, correspond à la délamination décrite par Metschnikoff, ainsi qu'à l'accumulation
des cellules étoilées décrite par Butschli. Ces globules de
graisse me semblent destinés à donner naissance au reticulum
connectif, et la délamination des disques que nous observons

à cette époque correspond, pour moi, à une division en *reticulum connectif* représenté par les globules, et *couche stratifiée* qui formera plus tard le tube musculaire de la paroi du corps. Nous reviendrons d'ailleurs plus loin sur ce sujet important.

Le stade qui suit celui que nous venons de décrire (fig. 25-26) est caractérisé par un développement plus avancé des quatre disques : les deux antérieurs se sont rejoints du côté ventral ; les deux lignes qui en indiquaient la limite postérieure, et que nous n'avions pu suivre précédemment que d'une manière incomplète, peuvent maintenant se suivre jusqu'à leur rencontre ; elles forment, par leur réunion (fig. 25), un arc à convexité dirigée du côté postérieur, et qui passe derrière l'ouverture buccale, juste au-dessous de la ligne de séparation de l'œsophage et de l'intestin : toute la partie antérieure du corps de l'embryon est maintenant recouverte, sur la partie ventrale, d'une lame continue située directement au-dessous de l'exoderme. Je n'ai jamais pu réussir à voir la ligne de soudure complète des deux disques antérieurs, néanmoins les traces de réunion que nous venons de constater à leur extrémité postérieure se rencontrent de la même façon à leur extrémité opposée. Si nous regardons ces lames vues de profil, sur les bords de l'embryon, nous voyons que depuis le stade précédent elles se sont encore allongées vers l'extrémité antérieure, se sont recourbées l'une vers l'autre en contournant cette extrémité, et sont venues, comme on peut le voir par la figure, se souder l'une à l'autre d'une manière intime. Malgré cette soudure, qui montre que les deux plaques ont dû se rejoindre sur toute leur étendue, on constate qu'ells n'ont pas encore perdu leur adhérence primitive avec l'exoderme, de sorte que les deux cavités d'invagination (*c i*), réduites maintenant à de simples fentes, sont encore maintenues distinctes l'une de l'autre.

Dès le moment où la soudure s'est effectuée, et avant même que les disques aient quitté leur adhérence avec l'exoderme, la lame cellulaire issue de la réunion des disques antérieurs commence à émettre au point de soudure un bourgeon très-petit (fig. 25 *tr*) qui formera la trompe. La trompe ne naît plus

ici, comme chez le *Pilidium*, sous forme d'une invagination
aux dépens de la partie antérieure du Némerte futur ; elle naît
à la même place sous forme d'un bourgeon solide qui donne
d'abord naissance à un cordon cellulaire plein. La cavité de la
trompe n'apparaît que plus tard au milieu de ce tube solide.

Les disques postérieurs ont éprouvé cette fois un accroissement tout à fait différent de celui que nous avions constaté au
stade précédent : ils se sont surtout accrus vers la partie antérieure de l'embryon, et ne paraissent pas s'être rapprochés
davantage l'un de l'autre qu'ils ne l'étaient déjà. Par contre,
l'espace qui les séparait de la paire antérieure, maintenant
réunie en une plaque impaire, a considérablement diminué :
au stade (fig. 25-26) la face ventrale paraît recouverte déjà
presque tout entière par les lames cellulaires dérivées de l'accroissement des quatre disques ; les points non recouverts
forment une figure en forme d'*y* qu'on reconnaîtra facilement
à la seule inspection de la figure 25. Du côté dorsal (fig. 26) on
ne constate encore aucune extension des lames cellulaires ;
on voit seulement que les disques postérieurs commencent à
déborder l'intestin et à apparaître sur les bords. La soudure
des disques antérieurs sur la ligne médiane modifie beaucoup
l'aspect de cette portion de l'embryon : au lieu d'être occupée
par deux plaques cellulaires, elle se trouve formée d'une couche
continue qui commence à s'arrondir d'une manière régulière ;
au même stade, les globules graisseux (*gl*) de la cavité générale
paraissent plus nombreux, l'ouverture buccale devient plus
large et se recourbe de plus en plus en fer à cheval.

Les différentes modifications que nous constatons au stade
suivant (fig. 27-28) se réduisent, en somme, à une simple exa-
gération des changements déjà produits : les plaques postérieures (fig. 27) sont encore un peu plus voisines que précédemment, elles se sont surtout rapprochées de la plaque
antérieure impaire ; elles n'en sont, maintenant, pas plus éloi-
gnées qu'elles ne le sont l'une de l'autre, et les trois branches
de l'*y* ont toutes la même largeur. La cloison qui séparait encore
les deux cavités d'invagination des disques antérieurs commence

à se détacher nettement de l'exoderme, et les deux cavités $c\,i$
se réunissent en une seule, en même temps que la plaque antérieure perd de plus en plus les traces de sa division primitive
en deux parties.

Au même stade, l'œsophage a pris la forme représentée
(fig. 27), et qui paraît se reproduire constamment à cette même
époque ; la bouche s'est réduite à une fente transverse d'un
aspect caractéristique (fig. 27) et qui paraît être le terme
ultime de l'élargissement en fer à cheval dont nous avons parlé.

Ces aspects successifs de l'ouverture buccale sont d'une constatation assez délicate : la plus petite cause suffit en effet pour
en altérer la forme d'une manière notable, et j'ai souvent vu,
par simple effet de la contractilité des tissus, cette ouverture se
rétrécir et se dilater comme dans les figures 27 et 25, suivant
le degré de concentration du réactif employé. Malgré cette circonstance qui doit nous empêcher d'attacher à ce fait une importance trop grande, la succession des aspects des figures 23-27
m'a paru se reproduire avec assez de constance sur les embryons
frais pour m'engager à accorder à ce sujet une attention soutenue. Leur étude attentive, jointe à celle des stades qui suivent
immédiatement, m'a amené à penser qu'ils résultent de la
formation de l'*épaississement labial;* les degrés successifs de
rétrécissement jusqu'au stade (fig. 27) correspondent à l'extension sur le pourtour de la bouche de la soudure qui s'effectue
entre les deux disques antérieurs. En environnant ainsi l'ouverture buccale, la plaque antérieure impaire contracte une adhérence intime avec l'œsophage à son point de jonction avec
l'exoderme, et ainsi se forme un épaississement (correspondant
au point de soudure de l'œsophage, de l'exoderme et de la
couche des disques) qui se circonscrit de plus en plus nettement dans les stades qui suivent (fig. 28 à 30), et finit par donner
naissance à deux bourrelets arrondis qui, au stade 34, forment
autour de la bouche deux lèvres épaisses.

Les disques postérieurs ont, au stade 27-28, débordé de
toutes parts au delà de l'intestin, et sont maintenant parfaitement visibles sur toute l'étroite portion de cavité générale com-

prise entre l'exoderme et la partie renflée du tube digestif. La plaque antérieure apparaît aussi avec netteté ; jointe aux deux postérieures, elle paraît constituer une plaque unique visible en entier (fig. 28) du côté dorsal. La même figure 28 montre aussi l'état de la trompe et de l'amas graisseux à cette même époque : la trompe s'est accrue vers le bas, elle se présente toujours sous forme d'un cordon cellulaire plein encore assez court ; l'amas graisseux $(gl)$ est devenu de plus en plus important.

Les figures 29-30 représentent le dernier stade de la réunion des quatre disques. La bouche a repris sa forme en fer à cheval, seulement ses bords sont épaissis ; la réunion des plaques cellulaires en une grande lame ventrale se trouve effectuée d'une manière complète (fig. 29), mais les bords seuls de ces plaques se sont réunis ; ils sont encore adhérents à l'exoderme et continuent à maintenir visible, par cette adhérence, une trace en forme d'$y$ qui représente le dernier vestige de la réunion ; les cavités d'invagination $(c\,i)$ de ces trois plaques ne sont pas encore réunies en une seule.

Le changement le plus important de ce même stade est l'extension rapide, vers la partie dorsale, de la lame ventrale continue qui vient de se former. Nous avons vu que jusqu'ici l'accroissement des plaques dérivées des disques s'était limité au côté ventral. Au stade actuel, l'empiétement du côté dorsal commence à s'effectuer avec une grande rapidité : la lame continue qui, dès le stade fig. 28, avait atteint les limites de la face ventrale, éprouve du côté opposé un accroissement considérable ; toute sa portion postérieure s'incurve au-dessus de l'intestin et gagne vers le haut en se recourbant au-dessus de lui : elle recouvre ainsi d'arrière en avant toute la partie dorsale. Les parties latérales suivent le même processus (fig. 30). Bientôt la plus grande partie de la surface se trouve recouverte, et il ne reste plus (fig. 33) qu'une lacune circulaire située un peu en avant du corps de l'embryon et qui sera bouchée par un simple rapprochement graduel des bords qui le limitent. La figure 30 montre ce processus du côté dorsal ; la figure 33, de profil.

Pendant que s'effectuaient ces différents phénomènes d'accroissement des disques, de formation de la masse graisseuse qui remplit la cavité du corps, et d'apparition de l'épaississement labial, la partie renflée du tube digestif éprouvait également des modifications. Au début (fig. 19, 24, 26, etc.), sa cavité interne était demeurée bien nette, et la paroi se composait toujours d'une rangée bien circonscrite de cellules cylindriques; mais bientôt les cellules de cette paroi s'accroissent en longueur et pénètrent peu à peu jusqu'au centre de la cavité qu'elles limitaient. Cette dernière se trouve réduite presque à rien; les cellules qui l'entourent ont pris la forme (fig. 28-29) de longues cellules radiaires dont les limites se perdent en approchant du centre; un peu plus tard (fig. 34) on les voit subir, vers leur partie interne, une dégénérescence qui donne naissance à un amas de globules graisseux (*gi*). ·

A côté des descriptions qui précèdent et qui nous rendent compte des différents phénomènes internes, j'ai figuré (fig. 13, 31-32, 33, 40-41) un certain nombre d'embryons vus de profil et destinés à donner une idée des aspects d'ensemble que présente l'embryon aux différentes époques de son évolution. Ces figures ont été dessinées de manière à rendre aussi exactement que possible la forme et l'aspect général que présente l'œuf aux différentes époques; je les ai obtenues en immobilisant les embryons à l'aide de quelques traces d'acide acétique et en les maintenant dans la position voulue sous le microscope à l'aide d'une aiguille à dilacérer. Les figures 31, 32 et 33 font partie de la période que nous venons de décrire : la première correspond au stade de la figure 20; la seconde, à celui des figures 25-26; enfin, la troisième, à celui des figures 29-30. On peut voir, d'après la figure 31, que l'embryon arrivé au stade fig. 20 ne diffère guère de la *Gastrula*, en ce qui concerne la forme générale, que par un simple allongement, comme nous l'avons du reste expliqué plus haut. Dans les stades qui suivent (fig. 32-33), l'embryon continue toujours à s'allonger et à s'aplatir, mais sans changer d'aspect d'une manière sensible; un étranglement apparaît aussi à peu près au milieu du corps,

7

de façon à séparer l'embryon en deux parties (antérieure et postérieure). Les figures 40 et 41 correspondent à des stades qui nous sont encore inconnus : la première au stade fig. 34, et la seconde au stade fig. 37. La figure 40 nous montre qu'entre les deux stades fig. 30 et 34, il se produit un aplatissement assez considérable ; la figure 41 nous fait voir la partie postérieure primitivement arrondie, s'allongeant de manière à donner à l'ensemble du corps un aspect vermiforme.

Cette série de figures, beaucoup plus propre que les vues de face à nous donner une idée de l'ensemble des phénomènes, montre que chez le *Lineus obscurus* il y a passage graduel de la *Gastrula* arrondie (fig. 13) à l'aspect vermiforme (fig. 41), sans qu'elle paraisse éprouver à l'extérieur de changement plus notable : c'est, contrairement aux phénomènes internes qui rappellent le *Pilidium*, une marche de développement qui se rattache tout à fait au développement direct.

C. *Évolution des feuillets.* — Jusqu'à ce moment l'exoderme a conservé les caractères qu'il possédait d'abord ; mais, à partir de la réunion complète des plaques discoïdes, il diminue d'épaisseur et ne semble bientôt plus constituer qu'une simple membrane de revêtement. Tous les stades que nous allons maintenant passer en revue présentent comme partie essentielle l'épaisse couche continue qui dérive des disques ; au dehors se trouve le revêtement formé par l'exoderme, et au dedans le tube digestif et les organes internes. Le premier stade (fig. 34) nous présente un aplatissement assez considérable exprimé par les vues de profil (fig. 33-40), et qui change la forme de l'embryon de manière à lui faire prendre sur les vues de face l'aspect arrondi représenté dans la figure 34. La cavité du corps s'est par suite aussi un peu élargie. La surface de la couche des disques présente encore la trace en $y$ qui résulte du détachement encore incomplet de l'exoderme et de la ligne de soudure des trois plaques ventrales. A la partie antérieure de cette même couche se trouve suspendue la trompe, qui gagne en longueur et en largeur et s'apprête déjà à passer au-dessus de l'œsophage ; elle constitue toujours un cordon solide. L'épaississement labial, encore

vaguement circonscrit au stade précédent (fig. 29), constitue
maintenant une partie très-nette ; il se montre composé d'une
lèvre supérieure en forme de fer à cheval, et d'une lèvre inférieure qui résulte de la soudure avec l'exoderme de presque
toute l'extrémité inférieure de la plaque antérieure (fig. 34).
La portion renflée du tube digestif a accentué les modifications
commencées déjà à l'époque précédente ; toutes les cellules de
sa paroi paraissent se prolonger vaguement jusqu'au centre, où
la dégénérescence de leur portion interne a déjà commencé
à donner naissance à un petit amas de globules graisseux ($gi$).
Enfin si, à ce stade, on examine avec attention les parties qui
entourent l'œsophage, on verra que cet organe porte deux
vésicules symétriques, arrondies ($ol$), qui représentent deux
bourgeons, futurs rudiments des organes latéraux. Plongés au
milieu de la masse graisseuse qui remplit la cavité générale,
ces bourgeons sont difficiles à apercevoir, et ce n'est qu'après
le léger accroissement de cette cavité qu'on remarque au
stade fig. 34 qu'ils deviennent bien visibles. Je ne puis déterminer au juste le moment précis de leur apparition, qui sans
doute précède la soudure complète des quatre disques ; mais
je ne conserve aucun doute sur leur provenance directe de
l'œsophage : les stades fig. 34 et 35 les montrent adhérents
encore, par leur extrémité effilée, à sa portion dorsale, tandis
que leur cavité interne et la paroi qui l'entoure passent encore
directement à la cavité et à la paroi de l'œsophage. Par l'autre
extrémité, ces organes sont arrondis et suspendus librement
dans la cavité générale.

Au stade suivant (fig. 35), la trace en $y$ a complétement disparu, et la couche des disques apparaît sous l'aspect d'un feuillet
uniforme complétement séparé des parties voisines ; on continue néanmoins toujours à distinguer sur les côtés (fig. 35) les
portions dérivées des paires de disques antérieure et postérieure ;
l'embryon a éprouvé un changement de forme, il est devenu
allongé, et a pris dans son ensemble un aspect piriforme. L'intestin a également pris part à ce changement ; il se trouve,
comme tout le reste, aminci vers sa partie postérieure, tandis

qu'à son intérieur la masse centrale (*gi*) fournie par la dégénérescence de la partie interne des cellules de la paroi se trouve
déjà augmentée. Les bourgeons formateurs des organes latéraux
se sont fortement allongés ; ils arrivent presque déjà au contact
de la couche des disques, mais n'ont pas encore commencé à y
adhérer. Rien n'est encore changé dans les connexions que
nous leur avons décrites au stade précédent ; ils figurent encore
deux masses suspendues librement par leur extrémité renflée
dans la cavité générale, et adhérentes par leur portion effilée
à la partie dorsale de l'œsophage ; néanmoins la cavité du
pédoncule qui les reliait à cet organe s'est oblitérée, et, au lieu
d'y avoir, comme auparavant, passage complet des parois d'une
partie à l'autre, il n'y a plus maintenant que simple adhérence.

Pendant les stades qui suivent, jusqu'à celui représenté
pl. 3, fig. 36, il y a simple continuation des mêmes phénomènes : l'embryon s'accroît encore en longueur et diminue en
largeur ; la trompe s'allonge graduellement au-dessus de l'œsophage, et l'amas graisseux de la partie centrale du tube digestif
s'accroît de plus en plus. Arrivé à l'état représenté fig. 36, on
commence à constater des phénomènes nouveaux : la formation
des fentes céphaliques et la soudure des organes latéraux avec
la couche des disques.

Outre les mêmes processus d'allongement qui continuent
toujours, tout en restreignant proportionnellement la cavité du
corps, le stade fig. 36 nous montre de plus une nouvelle modification de forme qui vraisemblablement correspond à la formation des fentes céphaliques ; de chaque côté de la partie
antérieure apparaît une dépression, sensible surtout par le
changement de forme qu'elle produit dans l'ensemble de l'embryon, qui devient pentagonal (fig. 36). Cet aspect ne peut,
comme cela arrive plus tard (fig. 43), être attribué ici à la
contractilité ; force est donc d'y voir un processus de formation d'organe : les stades suivants confirment cette manière
de voir. Nous voyons qu'à partir du moment où la transparence, devenue plus grande (fig. 42), permet de contrôler la
présence ou l'absence des fentes céphaliques, ces dernières

se montrent déjà complétement formées (quoique moins profondes que plus tard). Il faut donc admettre qu'elles prennent naissance avant les phénomènes de différenciation des tissus, et dès lors on ne peut douter que les figures 36-37 ne se rapportent à leur formation.

Les organes latéraux, qui ont continué à s'accroître de plus en plus, sont venus, au stade fig. 36, se souder à la couche des disques ; leur extrémité renflée, auparavant libre au milieu de la cavité du corps, s'est différenciée peu à peu de la portion rétrécie qui la reliait avec l'œsophage : elle consiste maintenant en une vésicule avec cavité close de toutes parts (fig. 36 *ol*), et dont la paroi est venue se souder à la couche des disques *juste au point de réunion des paires de disques antérieure et postérieure*.

La portion plus étroite, dont nous avions déjà, au stade précédent, constaté le rétrécissement, s'est définitivement transformée en un cordon plein (*fun*) qui continue de relier la vésicule à l'œsophage. Ainsi disposés, les organes latéraux forment une cloison complète dont les points d'adhérence donnent lieu à une division des plus remarquables. Par leur adhérence à l'œsophage juste au-dessus de la bouche, ils séparent nettement les portions situées en avant et en arrière de cet orifice, et délimitent maintenant d'une manière précise les deux parties du corps auparavant confondues : le *prostomium* et le *metastomium;* par leur adhérence au feuillet moyen, ils séparent les parties dérivées des disques antérieurs de celles qui proviennent des postérieurs, et l'on obtient ainsi une division de l'embryon tout entier en *cavité prostomiale* (*cp*) limitée par la membrane dérivée des *disques antérieurs* (D P), et en *cavité métastomiale* (*cm*) limitée par la membrane dérivée des *disques postérieurs* (D M). La première (*cavité prostomiale*) est spacieuse et ne contient que la trompe. La seconde (*cavité métastomiale*) renferme le tube digestif ; elle se trouve réduite à une simple fente, sauf au point de jonction de l'intestin et de l'œsophage, où elle forme une légère cavité triangulaire (*ct*) limitée en avant par les organes latéraux. Cette portion constitue la partie la

**J. BARROIS.**

plus étendue de la cavité métastomiale, elle est très-constante : nous la désignerons sous le nom de partie triangulaire de la cavité métastomiale. Nous voyons ici qu'en même temps que les organes latéraux viennent délimiter d'une manière plus nette les cavités prostomiale et métastomiale, ils divisent la paroi en portions correspondantes à chacune de ces divisions (lames prostomiales et métastomiales), et que ces dernières correspondent précisément aux deux paires de disques.

Nous avons déjà vu, à propos du développement étudié de profil (fig. 31 à 33, 40-41), que l'embryon présente de bonne heure une division en partie céphalique (*cap*) et partie postérieure (*ter*), qui, au stade fig. 41, s'allonge de manière à produire l'aspect vermiforme. La division qu'on voit s'effectuer ainsi graduellement sur les vues d'ensemble n'apparaît que plus tard, et d'une manière assez brusque sur les vues de face. Jusqu'au stade fig. 37, l'embryon a toujours, à quelques petites modifications près, conservé un aspect à peu près arrondi, dans lequel on ne pouvait distinguer aucune division. Au stade fig. 37, il n'en est plus de même : la division en portion céphalique courte et massive, et en partie postérieure à forme rubanée, si caractéristique de l'adulte, s'y est effectuée ; l'animal a pris l'aspect vermiforme, et ressemble déjà à un jeune Némerte (fig. 37 et 41). Le rétrécissement graduel, dont nous avons constaté l'apparition à partir du stade fig. 34, est arrivé à son maximum ; il a transformé la partie postérieure en un tube étroit, allongé, dans lequel la paroi du corps est étroitement appliquée contre l'intestin ; la partie antérieure, moins modifiée, se présente au contraire sous l'aspect d'un renflement assez étendu en forme de fer de lance (fig. 37). Ces deux divisions répondent exactement aux parties prostomiale et métastomiale ; elles se font sentir d'une manière très-frappante sur le feuillet moyen : la portion dérivée des disques postérieurs s'est allongée et amincie de manière à former le long tube étiré qui constitue, comme nous l'avons vu, la partie postérieure ; celle qui vient au contraire des disques antérieurs, s'épaissit tout autour de la cavité du prostomium pour former le renflement dont nous

avons parlé. Les deux grandes divisions de la couche des disques
(disques antérieurs et postérieurs) qui, au stade fig. 35, se dis-
tinguaient encore par des traces de soudure, au stade 36 par
la délimitation opérée au moyen des organes latéraux, arrivent
donc jusqu'à la transformation en jeune Némerte sans cesser
d'être bien distinctes. Au stade fig. 37, chacune d'elles commence à se développer dans un sens spécial : l'antérieure (disques antérieurs) s'épaissit pour donner naissance à un feuillet
très-épais qui entoure le prostomium (lames prostomiales) ; la
postérieure s'amincit pour former la lame mince qui limite
la partie métastomiale (lames métastomiales).

, Les organes latéraux se montrent encore au même stade, ,
sous forme de deux cordons situés entre les deux grandes divisions de la couche des disques et adhérents à l'œsophage ; le
rétrécissement de la cavité du corps, qui accumule autour
d'eux tous les globules graisseux et réduit la portion triangulaire (*ct*) elle-même de la cavité métastomiale à une simple
fente, rend l'étude plus détaillée de ces organes à ce stade
extrêmement difficile.

En résumé, le stade représenté dans la figure 37 offre
déjà l'aspect d'un jeune Némerte dont l'exoderme est devenu
l'épithélium, tandis qu'à la division en renflement céphalique
et en corps allongé vermiforme correspond une division tout
à fait caractéristique du feuillet moyen formée par la soudure,
en un point commun, des trois paires de rudiments qui le constituent (disques antérieurs, disques postérieurs, organes latéraux). Cet état constitue le dernier stade qui ait rapport aux
phénomènes de formation des organes ; tous ceux-ci se sont
effectués avant qu'on aperçoive encore de traces d'alternance.
L'embryogénie consiste, dans son ensemble, dans *l'évolution
directe du jeune Némerte par évolution de trois feuillets embryonnaires*, comme nous l'avons décrit.

D. *Apparition des phénomènes d'alternance.* — Avec la différenciation histologique (fig. 38, 39, 42) commence une nouvelle série de phénomènes : l'exoderme, qui jusqu'alors avait
conservé les caractères d'un feuillet épithélial, commence à

s'écarter du feuillet sous-jacent ; en peu de temps il s'en éloigne à un tel point, que bientôt il ne paraît plus constituer qu'une espèce de sac qui renferme l'ensemble formé par la réunion des deux feuillets internes : les figures 38, 39 et 42 nous montrent ce changement. A la figure 39, la séparation est déjà complète ; la surface de l'ancien feuillet moyen (couche des disques) s'est de plus différenciée en épithélium et porte un revêtement de cils vibratiles. Au stade 42, l'embryon a repris l'aspect si connu, chez le *Pilidium*, d'une nourrice (ancien exoderme) contenant dans son intérieur un animal de seconde génération ; un peu plus tard, la membrane externe se détruit pour mettre l'animal en liberté.

Pendant que s'effectuait ce changement de peau, les différents organes à la formation desquels nous avons assisté ont continué à se développer ; la trompe s'est encore allongée, et l'on constate dans les organes latéraux de nouveaux changements. Rien, comme le montre la figure 38, n'est sensiblement modifié en ce qui a rapport à la disposition générale de la figure 36, mais la cavité interne de chaque vésicule est venue se mettre en communication avec l'extérieur par une large ouverture ; il en résulte que ses parois semblent passer directement à celles de la couche des disques, et que les organes latéraux semblent tout à fait produits par une invagination de ce feuillet. C'est un aspect analogue à celui déjà décrit par Butschli chez le *Pilidium*, et qui lui avait fait croire à une véritable invagination ; nous avons vu qu'il n'en était rien. Quelque temps après cet état, les parois des mêmes vésicules se renflent en une masse sphérique pleine et massive (fig. 39, 42), suspendue à la couche des disques, et qui demeure toujours reliée à l'œsophage par un cordon plein (*fun*). Les figures 39 et 42 nous montrent l'aspect que présentent ces masses ; au stade fig. 42, on voit par transparence le point d'insertion (*h*) des cordons à la paroi de l'œsophage.

Pendant la même époque l'embryon s'accroît et continue à éprouver des modifications dans sa forme générale. La portion céphalique perd l'aspect en fer de lance qu'elle possédait au stade précédent. Les deux dépressions latérales signalées naguère disparaissent, et la tête reprend son aspect arrondi (fig. 38). Chacune des deux moitiés de l'embryon commence alors à se renfler : l'antérieure par augmentation en épaisseur des lames prostomiales ; la postérieure par accroissement du tube digestif (fig. 39 et 42), tandis qu'au contraire la partie moyenne, au niveau des organes latéraux, reste inaltérée. Il en résulte que bientôt l'embryon (fig. 42) parait composé de deux portions d'égal volume, toutes deux fortement renflées et séparées l'une de l'autre par un étranglement. L'accroissement du tube digestif surtout est considérable ; par suite, le tube étroit qui, au stade fig. 37, constituait la région métastomiale, arrive graduellement, sans se raccourcir, à être distendu par l'accroissement en volume des parties internes, de façon à présenter de nouveau une forme arrondie.

Au stade fig. 39 on voit bien l'accroissement de la partie céphalique et l'épaississement de toute la portion de la couche des disques (lames prostomiales) qui en forme la paroi ; la division du corps en deux parties renflées d'égal volume, et séparées par l'étranglement placé au niveau des organes latéraux, se trouve exprimée avec le plus de netteté vers le stade fig. 42.

Ces divers changements se constatent par l'étude directe, sans réactifs : l'acide acétique, qui, jusqu'à ce moment, nous avait rendu de si grands services, perd dès le début de la différenciation histologique presque tout son effet ; il devient impuissant à éclaircir les œufs. Le mieux, à partir du stade fig. 37, est d'examiner l'embryon par simple compression et sans réactif, ou, si l'on aime mieux, avec une faible quantité de glycérine très-diluée. Un mélange d'acides acétique et azotique en proportions égales rend les éléments cellulaires plus nets ; joint à la compression, il peut rendre pour l'étude des processus de différenciation histologique de très-bons services. L'observation directe, sans compression, d'embryons qu'on laisse tomber lentement en diffluence est également instructive ; mais, quel que soit le moyen employé, il est nécessaire, dans tous les cas, de commencer par sortir l'embryon de la coque qui entoure les œufs.

La différenciation histologique s'effectue sur toute la masse de l'embryon ; mais c'est surtout la couche des disques, composée d'un seul rang de longues cellules cylindriques, qui éprouve les changements les plus remarquables.

Examiné au stade fig. 42, l'exoderme présente des traces visibles de dégénérescence : on ne distingue plus les limites des cellules ; dans chacune d'elles il s'est accumulé une grande quantité de globules graisseux, et l'ensemble de cette couche paraît constitué d'une substance homogène remplie d'une quantité de globules graisseux. Une goutte de chlorure d'or, ou mieux de nitrate d'argent, qu'on fait agir après avoir passé l'embryon à l'eau douce, fait apparaître d'une manière très-nette le contour des cellules ; au lieu de se présenter, comme au début du développement, sous une forme cylindrique allongée, elles apparaissent comme de larges cellules plates remplies d'une quantité de globules graisseux (fig. 42).

La dégénérescence graisseuse du tube digestif, déjà commencée aux stades précédents, a pris, avec le processus général de différenciation, une nouvelle activité : du centre elle a gagné la périphérie ; la paroi tout entière se résout rapidement en globules graisseux (fig. 39), et bientôt on n'a plus dans l'intestin qu'une masse graisseuse (*gi*) qui remplit toute la cavité métastomiale : c'est par l'augmentation et la prolifération de ces globules graisseux que s'effectue l'accroissement du tube digestif, et, par suite, de toute la région métastomiale dont nous avons parlé. Chose curieuse, ces globules ne paraissent pas irrégulièrement disséminés au milieu de l'animal, mais restent très-distincts de ceux qui proviennent des quatre disques (*gl*) ; ils demeurent limités à l'espace occupé auparavant par le tube digestif, et sont séparés de la portion triangulaire de la cavité métastomiale par une membrane mince peu visible à l'observation directe, mais qui les empêche de s'épancher au dehors de la cavité qui les renferme. Cet amas graisseux constitue la partie dont se formera plus tard le tube digestif. A ce propos, nous avons à constater un rapprochement qui n'est pas sans intérêt : chez le *Pilidium*, le tube digestif de la

larve passe immédiatement, d'après les descriptions de tous les
auteurs, au tube digestif du Némerte adulte. Dans le développement simple, il y a apparition directe d'une masse graisseuse
qui remplit toute la cavité centrale de l'embryon, et aux dépens
de laquelle se différencie le tube digestif. Le *Lineus obscurus*
constitue l'intermédiaire entre ces deux processus; son tube
digestif est identique, dans les premiers temps du développement, avec celui du *Pilidium*, et possède des parois propres
parfaitement bien circonscrites; puis il entre en dégénérescence
et fournit une masse graisseuse identique à celle du développement par différenciation de la *Morula*. La première partie de
ce développement se rapporte au premier type d'embryogénie
(*Pilidium*), tandis que la dernière se rapporte au second. Il y
a production d'une masse graisseuse et différenciation de cette
masse graisseuse en tube digestif; mais au lieu de se produire
d'une manière directe aux dépens de l'œuf, cette masse se produit par dégénérescence d'un tube digestif d'abord nettement
circonscrit. Les éléments provenant de ce développement rétro-
grade ne se mélangent pas avec les autres globules graisseux
de la cavité du corps, de sorte que l'intestin définitif est, malgré
tout, exclusivement formé d'éléments endodermiques. Ce fait
constitue un point de liaison qui n'est certes pas sans importance entre le développement complexe du *Pilidium* et le développement simple des autres Némertes.

La différenciation de la couche des disques s'observe bien
à l'aide du mélange d'acides acétique et azotique. Si, peu après
le stade fig. 37, on vient à examiner un embryon après addition
d'une goutte de ce mélange, on constate que les cellules qui
constituent l'épaisse paroi de ce feuillet ne présentent plus,
comme auparavant, des contours bien nets; elles se ramol-
lissent, deviennent ondulées (fig. 38), et chaque cellule prend
un aspect plus ou moins variqueux (fig. 38) : il semble qu'elles
s'apprêtent à tomber en morceaux. Bientôt, en effet, on les
voit se résoudre en un assez grand nombre de petits fragments; ces fragments, assez mous et irréguliers, demeurent d'abord placés bout à bout, et conservent ainsi un

moment leur orientation primitive ; ils constituent, par leur
réunion, des éléments cylindriques qui ont encore la forme des
cellules primitives. Mais bientôt cette orientation primitive
disparaît, les fragments perdent leur aspect irrégulier : ils
s'arrondissent, changent de nature, prennent un aspect plus
réfringent, puis glissent les uns sur les autres de manière à produire une disposition irrégulière, une espèce de blastème (fig. 39)
composé d'une grande quantité de petits globules réfringents
juxtaposés au hasard. Seuls, les fragments qui se trouvaient
placés à la surface conservent les rapports qu'ils possédaient
au début ; ils continuent à former (fig. 39) une membrane continue composée de petits éléments régulièrement juxtaposés
(fig. 39 *ep*) et qui constituent l'épithélium définitif du Némerte
futur.

C'est aux dépens de la masse de globules disposés sans ordre
qui forme la partie essentielle des disques que se différencie
le tissu musculaire ; les petits éléments disposés sans ordre
qui proviennent du morcellement des cellules cylindriques se
disposent bientôt en longues traînées continues, et c'est de
leur union suivant cette direction nouvelle que résultent les
fibres musculaires. A cette orientation nouvelle des éléments
qui formaient cette portion du feuillet (*me*) correspond un
nouveau changement dans la composition chimique de ces
éléments : de globules inertes, réfringents, qu'ils étaient
d'abord, ils se convertissent en éléments contractiles très-
transparents. Par suite de ce changement de composition,
la masse tout entière de la couche (*me*) s'éclaircit en peu de
temps d'une manière notable, et l'on obtient bientôt l'aspect
représenté figure 42 et suivantes, dans lesquelles les parties
musculaires se distinguent très-nettement, par leur grande
transparence, de l'épithélium superficiel, qui conserve beaucoup mieux son caractère primitif. Le tout se réduit, en
somme, à la suite du morcellement des cellules de la figure 38,
à un changement dans l'orientation des fragments.

C'est dès le début de la formation de l'épithélium définitif
(fig. 39) que commence à apparaître, à la surface de la couche

des disques, le revêtement général de cils vibratiles qui passera
au Némerte ; c'est aussi l'époque où l'exoderme primitif commence à acquérir une indépendance très-apparente et à prendre
les caractères d'un sac renfermant dans son intérieur un animal
de seconde génération. Le revêtement de cils vibratiles qui se
forme à la surface de la couche des disques diffère de celui que
possède l'exoderme par la longueur un peu plus grande et par
la direction des cils ; oblique par rapport à la paroi chez le jeune
Némerte, au lieu de lui être perpendiculaire, comme chez
l'embryon (fig. 42) ; leurs mouvements paraissent aussi plus
ondulés dans le premier cas que dans le second.

E. *Rapports et différences de cette première partie.* — Ainsi
qu'il a été dit dès le début de ce travail, cette embryogénie diffère de toutes les autres par un point essentiel : la persistance
des phénomènes de développement interne du *Pilidium ;* sauf
ce point essentiel, l'embryogénie est exactement la même que
celle souvent décrite par mes prédécesseurs. Les phénomènes
externes ne nous offrent, bien que j'aie cherché à en retracer
la marche d'une manière plus graduelle (fig. 31 à 33, 40-41),
rien qui s'écarte d'une manière sensible des faits déjà connus,
et, de même que tous mes prédécesseurs, je m'accorde à ramener le type de Desor à un *Pilidium simplifié.*

Mais cette persistance des phénomènes internes modifie tout
à fait l'interprétation du développement. La grande simplicité
du développement interne et la formation du jeune Némerte par
différenciation directe de la *Morula* indiquaient, dans cet ordre
de phénomènes, l'existence d'une simplification beaucoup plus
grande encore que celle qui frappait l'état du *Pilidium.* Des
deux ordres de phénomènes embryogéniques, le second, celui
qui avait rapport à l'état du scolex, était, malgré la réduction éprouvée, encore moins modifié que ne l'était le premier. On vit donc, et avec raison, dans le développement du
type de Desor, une *simplification totale* de l'embryogénie, et
l'on considéra la chute de la peau comme un dernier reste de
l'état du scolex qui apparaît dès lors comme le dernier vestige,
comme le fait essentiel demeuré seul constant au milieu de la

disparition des autres phénomènes, et constitue un précieux indice pour la réunion au cycle normal.

La persistance complète chez le type de Desor des phénomènes internes qu'on y croyait absents bouleverse complétement cette manière de voir. Du moment que l'ensemble des phénomènes internes qu'on croyait disparus d'une manière complète persiste en entier, il devient impossible de rapporter plus longtemps la réduction constatée chez le *Pilidium* à une cause étrangère, à la *simplification totale* du développement s'exerçant *seulement en dernier lieu* sur l'état du scolex, mais on est forcé de l'attribuer directement à elle-même et à sa propre inconstance. Ainsi l'état du *Pilidium*, réputé d'abord comme le plus constant et le dernier atteint dans la simplification de l'embryogénie, devient, par le seul fait de la persistance des phénomènes internes, le plus et même le seul variable; aussi devons-nous lui ôter toute son importance et ne plus le considérer que comme constituant un fait accessoire du développement, subordonné, comme on le verra plus loin, à un autre ensemble de phénomènes essentiels basés sur le cycle constant des phénomènes internes, et dont l'état du *Pilidium* ne doit être regardé que comme une aberration.

Cette assertion, que les faits relatifs à l'état du *Pilidium* sont non-seulement les premiers, mais *les seuls* atteints dans la simplification qui produit le type de Desor, est bien confirmée par l'examen critique des modifications constatées dans ce qui précède; l'œil le plus scrupuleux ne peut trouver entre le développement précédemment donné et le *Pilidium* plus des trois différences que j'énumère ici, et qui les résument toutes d'une manière complète :

1° Absence de forme larvaire;

2° Aspect des embryons;

3° Structure des disques et absence d'amnios.

1. Nous avons vu que le développement s'effectuait en entier à l'intérieur de l'œuf, et que l'embryon ne sortait qu'à l'état de Némerte.

2. Cette absence de larve cause des différences dans l'aspect

général du développement : les embryons n'ont plus l'aspect si remarquable du *Pilidium*, mais conservent pendant toute la durée du développement une apparence très-simple, excessivement opaque, et qui, jusqu'à l'éclosion, ne diffère de l'œuf que par un simple changement de forme qui fait passer l'embryon très-graduellement de la forme arrondie à celle de jeune Némerte (fig. 13, 31 à 33, 40-41). L'absence de la spacieuse cavité du corps du *Pilidium* empêche les quatre disques de s'écarter de l'exoderme pour venir s'appliquer contre l'intestin en formant avec lui un noyau obscur qui paraît distinct du sac enveloppant formé par l'exoderme, et produit l'aspect des deux formes emboîtées (nourrice et Némerte). Ici la couche des disques, resserrée dans l'étroite cavité du corps, reste, jusqu'à l'époque de la chute de la peau, à égale distance des deux feuillets primitifs, de sorte que jusqu'à la sortie du jeune Némerte, l'embryon a, à l'intérieur (fig. 22 à 37) comme à l'extérieur (fig. 31 à 33, 40-41), l'aspect d'une *forme simple* à trois feuillets : l'endoderme, l'exoderme, et le mésoderme formé par les disques dont l'évolution semble tendre à la formation directe du jeune Némerte.

3. Les deux paires de dépressions latérales, au lieu de se transformer en vésicules aplaties qui, par leur réunion, donnent naissance à deux couches répondant à chacune des faces de la vésicule (peau et amnios), se détachent à l'état de lames simples qui, par leur réunion, ne forment plus qu'une seule couche.

De ces trois différences qui résument toutes celles que nous avons pu trouver chez le type de Desor (1), les deux premières se rapportent, au premier coup d'œil, au fait de la disparition de l'état larvaire ; il est facile de montrer qu'il en est de même pour la troisième. Ray Lankester (2) a déjà attiré l'attention sur l'influence des conditions physiques dans le remplacement l'un par l'autre (si fréquent dans tout le règne animal) des deux

_____

(1) J'en excepte la dégénérescence du tube digestif comme ne changeant rien à la marche du développement, puisqu'il se reforme après des mêmes éléments.

(2) Ray Lankester, *On the primitive cell-layers of the Embryon*, etc. (*Annals and Mag. of Nat. Hist.*, 4ᵉ série, 1873, vol. XI, p. 321).

processus d'invagination (*Pilidium*) et de délamination (type de Desor). Or, il est évident que, parmi ces conditions physiques, nulle ne peut avoir d'influence plus grande que la disposition réciproque des différents feuillets. La présence, sous une lame cellulaire uniforme, d'une cavité spacieuse (*Pilidium*) tend naturellement à produire l'invagination, tandis que l'accolement immédiat des différents feuillets (type de Desor) doit tendre à la restreindre dans une égale mesure. Nous voyons que le développement de la cavité du corps et l'écartement des deux feuillets primitifs sont sous la dépendance de l'état larvaire. Il est donc naturel de conclure aussi que la formation des plaques discoïdes par invagination ou délamination se trouve également sous la même dépendance, de même que la présence ou l'absence d'amnios qui en est la suite.

Nous pouvons donc conclure que dans les phénomènes essentiels d'embryogénie, ceux-là seuls sont modifiés qui ont des relations avec l'état larvaire (*Pilidium*); les autres restent inaltérés.

Deuxième période : développement de l'adulte.

A. *Sortie du Némerte*. — Le passage du stade représenté fig. 42, dans lequel le Némerte, formé de deux parties égales, est encore adhérent au sac exodermique qui l'enveloppe de toutes parts, au stade de la figure 45, dans lequel on voit déjà le jeune Némerte, à partie postérieure beaucoup plus allongée, se mouvoir librement autour de la masse glaireuse qu'il s'efforce de quitter, est difficile à suivre à cause de son extrême rapidité. Il arrive souvent, quand on prend un paquet d'œufs voisins de l'éclosion, de trouver en même temps des embryons arrivés à l'état de la figure 42, à côté de jeunes Némertes éclos et déjà semblables à ceux de la figure 45. Néanmoins les intermédiaires entre les deux stades sont extrêmement rares : il semble que le jeune Némerte passe immédiatement de l'un à l'autre, et c'est qu'en effet la grande rapidité avec laquelle s'effectue cette transformation la rend difficile à saisir d'une manière graduelle. J'ai cependant réussi, en partie par la rencontre heureuse de quelques rares états de passage, en partie en provoquant moi-même artificiellement, à l'aide d'aiguilles à dilacérer, la chute de la peau, à me rendre compte de la marche insensible des phénomènes. Je ramène le passage de l'un à l'autre à deux faits principaux : la formation de l'œsophage définitif, et le passage de l'état ovale-arrondi à l'état rubané.

*Formation de l'œsophage définitif.* — L'épaississement labial formé aux stades précédents par la soudure de la couche des disques à l'exoderme et à l'œsophage réduit d'une manière considérable la longueur de ce dernier organe; il ne constitue plus, à partir du stade fig. 34, qu'une portion très-courte à laquelle s'attachent les cordons latéraux (*fun*). L'épaississement labial intimement adhérent à l'ancien exoderme est entraîné dans la chute de cette membrane, et il ne reste plus de l'œsophage primitif que la partie (*h*) à laquelle s'attachaient les deux cordons solides des organes latéraux; c'est cette portion (*h*) qui, en s'accroissant de nouveau, donnera naissance à l'œsophage définitif (fig. 44 *a*). Si, au stade fig. 42, on regarde l'embryon sans réactif et sous une légère pression, on voit apparaître les deux points d'insertion des cordons cellulaires *fun* sousforme de deux taches blanches (*h*) placées symétriquement de chaque côté de la ligne médiane. Après la chute de l'exoderme, soit naturelle, soit produite artificiellement à l'aide d'aiguilles, on constate que ces taches blanches n'ont pas disparu, mais qu'elles ont persisté à la même place. Bientôt après on les voit prendre de l'accroissement, se rapprocher l'une de l'autre, et finir par se réunir (fig. 44) sur la ligne médiane, en une seule tache blanche située à la partie antérieure de l'amas graisseux qui doit former l'intestin. C'est cette tache blanche dérivée directement de l'œsophage primitif qui s'accroît ensuite, et se creuse d'une cavité centrale pour donner naissance à l'œsophage défi-nitif : elle conserve encore, même après la formation en son milieu (fig. 45) de la nouvelle ouverture buccale, ses relations primitives avec les organes latéraux, et jusqu'au stade fig. 45 le rudiment solide du nouvel œsophage demeure relié à ces organes de la même manière que l'ancien.

*Accroissement du tube digestif.* — L'accroissement général du tube digestif et la multiplication des globules graisseux qui le constituent (déjà constaté dans ce qui précède), ne s'effectuent jamais avec tant de rapidité qu'au moment précis où a lieu la chute de la peau. Si l'on examine un jeune Némerte peu de temps après sa sortie de l'œuf, on constate que dans la partie postérieure (fig. 44) l'amas se trouve composé de gros globules graisseux qui renferment dans leur intérieur une quantité de globules plus petits ; plus en avant, ces gros globules sont remplacés par un nombre beaucoup plus grand de globules moins volumineux, serrés les uns contre les autres, mais qui n'en contiennent plus d'autres dans leur intérieur : ces derniers proviennent de la destruction des gros globules mettant en liberté les petits qu'ils renfermaient. Il semble qu'à ce stade les globules graisseux sont le siége, par formation endogène, d'une multiplication rapide. Cette multiplication si active arrive en très-peu de temps à distendre la partie postérieure d'une manière considérable : cette dernière, qui, au stade figure 42, avait un volume à peu près égal à celui de la partie céphalique, commence maintenant à la dépasser de taille ; elle figure une masse fortement renflée qui fait au-dessus du corps de l'embryon une saillie considérable (fig. 44).

Ce développement rapide de la partie postérieure réduit bientôt la portion céphalique, qui auparavant constituait la moitié du corps du Némerte (fig. 43), à n'en plus former qu'une petite portion, et c'est ce changement qui cause la modification essentielle qu'on remarque dans l'aspect général du Némerte entre les figures 42-43 et les suivantes. Le passage de la forme arrondie à la forme rubanée ne consiste plus, après cet accroissement de l'extrémité postérieure (fig. 44), qu'en un simple changement de forme placé sous la dépendance complète de l'animal et qui résulte simplement de sa contractilité. Les figures 44 et 45 représentent toutes deux l'embryon au même stade : 44 à l'état de retrait, 45 à l'état d'extension. La figure 43 représente l'embryon du stade 42, mais débarrassé de la membrane caduque qui l'environne : le changement de forme qu'on remarque dans la partie céphalique est dû également aux mouvements du Némerte.

B. *Perfectionnement graduel du jeune Némerte.* — La série des perfectionnements graduels postérieurs à l'éclosion, et par lesquels le Némerte passe de l'aspect représenté figure 44 à celui qu'il possède au terme de son évolution (fig. 50), est assez complexe. Pour en simplifier l'étude, nous examinerons isolément le développement de chacun des systèmes d'organes les plus importants ; nous commencerons par l'étude de la musculature, qui constitue le point essentiel que nous ayons à traiter, et que nous reprendrons tout d'abord au point où nous l'avons laissée, c'est-à-dire au moment où le feuillet moyen, complétement formé, se trouvait divisé en trois portions distinctes (lames prostomiales et métastomiales, organes latéraux), réunies en deux points communs et correspondant à trois rudiments distincts dès le début : les disques antérieurs et postérieurs, nés de l'exoderme, les organes latéraux nés de l'endoderme. Après l'étude de cette partie essentielle de l'embryologie, nous examinerons : 2° la différenciation de l'épithélium définitif ; 3° la différenciation du tube digestif ; 4° la formation du réticulum connectif de la cavité générale.

*Évolution de la musculature.* — Dans toutes les descriptions données jusqu'à ce jour chez le *Pilidium*, on a négligé d'une manière complète l'étude des phénomènes qui suivent l'éclosion, et la sortie du Némerte du corps de sa nourrice. Une fois démontré que la couche des disques était destinée à former la peau, on a admis simplement sans autre examen (quand encore on ne la rapportait pas à une simple couche épithéliale) qu'il y avait renflement direct de sa partie antérieure en masse céphalique (Leuckärt et Pagenstecher), tandis que le reste restait à l'état d'une couche uniforme (*Hautmuskelschlauch*) ; il n'y a, d'après cela, aucun fait bien saillant dans l'étude de la formation de la paroi musculaire, et l'on comprend sans peine le peu d'importance que l'on a jusqu'ici attribué à cet objet.

Mes observations m'amènent, à ce sujet, à ces conclusions tout à fait différentes. Nous avons vu en effet, que la couche des disques ne constituait pas une couche uniforme, mais était divisée par les organes latéraux en lames prostomiales et métastomiales correspondant chacune à une paire de disques. Plus tard, à l'époque de la chute de l'exoderme, cette disposition n'est nullement troublée; nous voyons en effet (voy. pl. 3) qu'il n'y a pas du tout remplacement complet de la peau caduque par la couche des disques (Metschnikoff), ni même scission de cette dernière en deux parties d'égale valeur (Leuckärt et Pagenstecher), dont l'interne se renfle à la partie antérieure, mais qu'il se différencie sur toute sa surface une mince couche épidermique, qui est seule employée au remplacement de l'exoderme caduc, tandis que sa presque totalité demeure sans subir de modifications, et conserve la division caractéristique en lames prostomiales et métastomiales. Ces deux parties dérivées, comme nous l'avons dit, des deux paires de disques, subissent chacune, à partir du stade figure 36, une évolution dans un sens spécial, et cette évolution n'est nullement troublée par les phénomènes de chute de la peau du *Pilidium*, mais continue au contraire sans interruption depuis le stade figure 36 jusqu'à la formation du Némerte complet : c'est cette évolution, qui n'est en somme que la suite, jusqu'ici complétement inconnue, du *développement des plaques discoïdes*, qu'il reste à retracer, et c'est cette étude que nous allons exposer ici sous le nom de *développement de la musculature*.

Examinée au stade figure 36, la couche des disques est encore uniforme dans toute son étendue, et ses deux parties constituantes, les lames prostomiales et métastomiales, possèdent à très-peu de chose près la même épaisseur. Mais cette ressemblance n'est pas de longue durée : les lames prostomiales s'accroissent en effet bientôt beaucoup en épaisseur (fig. 37, 38 et 39), tandis qu'au contraire les lames métastomiales s'amincissent par suite de l'allongement de la partie postérieure précédemment constaté. Jusqu'à l'achèvement de la différenciation des tissus, l'ensemble constitué par les lames prostomiales continue à former un feuillet continu sans séparation en moitiés de droite et de gauche, et qui tapisse d'une manière uniforme toute

la portion antérieure. Mais au stade qui suit cette différenciation (fig. 42), il n'en est plus de même : il s'y produit un rétrécissement général de la partie céphalique ; les moitiés de droite et
de gauche de l'embryon se rapprochent l'une de l'autre de
manière à rétrécir la cavité qu'elles comprennent et à accuser
d'une manière beaucoup plus visible la structure bilatérale de
cette partie ; l'épaisse membrane qui limitait la cavité du prostomium se trouve par suite divisée en deux parties symétriques,
qui, dans les vues de profil, paraissent constituer deux masses
musculaires fortement renflées situées à droite et à gauche de
la tête, et venant se rejoindre (fig. 42) à la partie antérieure par
deux extrémités effilées, entre lesquelles se prolonge la cavité du
prostomium. Ce nouvel aspect de deux masses légèrement renflées convergeant chacune (fig. 43) vers le sommet du corps,
et qui succède à celui d'un arc continu régulièrement arrondi
(fig. 39), ne correspond en réalité à aucune différence dans
la structure de cette région, qui continue à être bordée par une
épaisse couche continue qui entoure le prostomium : la seule
modification réelle qui ait été produite est que cette couche
continue a passé de la forme de dôme arrondi de la figure 39 à
la forme acuminée de la figure 43. Néanmoins, comme dans
les vues de face, nous ne voyons que les parties latérales (de
profil) de cette couche, et que ses parties latérales paraissent
former deux moitiés distinctes (fig. 43), nous pouvons, à partir
du stade figure 42, considérer les lames prostomiales comme
formées de deux moitiés symétriques qu'on peut, si l'on veut,
considérer comme représentant chacune l'un des deux disques
antérieurs. Ces deux lames ont pris la structure musculaire, et
chacune des parties dérivées des disques se trouve dès lors
transformée en une plaque musculaire.

Au début de leur formation (fig. 42), les extrémités antérieures de chacune des deux lames prostomiales viennent simplement se juxtaposer à la partie antérieure sans se confondre
entre elles (fig. 42), et le point d'insertion de la trompe située
en ce lieu ne se trouve séparé de la surface du corps que par
une faible étendue ; mais bientôt ces masses prostomiales com-

mencent à se souder entre elles à la partie antérieure, de manière à former par leur réunion une masse commune impaire située entre la surface du corps et le point d'insertion de la trompe (fig. 42, 44 *mi*).

Ces deux processus : 1° rapprochement des parois de droite et de gauche du corps du Némerte, et 2° soudure des masses prostomiales en une masse impaire *mi* (1) située au devant du point d'insertion apparent (2) de la trompe, continuent sans interruption pendant tous les stades qui suivent. Le premier cause le rétrécissement graduel du Némerte entier et le fait passer, de l'aspect renflé qu'il possède encore au stade 45, à l'aspect plus allongé qu'il a acquis à la fin du développement (fig. 50) ; le même processus a également pour suite naturelle la diminution en largeur des différentes cavités, et en particulier de la cavité du prostomium. La série des figures 39 à 50 nous montre le rétrécissement progressif de cette cavité : dans la figure 39 elle est plus large que longue ; au stade fig. 42, elle est devenue subitement plus longue que large, et a, comme nous l'avons vu, changé sa forme arrondie en une forme anguleuse ; aux stades figure 43, 44, 45, il en est de même. Un peu plus tard (fig. 46 et 47) nous constatons une nouvelle diminution de largeur ; ce rétrécissement est même devenu très-considérable : de plus, nous voyons que le cordon solide (*fun*) qui

(1) Ce processus correspond, en réalité, à une augmentation en épaisseur du tissu des lames prostomiales sur toute la périphérie, par suite duquel cette portion de la cavité du prostomium acquiert un volume presque nul (fig. 53). Ces légères corrections sont nécessaires pour déduire, des aspects représentés, les phénomènes réels ; mais, comme elles sont faciles à faire, et que les vues d'ensemble sont surtout nécessaires pour bien saisir la suite du développement, je continuerai à parler des faits visibles dans les vues de face comme si elles exprimaient la marche normale ; le lecteur suppléera aisément à ce qui manquera, en pensant que les différents feuillets représentés en coupe optique font, en réalité, tout le tour de la tête.

(2) Je fais cette restriction parce que la formation de l'épaississement impair en *mi* est dû, en réalité, non à une réunion des lames prostomiales au devant du point d'insertion réel de la trompe (situé au sommet du corps), mais à la soudure de la couche continue qui forme ces lames à sa paroi sur une étendue qui formera plus tard la portion indévaginable de la trompe. Le point d'insertion apparent de la trompe correspond à l'extrémité inférieure de cette soudure.

reliait les renflements latéraux (*o l*) à l'œsophage s'est atrophié et
a disparu, de sorte que cette cavité de prostomium, maintenant
longue et étroite, se trouve réunie avec la portion triangulaire
(*tr*) de la cavité métastomiale : les figures 48 et 49 nous la
montrent encore de plus en plus étroite ; enfin au stade figure 50
elle se trouve réduite à une simple fente.

La masse musculaire impaire (*mi*) formée par la soudure des
deux masses céphaliques s'accroît graduellement jusqu'au stade
figure 46 : à ce stade on la retrouve déjà beaucoup plus développée, et de plus on constate que deux points oculiformes se
sont formés à sa surface. Ces deux points oculiformes consistent
dans un dépôt de granules pigmentaires à la surface, mais dans
la substance même de la couche musculaire ; ils sont d'abord
seulement vaguement indiqués, mais deviennent peu après très-
apparents. Les figures 48, 49 et 50 nous montrent cette masse
musculaire de plus en plus développée ; on la retrouve chez
l'adulte (fig. 52), où elle a encore les mêmes caractères et
forme la masse antérieure compacte (masse céphalique) à la
base de laquelle vient s'insérer la trompe.

Par suite du rapprochement graduel des parois latérales du
corps du Némerte, les deux lames prostomiales ont changé leur
position oblique par rapport à la ligne médiane (fig. 39-45), pour
prendre de chaque côté de la cavité étroite du prostomium une
position verticale (fig. 47 à 50) ; en même temps elles se sont
également accrues en épaisseur, et ont ainsi concouru pour
une certaine part au rétrécissement de cette cavité. Cependant
le rapprochement des masses prostomiales et leur accroissement
en épaisseur ne sont pas les seuls processus qui concourent à ce
but ; il se forme de plus à leur partie interne un *épaississement
de second ordre* (*ms*), qui prend également une part très-active à
la diminution en largeur de la cavité. Cet épaississement spécial
prend pour origine le point d'insertion de la trompe ; il naît tout
autour de ce point (fig. 45) et gagne ensuite d'une manière très-
graduelle vers le bas, jusqu'à la rencontre (fig. 47 à 50) du point
d'insertion des organes latéraux. La figure 53 est une coupe
théorique à ce stade du milieu de la cavité du prostomium ;

tout autour se trouve l'épaisse couche continue des lames
prostomiales (DP). Au dedans de cette dernière, la portion (*ms*)
portant des hachures indique l'épaississement de second ordre
dont nous venons de parler ; au centre se trouve enfin le reste de
la cavité du prostomium (*cp*). Cet épaississement secondaire ne
se propage pas de haut en bas d'une manière uniforme ; ses deux
extrémités se prolongent tout d'abord avec une rapidité beaucoup plus grande que sa partie moyenne : au stade fig. 46, elles
ont déjà atteint le point d'insertion des organes latéraux, tandis
qu'au contraire la partie moyenne est encore très-voisine du
point de naissance (1). Il en résulte que le bord inférieur de cet
épaississement forme une ligne fortement concave ; dans la
suite, les deux extrémités déjà parvenues au point d'insertion
des organes latéraux restent stationnaires, tandis qu'au contraire la portion moyenne s'accroît vers le bas. Ce processus
rétablit peu à peu la régularité ; la concavité du bord inférieur
diminue peu à peu pour se rapprocher de la ligne droite :
aux stades 49 et 50, la portion moyenne a atteint le même
niveau que les extrémités ; l'épaississement a gagné sur toute
l'étendue des masses prostomiales, et son bord inférieur forme
une ligne droite située à la partie inférieure de ces masses entre
les points d'insertion des organes latéraux (fig. 50).

Quelle est la signification de cet épaississement ? On pourrait se demander s'il n'a aucun rapport avec la formation des
masses ganglionnaires du système nerveux ; ces masses se forment en effet sur les bords de la cavité du prostomium, juste
à la place où nous avons vu naître l'épaississement, et le fait
énoncé par Leuckärt et Pagenstecher, que les masses ganglionnaires bourgeonnent chez le *Pilidium* aux dépens des
parois qui limitent la portion céphalique, semble donner de la
vraisemblance à cette manière de voir ; néanmoins je ne crois
pas pouvoir l'accepter. L'étude directe de la formation du système nerveux central chez notre *Lineus* nous montre qu'il ne
se forme pas ici par bourgeonnement, mais qu'il résulte sim-

_______

(1) En d'autres termes (en tenant compte du phénomène complet), l'épaississement arrive plus rapidement à son maximum en haut qu'en bas.

plement d'une *différenciation* qui s'effectue dans l'épaisseur
des masses prostomiales : les figures 47 à 50 nous montrent son
apparition d'abord vaguement indiquée et comme diffuse ; il se
circonscrit de mieux en mieux à mesure qu'on avance dans le
développement, et apparaît au stade figure 50 d'une manière
bien nette. Le mode de formation de cet épaississement ne ressemble d'ailleurs en rien à ce que pourrait produire le bourgeonnement de deux masses ganglionnaires ; il semble apparaître sous forme d'une mince couche continue qui naît d'abord
sur tout le pourtour du point d'insertion de la trompe, c'est-à-
dire à la partie antérieure de la cavité du prostomium, et gagne
ensuite graduellement sur tout le pourtour des lames prostomiales jusqu'à leur extrémité inférieure. La seule interprétation qui me semble raisonnable est d'admettre dans ce processus une continuation en arrière du processus de soudure
des lames prostomiales en une seule portion, telle que nous le
voyons pour la formation de la masse musculaire impaire (*mi*).
Ce serait peut-être le même phénomène qui, d'abord confiné en
avant du point d'insertion de la trompe, s'étendrait ensuite au
delà jusqu'aux organes latéraux, c'est-à-dire tout le long des
lames prostomiales.

Enfin l'évolution des lames prostomiales à partir du stade
figure 39 se résume en ces mots : tendance *à la fusion* en une
masse cohérente d'un faible volume comparativement au reste
du corps (fig. 52), et qui constitue la masse *céphalique* du
Némerte adulte, supposée jusqu'ici comme simplement produite
par renflement direct (sans signification morphologique) d'un
tube musculo-dermique continu. Ce processus, favorisé par le
rétrécissement général du corps du Némerte, est produit en
somme par l'accroissement en épaisseur des parties dérivées
des disques antérieurs (lames prostomiales) et consiste :
1° dans leur soudure en une masse impaire située au devant
de la trompe ; 2° dans leur épaississement direct, et 3° la formation à leur intérieur d'un épaississement secondaire, continuation probable du processus de soudure de deux lames en
une seule.

Les parties qui dérivent des disques postérieurs (lames métastomiales) subissent une évolution beaucoup moins compliquée. Nous avons vu plus haut que, tandis que les lames prostomiales s'accroissaient en épaisseur, les autres s'amincissaient par suite de l'allongement de la région postérieure (fig. 37). Cet amincissement s'accentue encore bien davantage à l'époque de l'accroissement du tube digestif et du renflement de toute la partie postérieure (fig. 42 à 45), et elles en viennent bientôt à constituer une mince membrane uniforme qui tapisse tout le corps au-dessous de l'œsophage ; elle suit l'accroissement du corps en un long cordon rubané, et finit par constituer elle-même un long tube rubané de dimensions démesurées par rapport aux lames prostomiales soudées en une masse céphalique compacte, qu'elles égalaient pourtant primitivement en volume (fig. 45 à 52). C'est aux dépens d'une portion du tissu de ces lames métastomiales que se différencient les cordons nerveux, exactement de la même manière que nous avons vu les masses ganglionnaires se différencier aux dépens du tissu des lames prostomiales ; ils y apparaissent à la même époque vers les stades figures 45, 47 : je ne les ai pas représentés pour simplifier les figures.

La formation du système nerveux central par différenciation directe du tissu des masses prostomiales me semble constituer, comme le développement du tube digestif, un nouveau rapprochement partiel vers le développement simple. La présence, chez un type qui se rapporte en définitive au *Pilidium*, de faits analogues à ceux du développement simple, a de l'importance pour relier entre eux ces deux modes si différents, et il n'est pas inutile de les mentionner avec soin.

*Épithélium*. — Après avoir décrit l'évolution de la couche musculaire, passons à l'étude de l'épithélium. La couche cellulaire continue dont nous avons vu, à l'époque de la différenciation, la production directe aux dépens de la partie externe des grandes cellules cylindriques de la couche des disques (fig. 39 *ep*), ne conserve pas longtemps la disposition primitive à éléments étroitement serrés les uns contre les autres ; les

portions de cellules qui la constituent sécrètent bientôt entre
elles une substance intercellulaire très-abondante, elles s'écartent les unes des autres et se réduisent en même temps à des
dimensions plus étroites (fig. 42). Au stade figure 45, la couche
cellulaire qu'elles constituent ne présente plus l'aspect épithélial, mais paraît composée d'une couche amorphe au milieu de
laquelle sont disséminés en grande quantité de petits corpuscules en forme de bâtonnets réfringents qui dérivent des cellules
du stade figure 39. Les figures 45, 46, représentent sur les
bords l'aspect que présente cette couche vue de profil : on y
voit la disposition en bâtonnets des éléments cellulaires ; à la
partie antérieure de l'animal, j'ai dessiné dans ces figures,
ainsi que dans les suivantes, l'aspect que présentent ces éléments vus de face.

Dans les stades qui suivent, ces éléments cellulaires éprouvent au bout de peu de temps des changements inverses de
ceux qui précèdent ; ils s'accroissent, s'emplissent d'un protoplasma transparent, et changent rapidement leur aspect de
bâtonnets pour prendre celui de grandes cellules disposées
comme l'indique la figure 50, et qui constituent les grandes
cellules à glaires de la peau du Némerte. Ce processus se suit
d'une manière graduelle : entre les éléments en forme de bâtonnets et les cellules à glaires caractéristiques (fig. 50), se trouvent une foule d'intermédiaires qui établissent le passage d'une
manière très-nette. Un moyen, qui n'est du reste pas sans avan-
tages, pour reconnaître l'identité de ces éléments, est l'addition d'une goutte d'acide acétique : ce réactif éclaircit les
éléments cellulaires et obscurcit au contraire la substance
intercellulaire ; cette dernière apparaît nettement sous forme
d'un réseau régulier qui comprend des mailles occupées par les
cellules (fig. 54). L'aspect toujours identique de ce réseau rend
très-frappante l'identité des éléments cellulaires qui en remplissent les mailles.

Cette description nous montre que les cellules à glaires de la
peau des Némertes sont les véritables éléments constitutifs de
la couche superficielle ; elles ne forment pas, comme l'ont dit

quelques d'auteurs, des cellules sécrétantes spéciales disséminées au milieu d'une couche à structure propre; elles représentent l'épithélium, et la couche au milieu de laquelle elles sont plongées est une couche anhiste qui résulte de leur sécrétion : la provenance directe des cellules à glaires des sphères de segmentation se constate du reste avec la même netteté pour le développement simple (voy. *Amphiporus lactifloreus*).

Le mode de formation de cet épithélium définitif, et la présence dans le cours du développement de stades où la substance intercellulaire joue le rôle prédominant (fig. 45-46), peuvent nous servir de guide pour l'explication de certains épidermes anormaux, comme celui du *Lineus longissimus*. Le développement exagéré de cette couche intercellulaire à une certaine époque de l'évolution rend assez vraisemblable l'hypothèse de la formation de parties spéciales uniquement à ses dépens. Dans les cas ordinaires, la substance intercellulaire ne s'étend pas au delà de la région des bâtonnets, et quand ceux-ci s'accroissent pour donner naissance aux cellules à glaires, elle se trouve de nouveau complétement réduite et restreinte aux étroits espaces qui restent situés entre ces derniers; mais on conçoit très-bien que cette substance intercellulaire puisse, à l'époque de son développement maximum, aller jusqu'à se prolonger au-dessous de la région des bâtonnets. Cette portion inférieure aux éléments cellulaires n'éprouve plus la réduction qui correspond à l'accroissement en cellules à glaires, et ainsi se conçoit très-bien la production d'une seconde couche sarcodique plus ou moins épaisse à la base de la couche épithéliale. Cette couche peut éprouver une division en fibrilles, des vacuoles peuvent se former dans son intérieur; et ainsi se produiraient des couches analogues à la couche connective, de structure si bizarre, qu'on remarque à la base du mince épithélium du *Lineus longissimus*. Sans rien prouver encore, puisque ce qui précède ne repose que sur une conception idéale, cette vue me semble au moins montrer la possibilité de rattacher, au point de vue morphologique, cette couche connective à l'épiderme.

*Tube digestif.* — Avant d'entrer dans la description du mode de différenciation du tube digestif aux dépens de la masse graisseuse qui remplit la portion postérieure du corps, il est indispensable de donner quelques détails sur la structure histologique de sa paroi chez l'adulte. Examinée dans des coupes faites d'après le procédé de Stricker, et rendues transparentes par l'essence de girofle ou la glycérine, la paroi du tube digestif se montre très-distinctement composée chez l'adulte de cellules minces, allongées (fig. 135, 136, etc.), serrées les unes contre les autres, de manière à former un épithélium ; ces cellules sont formées d'un protoplasme transparent qui contient dans son intérieur une grande quantité de granules opaques. Ces derniers semblent jouer un grand rôle dans la digestion ; on en trouve ordinairement aussi une grande quantité flottant librement dans la cavité du tube digestif : je les désignerai sous le nom de *granules hépatiques*. Sur les coupes on voit presque toujours très-bien la division de l'épaisse paroi de l'intestin en cellules séparées ; mais sur les vues de face de l'animal vivant étudié par transparence, il n'en est pas de même : les granules hépatiques sont tellement abondants, qu'ils font disparaître d'une manière complète les limites de différentes cellules de la paroi ; et cette dernière paraît composée seulement d'une masse amorphe de parenchyme brunâtre formée uniquement de granules hépatiques. C'est cette masse que certains auteurs semblent avoir hésité à considérer comme formant réellement la paroi épithéliale du tube digestif, et que Marion (1) a désignée sous le nom de couche hépatique. C'est cet aspect caractéristique de couche hépatique qui se présente généralement sous les yeux de l'observateur dans l'observation par transparence des embryons (fig. 49, 50, 51) aussi bien que des adultes (fig. 52)]; néanmoins il est des cas où la division de cette couche hépatique en cellules séparées, si nette dans les coupes, devient aussi visible à l'observation directe : ces cas sont très-précieux pour l'étude de la différenciation du tube digestif chez les embryons, et c'est pourquoi j'y insiste ici avec quelque détail. La grande abondance

(1) Marion, *Annales des sciences naturelles.*

des granules hépatiques correspond à un état de grande activité
physiologique. Lorsqu'on retient le Némerte en captivité pendant
assez longtemps, ou même qu'on se borne à ramasser des exemplaires peu de temps après la ponte et à une époque où ils sont
épuisés par la formation des produits généraux, on constate
que ces granules hépatiques sont en général beaucoup moins
abondants : au lieu d'être disséminés et de remplir complète-
ment l'intérieur des cellules (fig. 98 C), on remarque qu'ils se
réduisent, en se concentrant vers le centre de ces cellules, en
un petit nombre de corpuscules plus volumineux (fig. 98 B) ;
et si le dépérissement est poussé assez loin, on voit qu'ils finissent par se réunir en une seule concrétion d'aspect irrégulier
(fig. 98 A), qui paraît située au centre de la cellule : ces dernières
ne se composent plus dès lors que d'un contenu clair et transparent, contenant au milieu une grosse concrétion. Rien n'empêche plus alors de reconnaître à l'observation directe, avec un
peu d'attention, les limites des différentes cellules entre elles, et
la répartition régulière des concrétions suffit d'ailleurs à elle
seule pour montrer la division de la paroi de l'intestin en éléments séparés. Le tube digestif possède une structure tout à fait
identique à celle qu'on remarque chez la plupart des Rhabdo-
cèles (1) et présente un aspect qu'on ne peut mieux comparer
qu'à celui du tissu de l'organe de Bojanus des Gastéropodes. Il
devient très-facile, dans ce cas, de voir, même à l'observation
directe, la structure épithéliale du tube digestif ; et comme le fait
se présente aussi pour les embryons, nous avons là une ressource
précieuse pour suivre les derniers phénomènes de son développement.

Malgré les anciennes erreurs, sans cesse reproduites (2) sur
la formation du tube digestif, il n'est plus permis aujourd'hui

(1) Voy. Max Schultze, *Beiträge zur Naturg. der Turbellarien*, et Hallez,
*Observations sur le Prostomium lineare* (*Archives de zoologie expérimentale*,
t. II, p. 559).

(2) Voy. Dieck, *Jenaische Zeitschrift*, 1874, vol. VII, p. 514, où l'auteur
semble encore considérer la masse graisseuse comme destinée à être résorbée,
tandis que le tube digestif se forme plus haut sous forme d'une bande pâle
(cette dernière n'est vraisemblablement que la gaîne de la trompe).

de révoquer en doute la différenciation directe de la masse
graisseuse qui remplit le corps en paroi de l'intestin. Cette
différenciation se fait de la même manière chez tous les Némertes, et consiste dans son ensemble en trois processus :
1° assemblage des globules en couche continue venant tapisser
la paroi du corps ; 2° apparition d'un protoplasme transparent
entre ces globules ; 3° division de la couche sarcodique ainsi
formée en éléments cellulaires, tandis que les globules graisseux qu'elle contient se fragmentent en granules hépatiques ;
enfin séparation de la couche ainsi formée de la paroi du corps.

L'assemblage des globules graisseux en couche continue
directement accolée à la paroi du corps se voit dès le stade
fig. 45, presque aussitôt après la sortie de la peau larvaire ; au
lieu d'être comme précédemment de taille inégale, et disséminés
au hasard dans la cavité du corps, ils viennent se condenser à
la périphérie en une couche continue ; un petit nombre seulement des globules graisseux demeure situé dans la cavité : ceux-
là restent compris dans l'intérieur de la couche qui formera
l'intestin et finissent par être expulsés sous forme de méco-
nium.

Au début, les globules graisseux qui constituent cette couche
sont étroitement serrés les uns contre les autres ; mais bientôt on remarque l'apparition entre eux d'un protoplasme transparent qui les écarte les uns des autres (fig. 46, 47, 48, etc.) et
donne à l'ensemble de la couche la structure d'une lame de
protoplasme continue tapissant directement la paroi du corps,
et contenant dans son intérieur des globules graisseux. Je ne
puis déterminer d'une manière exacte quelle est l'origine de
ce protoplasme ; quoi qu'il en soit, il est certain que nous avons
ici affaire à un processus tout à fait analogue à celui que Kowalewsky a décrit et figuré dans ses excellentes coupes à propos de
l'*Euaxes* (1) ; la différenciation générale de la masse graisseuse
des Némertes en tube digestif se ramène en somme à ce même
processus.

(1) *Mémoires de l'Académie de Saint-Pétersbourg*, 7ᵉ série, 1871, t. XVI.

Dans les stades qui suivent, le protoplasme augmente d'une manière graduelle, et en même temps les globules graisseux se divisent en éléments de plus en plus petits (fig. 47 à 50) qui demeurent empâtés dans la couche de protoplasme et finissent par former les granules hépatiques (fig. 50). Dans les cas ordinaires (fig. 45 à 50), on ne voit pas d'autres changements que ceux qui viennent d'être dits, et la séparation de la couche ainsi formée d'avec la paroi musculaire du corps (fig. 51) se fait avant qu'on ait pu distinguer aucun autre phénomène que celui du morcellement de plus en plus avancé des globules graisseux en granules hépatiques; mais si l'on examine des embryons placés dans des conditions moins avantageuses (1), et dont le développement n'a pu s'effectuer d'une manière aussi rapide, on peut suivre, à partir du stade fig. 48, à l'aide de la distribution des globules graisseux déjà très-petits, la différenciation graduelle de la couche sarcodique en éléments cellulaires. On voit en effet ces globules graisseux se concentrer, à mesure que la différenciation s'achève, en amas différents, régulièrement espacés, et qui donneront chacun naissance à une des concrétions dont nous avons parlé. On voit de cette façon qu'il se fait, avant le morcellement complet des globules graisseux en granules hépatiques, une division de la couche sarcodique, d'abord continue, en champs séparés contenant chacun un certain nombre de granules, et que ce n'est qu'après ce phénomène important qui constitue la différenciation de l'épithélium que se fait la séparation de la paroi du corps. — Ce dernier phénomène de séparation nous indique la fin du processus de différenciation de la masse graisseuse; il se reforme dès lors, par prolongation de la cavité métastomiale, réduite un moment à ses deux portions triangulaires, une nouvelle cavité générale définitive, et en même

(1) Cette réunion en concrétions hépatiques ne paraît pas se faire avec la même facilité chez toutes les espèces; elle constitue le cas général chez l'*Amphiporus lactifloreus* (fig. 95), mais n'apparaît que rarement chez le *Lineus obscurus*. Elle peut néanmoins se produire chez toutes les espèces, et je l'ai aussi, quoique plus rarement, rencontrée chez cette dernière : cette différence tient probablement à la plus ou moins grande facilité avec laquelle les différentes espèces supportent la captivité.

temps la couche dérivée de globules graisseux passe à l'état d'une véritable paroi propre qui constitué l'ensemble du tube digestif définitif.

Pendant que le tube digestif proprement dit se différencie de l'amas graisseux, le renflement blanchâtre qui représente l'œsophage (fig. 46, *oe*) s'accroît également avec rapidité : les figures 47, 48, nous montrent son accroissement graduel. Il se creuse bientôt d'une cavité, tandis que sa paroi se différencie également en une couche épithéliale formée de grosses cellules réfringentes faciles à distinguer sur les embryons : au stade figure 49, il constitue déjà une poche assez volumineuse ; au stade figure 50, il a acquis tous les caractères qu'il possède chez l'adulte. La bouche apparaît de très-bonne heure (fig. 45) ; elle s'agrandit ensuite, et acquiert graduellement (fig. 49-50) l'aspect d'une large ouverture très-visible au dehors, qu'elle possède chez l'adulte.

*Reticulum connectif.* — Nous avons déjà vu, dans la première partie du développement, quelle était l'origine probable des fibres connectives du reticulum ; nous avons montré que la délamination, observée par Metschnikoff, du feuillet interne des disques en deux couches distinctes, ne pouvait être rapportée à la différenciation en feuillets musculaire et épithélial, mais que la portion délaminée se réduisait de bonne heure en éléments isolés (graisseux dans le *Pilidium* de Metschnikoff et le type de Desor), disséminés au milieu de la cavité du corps, et que nous ne pouvions comparer plus justement qu'aux cellules étoilées décrites par Butschli comme se rejoignant en une couche continue formée à l'intérieur même de la cavité du corps, et que nous avons rapportée au reticulum. L'extrême simplification d'embryogénie, que nous présente déjà le *Lineus obscurus* rend ici très-difficile le contrôle de ces vues sur la destinée de ces éléments ; néanmoins il est de fait que c'est à peu près à l'époque de la disparition des globules graisseux ainsi produits, c'est-à-dire un peu après l'éclosion du Némerte, que se voit la première apparition des fibres connectives du reticulum ; il n'y a par conséquent, chez le *Lineus obscurus*, rien que de favorable à l'opinion précédemment émise, que la première dilamination des plaques discoïdes correspond à une division en couche cutanée et reticulum.

Le premier phénomène qui indique la présence des fibres connectives qui tapissent plus tard les cavités internes est l'apparition sur tout le pourtour de la cavité du prostomium (fig. 43-44) d'une couche connective très-mince et qui échappe aisément aux regards. Cette couche se voit surtout en profitant des mouvements produits à l'intérieur du corps par le refoulement du liquide qui remplit toutes les cavités ; elle n'est que peu distante de la paroi musculaire et constitue la portion antérieure de la gaîne de la trompe. Plus en arrière, on trouve que la portion antérieure de la masse graisseuse est aussi limitée par une membrane semblable, qui paraît entourer de tous les côtés la masse blanche médiane qui forme l'œsophage, et empêche l'amas de globules graisseux de s'épancher au dehors. En résumé, on voit apparaître, vers le stade fig. 44, une couche continue de tissu connectif, qui tapisse tout le système des cavités laissées libres au devant de la masse graisseuse qui formera l'intestin ; cette couche forme d'abord la gaîne de la trompe, ensuite une membrane située au devant de cette masse graisseuse et qui l'empêche de s'épancher dans la cavité du prostomium. Ces deux parties sont d'abord restreintes à la partie antérieure ; mais plus tard la trompe, en s'accroissant vers la partie postérieure, entraîne avec elle la gaîne qui l'entoure, traverse ou refoule dans son accroissement la cloison connective qui limite les globules, et pénètre dans la masse qui constitue ces derniers (fig. 45, 46, 47, 48, etc.). L'étude des embryons examinés à ce stade (fig. 45, 46) paraît montrer la trompe située librement au milieu des globules ; mais l'observation plus attentive montre qu'elle en est séparée par la couche connective (gaîne de la trompe) qu'elle a entraînée dans son accroissement. Cette dernière constitue autour d'elle un tube qui apparaît très-bien sous forme d'une traînée blanche, lorsque le liquide se trouve refoulé dans son intérieur ; la gaîne de la trompe paraît donc se former primitivement au moyen d'une couche continue de

reticulum, qui se forme tout autour de la cavité du prostomium et est ensuite entraîné vers la partie postérieure.

Cette formation directe d'une couche connective sur tout le
pourtour des cavités libres constitue un premier ensemble de
phénomènes relatif à la formation du reticulum; la séparation
du tube digestif de la paroi du corps, que nous avons vue s'effectuer après la différenciation de la masse graisseuse, constitue
pour ainsi dire un second processus, qui produit tout le
reste du reticulum. La paroi de l'intestin ne se sépare pas de la
couche musculaire, au point de ne plus présenter avec elle
aucune adhérence, mais elle demeure encore en relation avec
elle par un système complet de fibres rayonnantes. Ces fibres
constituent la portion du reticulum qui traverse chez l'adulte
tout l'espace compris entre la peau et l'intestin ; c'est le reticulum de la cavité générale disposé d'abord irrégulièrement
(fig. 135 et 178), mais qui plus tard se condense en couche
continue, qui subit à son tour des différenciations dont nous
aurons l'occasion de parler dans la suite. Nous pouvons supposer que ce reticulum provient en réalité des globules des
disques, qui paraissent, aux stades fig. 37, 42, pénétrer profondément entre la couche musculaire et le tube digestif; ces
globules resteraient enfermés à peu près à cette place, et don-
neraient ensuite directement naissance aux fibres connectives.
Nous pourrions de la sorte ramener encore l'ensemble tout
entier du reticulum à une différenciation des globules des
disques (1).

C. *Accroissement du Némerte.* — Arrivé au stade de la
figure 50, l'embryon a atteint, à très-peu de chose près, le
terme ultime du développement, mais il est loin encore d'avoir

(1) Rien ne prouve, il est vrai, qu'au lieu d'en être ainsi, il n'y ait pas formation directe des fibres aux dépens de la paroi du corps ; néanmoins la disposition générale des globules des disques, et leur disparition, qui coïncide avec
la formation du reticulum, me font encore pencher pour la première opinion.
Les deux modes ne sont, du reste, pas inconciliables, et il pourrait se faire que,
chez certaines espèces, le reticulum se forme entre la paroi et les globules
venus se disposer contre elle : la première fournissant les éléments figurés ; la
seconde servant au développement de ces éléments.

acquis l'aspect du Némerte adulte : il se présente sous forme d'un très-petit Ver blanc, grêle, et qui, à l'œil nu, n'offre pas une taille sensiblement plus grande que celle de l'œuf, dont il ne paraît différer (A et B de la figure 55) que par son aspect allongé.

En examinant les adultes qu'on ramasse sur la plage, on constate qu'il existe, outre les deux variétés (*sanguineus* et *gesserensis*) que présente le Némerte adulte (fig. 55 F), une grande quantité de Némertes beaucoup plus petits, dans lesquels le pigment ne s'est pas encore bien développé et qui sont encore de couleur blanchâtre (fig. 55 E). Entre ces deux états E et F se trouvent en très-grand nombre tous les passages possibles. Les Némertes à l'état E sont des exemplaires plus jeunes ; ils ont néanmoins acquis leur organisation complète, et sont susceptibles, aussi bien que ceux de l'état F, de se reproduire. J'en ai également obtenu des œufs ; leur embryologie est tout à fait la même, mais est moins commode à suivre à cause du volume un peu moins grand des œufs.

Entre les états A, B obtenus au moyen des pontes, et les états E, F, obtenus par l'examen des adultes sur la plage, il est fort difficile de trouver des intermédiaires : malgré les recherches les plus attentives au bord de la mer, je n'ai jamais pu réussir à trouver d'état antérieur à l'état E ; d'un autre côté, les jeunes Némertes arrivés à l'état B (stade fig. 50) ne se développent généralement plus en captivité. Arrivés à ce stade, ils meurent par centaines et disparaissent bientôt d'une manière complète.

Une seule fois j'ai réussi à conserver quelques embryons au delà de ce stade ; les quelques exemplaires que j'ai vus continuer leur développement ont néanmoins suffi pour me fournir les états intermédiaires qui me manquaient et pour me permettre d'achever complétement l'étude de l'embryologie du *Lineus obscurus*. Le moyen qui m'a réussi pour obtenir ces stades intermédiaires est de placer dans les meilleures conditions possibles une très-grande quantité d'œufs de *Lineus*. La plupart des jeunes Némertes meurent, comme d'habitude, après le stade fig. 50 ; mais, sur le nombre, quelques-uns arrivent à

dépasser cet état critique et continuent ensuite à subir un développement régulier. J'avais, au milieu de février, placé dans
un assez grand volume d'eau de mer (4 à 5 litres) une tren-
taine de paquets d'œufs de *Lineus*. Quand je revins, vers le
milieu de mai, visiter le vase dans lequel ils étaient placés, je
constatai que, malgré la disparition du plus grand nombre des
Némertes, quelques-uns avaient résisté, et se trouvaient en ce
moment à des stades intermédiaires (C, D) entre les états que
j'avais obtenus par l'embryologie (A, B) et ceux que je trouvais
au bord de la mer (E, F).

Placés sous le microscope, les jeunes Némertes à l'état C ne
me présentèrent aucune différence sensible avec ceux du stade
fig. 50 : les points oculiformes étaient encore au nombre de
deux, et la cavité générale n'avait pas changé ; on constatait
seulement un commencement de division du tube digestif en
parties alternativement étroites et renflées, analogue à celle que
nous avons représentée figure 96 ; mais là se bornaient tous
les changements. Le stade D, au contraire, était très-instructif ;
on pouvait déjà reconnaître son identité avec l'état E. Le Némerte commençait à acquérir autour du système nerveux des
traces du pigment rougeâtre dans lequel Hubrecht a reconnu
la présence de l'hœmoglobine (1) ; de plus, les deux points oculiformes n'étaient plus, comme précédemment, nettement circonscrits, mais étaient devenus diffus ; à leur place on constatait
sur les bords de la tête de nouvelles taches pigmentaires encore
vagues et disposées irrégulièrement (fig. 51). Ce stade constitue
évidemment le passage de l'état caractérisé (fig. 50) par la présence de deux gros points oculiformes à l'état caractérisé (fig. 52)
par la présence de deux rangées de petites taches pigmentaires
disposées de chaque côté de la tête. Le dernier changement,
celui qui présente le plus d'intérêt, est relatif à la disposition
de la cavité générale ; nous y remarquons le cloisonnement de
cette cavité par suite des différenciations du tube digestif. Les
portions renflées dont nous avions constaté l'apparition au stade
précédent se sont accusées de plus en plus et sont venues se

______
(1) Hubrecht, *Niederländisches Archiv für Zoologie,*, 1874-75 Bd II, p. 99.

souder à la paroi du corps; la cavité générale se trouve ainsi divisée en compartiments séparés qui correspondent aux rétrécissements du tube digestif (fig. 51): ce sont les *chambres génitales*. Les portions renflées du tube digestif ne se présentent pas sous forme d'un soulèvement annulaire continu venant se souder sur toute son étendue à la paroi du corps; trois places au niveau desquelles la soudure avec la paroi du corps ne s'effectue pas, trois vides produits sans doute par le mouvement du liquide d'un bout à l'autre du corps, restent ménagés entre l'intestin et cette paroi; ils font communiquer entre elles les chambres génitales et constituent les vaisseaux longitudinaux dont la place se trouve indiquée sur nos figures de coupes. Les fibres enlacées qui traversaient irrégulièrement la cavité générale viennent, à la suite de ce cloisonnement, se condenser en une couche cohérente autour de chacune de ces chambres et de ces vaisseaux, qui se trouvent ainsi circonscrits d'une manière plus nette. Les glandes génitales et vaisseaux longitudinaux ne constituent donc pas des organes spéciaux, mais ne sont que des portions cloisonnées, communiquant entre elles, de cavité du corps, et le long desquelles le reticulum, d'abord irrégulièrement disséminé, est venu se condenser en une couche cohérente.

C'est aux dépens de la paroi connective ainsi déposée tout autour de la portion de cavité du corps qui a donné naissance aux chambres génitales que se développeront les produits génitaux. On les voit apparaître chez l'adulte sous forme de lambeaux d'épithélium (fig. 154 et 155) formés aux dépens de la paroi connective, et dont les éléments sont destinés à donner naissance, par développement ultérieur, aux œufs et aux cellules mères des spermatozoïdes. Nous avons vu déjà que ce reticulum aux dépens duquel naît l'épithélium génital paraissait provenir en entier de la couche des disques, qui elle-même dérive toujours directement de l'exoderme. Il me paraît donc difficile d'admettre pour les Némertes la théorie de Van Beneden sur la naissance différente des deux sortes de produits; tous deux me semblent plutôt dériver ici du feuillet externe.

A cette division en cæcums du tube digestif correspond, chez les Némertiens, une véritable division en zoonites ; leur répétition constante à la suite les uns des autres, celle des poches génitales et des pores de sortie qui leur correspondent, justifient parfaitement l'opinion qui tend à regarder ces animaux comme constituant une colonie au même titre que les Annélides ou que les Cestodes. Néanmoins cette comparaison ne peut se maintenir qu'au sens physiologique ; elle est complétement fausse si l'on veut en tirer, comme on l'a déjà fait, des preuves d'une relation morphologique avec les Annélides.

Cette métamérisation qui explique le volume parfois si allongé que peut acquérir la portion postérieure du corps des Némertes n'a rien de commun avec le processus de scission, mais se rattache au contraire, d'une manière intime, à la ramification du tube digestif et à la disposition dendrocèle des Planariés régularisée chez les Némertiens. La division en zoonites chez ces animaux a une signification morphologique tout autre que dans le cas typique, rattaché jusqu'ici aux phénomènes de scission.

La structure de l'adulte (comparez les figures 51 et 52) ne diffère pas de celle du stade fig. 51. La circulation s'établit d'une manière normale très-peu après ce stade à travers le système de cavités cloisonnées dont nous venons de décrire le mode de formation. Les chambres génitales restent en communication avec les troncs longitudinaux et constituent, chez l'adulte, les vaisseaux transverses (fig. 52). C'est aussi seulement au stade 52 que commence à se former l'épithélium génital dont certaines cellules se transforment directement en produits génitaux, tandis que les autres paraissent destinées à former les coques qu'on trouve chez plusieurs espèces. Les ouvertures de sortie se forment en même temps par de petites invaginations de la peau, qui correspondent peut-être, comme le pense Gegenbaur, à l'état primitif des organes segmentaires.

D. *Rapports et différences*. — Ainsi que nous l'avons vu dans ce qui précède, la couche des disques semble avoir été généralement mal ou incomplétement comprise par les auteurs ;

seuls Leuckärt et Pagenstecher ont clairement indiqué sa division en deux strates, l'une épithéliale et l'autre musculaire. Néanmoins, même pour les auteurs qui ont le mieux observé ce phénomène, la couche des disques n'en restait pas moins, quelle que fût sa complexité de structure, un simple tégument, une simple peau de formation secondaire destinée à prendre la place de la peau primitive. Jamais on n'a cessé pendant un seul instant de considérer la couche des disques comme correspondant dans sa totalité à la peau du *Pilidium*, et le développement consistant, dans son ensemble, dans la formation par bourgeonnement interne d'un tégument définitif au-dessous du premier.

Malgré l'opinion unanime de tous les auteurs, je suis obligé de venir critiquer pour la première fois cette manière de voir ; il me semble impossible, d'après mes observations, de maintenir plus longtemps la correspondance de la couche des disques tout entière avec la peau du *Pilidium*. Pour moi, la seule partie qui corresponde à cette peau est la mince couche épithéliale qui se sépare, pendant la différenciation des tissus, de toute la surface de la couche des disques ; la presque totalité de cette dernière passe sans changement de l'embryon (fig. 37) au jeune Némerte (fig. 43), où elle continue de former un feuillet très-épais à disposition caractéristique (organes latéraux, lames prostomiales et métastomiales), situé entre les deux feuillets épithéliaux. Personne ne songera, en jetant les yeux sur les figures 37 et 43, à maintenir la correspondance des deux couches *me* et *ep* de la figure 43 avec la couche *ex* de la figure 37, mais on sera porté, au premier coup d'œil, à rapporter la couche *ex* de la figure 37 à la couche *ep* de la figure 43, et la couche DP-DM de la figure 37 à la couche *me* de la figure 43. Le remplacement de la peau du *Pilidium* ne consiste en aucune façon dans la formation de la couche des disques, mais seulement dans la différenciation de l'épithélium *ep* (fig. 43).

Du moment que l'évolution des plaques discoïdes n'a pas pour objet la formation d'une peau nouvelle, leur rôle véritable nous reste à découvrir. Bien qu'il y ait dans l'embryogénie une époque à laquelle les disques sont confondus en une peau continue, nous avons, en signalant la coïncidence du point de soudure des organes latéraux avec la ligne de rencontre des deux paires de disques, montré que ces deux paires correspondaient exactement aux cavités prostomiale et métastomiale, et ce fait nous a permis de suivre, sous le nom de lames prostomiales et métastomiales, leur destinée complète jusqu'à l'état adulte. Nous avons vu ainsi que les disques antérieurs forment la masse musculaire de la tête du Némerte (masse céphalique), tandis que les postérieurs s'accroissent pour former le long tube musculaire qui constitue la presque totalité du corps du Némerte. La division primitive de chacune de ces deux parties (renflement céphalique et tube musculaire du corps) en deux portions symétriques (disques) se trouve à son tour rappelée chez l'adulte par la structure bilatérale du groupe des Némertes : ainsi, les quatre disques correspondent à quatre divisions essentielles de la musculature persistantes pendant toute la vie du Némerte adulte. Une telle concordance ne peut s'expliquer qu'en admettant entre ces parties des liaisons intimes ; nous devons admettre que ces disques sont en réalité les rudiments des quatre portions essentielles de la musculature (les deux renflements céphaliques, *masses céphaliques*, et les deux moitiés symétriques du tube musculaire du corps, *lames cutanées*), et que le développement consiste, dans son ensemble, dans le simple rapprochement de ces quatre rudiments.

Nous avons déjà vu dans la première partie du développement que la naissance des disques par invagination, et par suite leur aspect de bourgeons internes, n'était qu'une conséquence de l'état larvaire ; elle cesse par disparition de ce dernier, et tend à revenir à la séparation d'un simple épaississement directement formé aux dépens de l'exoderme : l'évolution des disques se ramène dès lors à la naissance directe d'un mésoderme par des épaississements exodermiques correspondant aux quatre divisions de la musculature. Nous sommes ainsi ramenés, avec addition d'importants détails, à l'idée déjà exprimée à la suite de la première partie du développement : que l'embryogénie du *Pili-*

*dium* consiste dans l'évolution d'une forme unique à trois
feuillets embryonnaires, et dont la couche des disques forme
le mésoderme, tandis que l'état même de *Pilidium* n'est qu'un
état larvaire sans aucune importance, qui résulte simplement
d'un développement adaptatif produit à la suite d'une éclosion
prématurée de la *Gastrula*, et constituant une simple aberration
du développement normal qui repose sur l'évolution du mésoderme ; la chute de la peau du *Pilidium* correspond à la chute
de l'épithélium normal (exoderme) pour le remplacer ; la surface du feuillet moyen se différencie en une mince couche épithéliale produite par adaptation, par suite de l'absence d'épithélium normal, mais à la production de laquelle la couche
des disques n'a aucune part originelle ; l'amnios lui-même
doit être placé au nombre des parties issues du développement
adaptatif qui a produit le *Pilidium*.

Résumé.

A. *Feuillets primitifs* (fig. 1 à 15). — 1. L'œuf présente une
segmentation caractéristique étudiée en détail et qui représente
le mode de segmentation typique de la *blastula*. La cavité centrale apparaît au stade 8, mais conserve longtemps de faibles
dimensions, de sorte qu'on obtient d'abord un stade à longues
cellules radiaires disposées régulièrement autour d'une très-
faible cavité centrale (fig. 7-8).

2. A ce stade succède la *blastula* par accroissement de la
cavité et réduction des longues cellules radiaires en simples
éléments épithéliaux rangés en feuillet continu (fig. 9-10).

3. L'invagination de la *gastrula* se dirige obliquement à
l'intérieur de l'œuf, de sorte que l'endoderme se trouve dès le
début rejeté entièrement d'un côté de l'ouverture d'invagination (fig. 11, 12, 13). L'embryon ne possède jamais de structure rayonnée (symétrique par rapport à un axe passant par les
pôles oral et aboral), mais présente dès le début une incurvation d'un côté qui donne lieu à la structure bilatérale, avec
indication des faces *dorsale* et *ventrale*, ainsi que d'une portion
prostomiale (au devant de la bouche) et métastomiale (en

arrière de la bouche et contenant tout l'intestin). L'œsophage
est aussi indiqué dès ce stade par le rétrécissement qui résulte
de la fermeture de la *gastrula*. Dans la suite ces particularités
s'accentuent et deviennent plus nettes (fig. 19 à 23), mais leur
première apparition date du début même de l'invagination de
la *gastrula*.

B. *Développement des disques* (fig. 16 à 33). — 1. A peine
la *gastrula* est-elle formée, que commence le processus qui donnera naissance aux plaques discoïdes. Ces disques se forment
à la même place et de la même façon que chez le *Pilidium*,
mais les invaginations, au lieu de se fermer par rapprochement
régulier du repli de la peau qui en forme les bords, se ferment
par accroissement d'une lame simple au-dessus de leur ouverture ; de sorte qu'au lieu de se produire des vésicules dont
l'aplatissement donnera naissance à des doubles disques (d'où
formation de deux couches : peau du Némerte et amnios),
il se forme d'emblée quatre disques simples (d'où l'absence
d'amnios).

2. Peu après la fermeture des invaginations, la cavité du
corps s'agrandit un peu, et l'on voit apparaître dans son intérieur les plaques discoïdes toutes formées (fig. 22). Ces dernières commencent à s'accroître pour se souder, comme chez
le *Pilidium*, en une couche unique entourant l'intestin. La
soudure se fait tout à fait dans le même ordre : 1° soudure des
deux disques antérieurs ; 2° soudure des quatre disques en
une plaque ventrale ; 3° extension de cette plaque du côté
dorsal. Le processus le plus remarquable de cette période consiste dans la délamination des disques en deux couches : l'intérieure, composée de globules graisseux *gl* qui se disséminent
dans la cavité du corps et qui représentent le reticulum connectif ; l'externe, qui formera la peau du Némerte. La trompe
apparaît à cette époque sous forme d'un bourgeon solide (et
non d'un tube né par invagination, comme dans le *Pilidium*)
né au point de réunion des disques antérieurs, et dont l'accroissement se fait dans la suite par allongement graduel avec
formation d'une cavité centrale qui crève à l'extérieur. La for-

mation de l'épaississement labial par soudure de la couche des disques au pourtour de la bouche se fait aussi à cette même époque.

C. *Évolution des feuillets* (fig. 34 à 41). — A peine la couche des disques s'est-elle réunie en feuillet continu, qu'on voit faire saillie, des parois de l'œsophage, deux vésicules *ol* qui forment les organes latéraux ; ces vésicules s'accroissent vers le dehors et se détachent bientôt de l'œsophage, auquel elles ne restent plus réunies que par un cordon solide *fun* (fig. 36). Un peu plus tard on les voit se souder à la couche des disques, au point de réunion des paires antérieure et postérieure (fig. 36-37), et former ainsi une cloison qui divise la cavité du corps en portion correspondant au prostomium, qui se trouve limité par les disques antérieurs (lames céphaliques ou prostomiales), et portion correspondant au metastomium limité par les disques postérieurs (lames cutanées ou métastomiales). Grâce à cette position des organes latéraux, on peut suivre jusqu'à l'adulte la destinée des disques.

2. En même temps l'embryon, qui s'est d'abord aplati en s'élargissant (fig. 34), prend l'aspect vermiforme (fig. 37) par allongement graduel de la partie postérieure, tandis que la partie située en avant prend une forme en fer de lance par suite de la formation des fentes céphaliques (fig. 37). L'embryon a déjà alors l'aspect d'un jeune Némerte (fig. 37) dont l'intestin, la musculature et l'épiderme seraient formés par l'endoderme, la couche des disques et l'exoderme. Les figures de profil (13, 30-32, 40-41) expriment bien le caractère simple du développement jusqu'à cette époque.

D. *Apparition des phénomènes d'alternance* (fig. 38, 39, 42). — C'est alors seulement qu'apparaissent les phénomènes d'alternance : l'exoderme cesse de demeurer appliqué contre la couche des disques ; il s'en écarte et se transforme en un vaste sac qui renferme tout le reste de l'embryon (fig. 42). En même temps la couche des disques éprouve une différenciation histologique (fig. 38, 39) à la suite de laquelle une mince couche épidermique se forme à sa surface, tandis que sa presque tota-

lité passe directement à la musculature du jeune Némertien
et conserve une grande épaisseur, ainsi que la division caractéristique en lames prostomiales (disques antérieurs) et lames
métastomiales (disques postérieurs) séparées par les organes
latéraux qui se sont renflés en deux masses arrondies suspendues à la peau et toujours reliées à l'œsophage par des cordons
solides. A la même époque, l'endoderme qui, depuis longtemps,
a commencé à éprouver des dégénérescences à sa partie centrale
(fig. 34-37), se transforme entièrement, sauf l'œsophage, en
une masse cohérente de globules graisseux qui, en s'accroissant
par multiplication rapide de ces globules, cause le renflement
de toute la partie postérieure auparavant amincie (fig. 37) et
qui reprend un volume égal à celui de la tête (fig. 42).

A. *Sortie du Némerte* (fig. 42 à 45). — Après la chute de
l'exoderme, qui tombe en entraînant l'épaississement labial,
l'œsophage n'est plus visible que par les points d'insertion (*h*)
des deux cordons (*fun*) à sa paroi (fig. 43). Ces derniers apparaissent sous forme de deux taches blanches (*h*) (correspondant
aux deux poches ciliées de Butschli) qu'on voit bientôt s'étendre
et se souder en une seule (fig. 44) dont l'accroissement ultérieur
forme l'œsophage définitif. Pendant cette période, l'amas de
globules graisseux du tube digestif continue à s'accroître
et à se renfler, de sorte que la partie métastomiale commence
à dépasser l'antérieure en volume (voy. fig. 44, dans le retrait,
et 45, dans l'extension).

B. *Perfectionnement du jeune Némerte.* — Quatre choses
à étudier : évolution de la musculature, différenciation de
l'épithélium, tube digestif, reticulum connectif.

*Musculature.* — Réunion des lames prostomiales en une
masse continue : 1° par soudure en une portion pleine impaire
(*mi*), située tout entière au devant de la trompe (épaississement
impair) ; 2° par épaississement (*ms*) d'apparition plus tardive, se
prolongeant graduellement jusqu'à la base des organes latéraux (épaississement secondaire). Pendant ce temps, les lames
métastomiales s'amincissent et s'étendent en un tube musculaire mince et allongé.

*Épithélium.* — Apparition d'une abondante substance intercellulaire avec réduction des éléments cellulaires en corpuscules semblables à des bâtonnets, puis renflement de ces bâtonnets en cellules à glaires.

*Tube digestif.* — Les globules graisseux (qui sont restés depuis la dégénérescence sans se mélanger avec ceux qui formeront le reticulum) vont s'arranger à la périphérie en une couche continue qui tapisse immédiatement la couche musculaire, puis du protoplasme apparaît entre les éléments graisseux ainsi assemblés ; le reste consiste dans un morcellement des globules graisseux en granules hépatiques, tandis que le protoplasme qui les retient unis se différencie en un véritable épithélium. L'intestin acquiert ainsi, par un processus analogue à celui que Kowalewsky a décrit chez l'*Euaxes*, une nouvelle paroi propre qui, après formation complète, s'écarte de nouveau de la paroi du corps, laissant ainsi réapparaître la cavité générale un moment disparue.

*Reticulum.* — Les portions triangulaires de cavité métastomiale qui, avant la chute de la peau, s'étendaient vers le bas, le long de l'intestin, se trouvent réduites à leur plus mince volume vers le stade fig. 44 par l'accroissement de la masse graisseuse du tube digestif. Les globules graisseux de la cavité du corps se trouvent tous refoulés (excepté les plus postérieurs, qui ont pu peut-être se confondre avec ceux de l'intestin) vers la partie antérieure, où ils commencent à se rendre à la périphérie pour former le reticulum. Une mince membrane connective se forme de cette façon sur tout le pourtour de la cavité du prostomium, et on la voit bientôt, à mesure que les globules graisseux diminuent en nombre, apparaître d'une manière plus distincte de la paroi ; elle constitue la gaîne de la trompe et accompagne cet organe dans son accroissement vers la partie postérieure.

Une autre membrane de structure analogue s'est formée, à l'époque de la chute de la peau, à la partie antérieure du tube digestif et empêche les globules graisseux qui le constituent de s'épancher au dehors dans la cavité générale. Enfin, à l'époque où l'intestin définitif s'écarte de la peau, une troisième portion de reticulum se forme entre les deux ; on pourrait peut-être faire remonter cette dernière aux globules graisseux qui, aux stades 39 et 42, occupaient les portions les plus postérieures des cavités triangulaires, et qui, à l'époque de la dégénérescence complète du tube digestif, ne se distinguent plus de l'amas graisseux formé par l'intestin et appliqué directement à la paroi du corps.

C. *Accroissement du Némerte.* — Les deux états (fig. 55) C et D, obtenus à grand'peine en sacrifiant un grand nombre d'œufs, m'ont fourni le passage entre les embryons les plus développés qu'on ait ordinairement (fig. 55, B) et les plus jeunes qu'on puisse rencontrer sur la plage (fig. 55, E). L'état C ne se distingue du précédent (B) que par l'apparition de la division de l'intestin en cæcums réguliers. Dans l'état D, les deux points oculiformes commencent à disparaître pour faire place à deux rangées de points situés de chaque côté ; de plus, les cæcums du tube digestif se sont accrus au point de venir se souder à la paroi du corps, divisant ainsi la cavité générale en chambres séparées (chambres génitales) communiquant entre elles par trois espaces ménagés entre chacun des cæcums et la paroi du corps, et qui, par leur réunion, forment les trois vaisseaux longitudinaux. La cavité générale est ainsi cloisonnée en un système complexe de cavités toutes communiquant entre elles, et autour desquelles le reticulum vient se disposer en couche continue.

### 3. CONCLUSION.

Nous voyons, pour résumer en quelques mots tout ce qui précède :

1° *Pour le Pilidium.* — Qu'il y a toujours, *après* la soudure des plaques discoïdes, une division de la couche ainsi formée en couches musculaire et épithéliale, et que c'est à tort que l'on avait confondu cette division avec une autre qui a lieu plus tôt.

2° *Pour le type de Desor.* — 1° Que l'état larvaire est le seul modifié, et que par conséquent il devient impossible de lui conserver plus longtemps son importance fondamentale.

3° Que, dans la division de la couche des disques qui s'effectue chez les deux types, après soudure complète des quatre rudiments, l'externe seule (épithéliale) est employée au remplacement de la peau caduque, l'interne continuant à former un feuillet très-épais compris entre les deux couches épithéliales de la peau et de l'intestin.

Ces faits établis, nous avons étudié avec plus de détail quelle était la nature de ce second feuillet dérivé de la division de la couche des disques : nous avons reconnu qu'il conservait, pendant toute la durée du développement, l'épaisseur et la division caractéristique de la couche des disques (lames prostomiales et métastomiales séparées par les organes latéraux), et finissait enfin par donner naissance à la musculature complète de l'adulte avec ses grandes divisions (masse céphalique et tube musculaire du corps), dont nous avons montré la formation graduelle aux dépens des deux paires de disques. Ces rapports remarquables entre les grandes divisions de la musculature de l'adulte et les plaques discoïdes nous ont forcé d'admettre que le feuillet interne de la couche des disques représente en réalité un véritable mésoderme formé des rudiments de la musculature (lames prostomiales et métastomiales), et que le développement du *Némerte dans son ensemble consiste dans la naissance et le rapprochement de ces quatre rudiments*. Le développement régulier de ce premier mode d'embryogénie, qui comprend le *Pilidium* et le *type de Desor*, est donc un et direct, et se compose, dans ses grands traits, des phases suivantes : 1° formation de deux feuillets primitifs (*gastrula*) ; 2° formation aux dépens de l'exoderme d'un feuillet moyen composé de quatre rudiments caractéristiques, et 3° rapprochement de ces quatre rudiments pour former les parties essentielles de la musculature.

Seulement, la présence des états larvaires (nous avons vu que le *Pilidium* devrait être réduit à cette simple signification) vient troubler la régularité d'un mode si simple : l'éclosion prématurée de la *gastrula* est suivie d'un développement adaptatif qui produit une quantité de complications accessoires et obscur-

cit beaucoup la suite naturelle des phénomènes normaux.
Parmi ces circonstances perturbatrices résultant de l'état larvaire, il faut compter : 1° l'aspect spécial que prend la *gastrula*
transformée en *Pilidium*, avec sa transparence, ses franges ci-
liaires, ses lobes natatoires, et sa spacieuse cavité du corps ;
2° le mode de naissance des disques par invagination, leur aspect
de bourgeons internes, suite de l'écartement forcé de l'exoderme, et l'aspect caractéristique qui en résulte, de deux formes
alternantes emboîtées l'une dans l'autre ; enfin, la présence d'un
amnios, résultat immédiat de la formation des disques par invagination ; 3° la chute de l'exoderme primitif, trop différencié
pour venir, après le retour au cycle normal, se réappliquer contre le mésoderme, et la différenciation, qui en est la suite, de la
surface du feuillet moyen en une mince couche épithéliale, produite également par simple adaptation et destinée à remplacer
l'épithélium normal (exoderme) qui a disparu.

## DÉVELOPPEMENT DIRECT ET PLANULA.

### 1. Développement direct.

#### 1. Historique.

*Tetrastemma obscurum*, Max Schultze, 1851.
*Prosorhochmus Claparedii*, Keferstein, 1862 ; Claparède, 1863.
*Borlasia vivipara*, Uljanin, 1870.
*Amphiporus lactifloreus*, Mac-Intosh, 1873.
*Borlasia Kefersteinii*, Marion, 1874.

Les premiers observateurs qui s'occupèrent de ce mode de
développement ne purent fournir à son sujet que des renseignements extrêmement incomplets : Max Schultze et Keferstein, qui,
les premiers, eurent à étudier une embryogénie de ce genre,
trouvèrent les Némertes remplis d'embryons déjà parvenus à
une période avancée du développement, mais ne contenant plus
aucun œuf.

*Max Schultze.* — Figure deux embryons : le premier possède déjà tous les caractères de l'adulte ; le second ne présente
encore, suivant l'auteur, qu'une différenciation en enveloppe

13

externe et masse centrale représentant le tube digestif. A la partie antérieure de ce dernier embryon, Max Schultze figure deux
taches plus claires qu'il désigne comme représentant les ganglions nerveux, et derrière ces deux taches un tube déjà assez
gros qui constitue la trompe. Il est très-probable que ce second
stade représente déjà lui-même un Némerte tout formé, dans lequel Max Schultze n'a pas bien reconnu la disposition générale
des différentes couches. Quoi qu'il en soit, Max Schultze a, malgré l'insuffisance de ces observations, parfaitement reconnu la
simplicité de nature du développement : il insiste sur l'absence
de métamorphose, et l'oppose même au mode de développement
décrit par Desor.

*Keferstein*. — Nous a donné de bonnes figures d'embryons de
*Prosorhochmus Claparedii*. Rien de tout ce qu'il indique ne peut
donner lieu à des critiques sérieuses, et les différentes parties du
jeune Némerte y sont représentées avec exactitude ; malheureusement, les stades qu'il nous donne sont, comme ceux de son
prédécesseur, beaucoup trop avancés, ils n'ont déjà plus droit
au nom d'embryons : ce sont de jeunes Némertes complétement
formés. Ce fait rend ces observations d'une faible valeu  au
point de vue qui nous occupe.

*Uljanin*. — Figure le système nerveux et la trompe à peu près
de la même manière que Max Schultze : il ne paraît pas avoir vu
d'autres stades que ses devanciers. Ce sont des dessins de Max
Schultze que ces figures se rapprochent le plus, cependant il
a mieux distingué l'intestin de la couche musculaire de la paroi
du corps.

*Claparède*. — A été plus heureux que son devancier dans
l'étude du développement du *Prosorhochmus :* les exemplaires
qu'il a eus à sa disposition contenaient des œufs à tous les stades.
A côté de jeunes Némertes analogues à ceux que Keferstein avait
dessinés, Claparède en figure un à un stade moins avancé, et
déclare avoir pu facilement suivre les états antérieurs. Malheureusement, cet observateur n'a pas cru devoir s'arrêter beaucoup
sur cette embryologie ; il indique dans son embryon les enveloppes musculaires comme tube digestif, et l'amas graisseux du

tube digestif comme l'origine de la trompe ; il se borne à dire
que la segmentation est totale, et aboutit bientôt, « *sans offrir du
reste rien de remarquable* » au stade qu'il représente. Malgré
cette insuffisance dans la description, Claparède semble néanmoins être le premier qui ait décrit la marche entière du développement, ainsi que la formation du Némerte par simple différenciation de la *morula*.

*Mac-Intosh*. — Les observations de Mac-Intosh constituent
sur les précédentes un progrès sensible, et ses descriptions sont
sans contredit les meilleures que nous possédions jusqu'ici sur
ce mode de développement. L'auteur anglais a suivi en détail
chez l'*Amphiporus lactifloreus* la marche entière des phénomènes. La segmentation aboutit, dès le second jour, à une
*morula* à petits éléments ; le sixième ou septième jour, cette
*morula* devient ciliée, puis s'effectue dans sa masse un travail
interne qui dure plusieurs jours, sans modifications apparentes
à l'extérieur. Si l'on vient à comprimer sous le porte-objet un
œuf vers le quinzième jour, on constate que la sphère ciliée
n'offre plus la structure homogène qu'elle possédait d'abord.
On y reconnaît déjà d'une manière vague les différents organes
du jeune Némertien : au centre, un espace blanc qui figure
la trompe ; de chaque côté, des masses opaques de granules
vitellins et deglobules graisseux ; tout autour, une épaisse zone
claire dans laquelle se formeront les cordons nerveux ; enfin
l'épithélium.

Au quinzième jour a lieu l'éclosion ; le reste du développement consiste d'abord dans le changement de forme de la sphère
ciliée, qui s'allonge et prend rapidement un aspect vermiforme,
puis en une différenciation plus prononcée des organes internes déjà existants. Toutes les figures qui accompagnent cette
description sont excellentes, et expriment d'une manière excessivement exacte les différents aspects qu'on voit dans la nature :
elles nous montrent le Némerte naissant aux dépens de la *morula*
d'une manière infiniment plus graduelle que les travaux des
auteurs cités dans ce qui précède, et sont très-propres à donner
une idée des différents aspects de ce mode de développement.

*Marion.* — Plus récemment enfin Marion a donné une bonne figure de l'embryon de *Borlasia Kefersteinii :* les jeunes Némertes qu'il figure ressemblent tout à fait à ceux décrits par Mac-Intosh, et permettent de rapporter avec sécurité l'embryon de cette espèce au développement direct.

Les observations dont je vais maintenant présenter l'exposé ont été entreprises dans le but d'assister d'une manière plus graduelle à la formation du jeune Némerte. Mac-Intosh nous représente bien l'aspect général du développement, mais sa description ne rend compte d'aucun phénomène : je me suis attaché, dans ce développement, à suivre pas à pas la transformation de la *morula* en un jeune Némerte ; pour cela j'ai dû commencer, comme on le verra, à faire une étude détaillée de la *morula*.

2. Embryogénie de l'Amphiporus lactifloreus.

La grande difficulté que présente l'étude de l'*Amphiporus lactifloreus,* comme du reste de tous les Némertes à développement direct, est le manque absolu de transparence, et l'impuissance des réactifs ordinaires à produire cette transparence : l'acide acétique et la plupart des agents éclaircissants, ou bien sont sans effet, ou bien éclaircissent tout d'une manière tellement uniforme, qu'il devient impossible de bien distinguer le contour des différentes parties. Ce sont sans doute ces difficultés qui ont été cause que l'on s'est borné à retracer jusqu'ici les différents aspects du développement, sans chercher à se rendre compte de la suite continue des phénomènes. Moi-même j'ai passé une première série de recherches sans réussir à me rendre un compte suffisant de l'ensemble des phénomènes, et les résultats auxquels j'arrivais pour l'*Amphiporus* ne différaient guère de ceux de Mac-Intosh : ce résultat négatif me détermina à abandonner momentanément l'étude infructueuse des phénomènes internes, pour chercher à me rendre compte, en suivant la segmentation dans tous ses détails à la lumière réfléchie, de la structure exacte de la *morula*. J'étais arrivé à conclure de cette étude de la segmentation, qu'aucune des sphères vitellines ne quittait la surface de

l'œuf, et que par conséquent la *morula* ne pouvait être réellement une masse pleine de cellules, résultant du glissement, les
unes sur les autres, de sphères vitellines de forme arrondie,
avec recouvrement de certaines d'entre elles par celles situées
plus à la surface, lorsqu'enfin je trouvai un réactif qui me permit
de suivre en détail les phénomènes internes dont j'avais jusque-là
tenté inutilement l'étude. Un mélange en proportions conve-
nables de carmin et de glycérine produit la transparence, et
en même temps délimite les contours des différents éléments
d'une manière satisfaisante ; seulement il importe d'user de ce
réactif avec les plus grands ménagements : employée sans pré-
cautions, la glycérine fait éprouver à l'œuf une déformation
complète et l'observation devient impossible. On évite cet incon-
vénient en la faisant agir d'une manière graduelle, diluée dans
une assez grande quantité d'eau. Ordinairement je faisais agir
successivement sur un œuf trois mélanges contenant de la glycérine en proportions croissantes : le premier contenait un quart
de glycérine pour trois quarts d'eau, le second la moitié, et le
troisième trois quarts de glycérine ; le mélange était coloré par
une dissolution de carmin. La quantité de carmin peut varier
suivant les cas ; ordinairement, j'en ajoutais assez pour produire une coloration vineuse. Si après avoir fait agir ce réactif
à ses différents degrés pendant le temps voulu (quelques
minutes dans chaque mélange), on pose l'œuf sur le porte-objet,
et qu'on lui fasse subir une compression légère, on arrive à
distinguer avec netteté sa structure interne.

La marche que j'ai suivie dans l'étude de cette embryogénie
m'oblige à en diviser la description en deux parties distinctes :
la première partie aura surtout pour but l'étude des phénomènes
externes, et aura rapport à la segmentation ; la seconde sera
relative aux phénomènes internes. Je la diviserai en trois périodes : 1° formation des feuillets ; 2° formation du Némerte ;
3° achèvement du Némerte.

Les œufs de l'*Amphiporus lactifloreus* sont pondus à l'état de
gros paquets blancs irréguliers, dans lesquels les œufs sont agglutinés ensemble par un mucus peu abondant ; chacun de ces œufs

possède deux enveloppes : une interne, extrêmement délicate ;
l'autre externe, résistante, et qui présente un double contour.
On arrive aisément, avec l'habitude, à dégager successivement
les œufs de leurs deux enveloppes, et cette précaution est même
souvent nécessaire pour l'étude des stades difficiles du développement. Je n'ai pas étudié le mode de formation de ces enveloppes ; tout ce que je puis dire, c'est qu'elles se trouvent
toutes formées avant la ponte dans le corps de la mère. On
observe généralement entre ces deux membranes un point
d'adhérence déjà signalé par Mac-Intosh, et qui correspond
peut-être à un micropyle ; néanmoins je conserve les doutes que
paraît avoir Mac-Intosh à ce sujet. Les spermatozoïdes de l'*Amphiporus* ont une tête en forme de grain de millet, à laquelle
fait suite un long filament mobile ; je n'ai pas eu l'occasion
d'observer la fécondation chez cette espèce.

*a.* Segmentation : phénomènes externes.

Examiné dans le corps de la mère, ou immédiatement après
la ponte, l'œuf possède la structure représentée figure 56. Le
protoplasme se compose, comme chez le *Lineus*, d'une matière
liquide tenant en suspension des granules vitellins ; mais ici la
masse est moins visqueuse, les granules s'échappent plus facilement de la partie liquide quand on écrase l'œuf. La vésicule
germinative *o* est grande, transparente, et contient dans son
intérieur un amas de gros granules. Cet amas de granules,
situé à la place de la tache de Wagner semble se retrouver
dans l'œuf mûr des Némertes d'une manière très-constante :
je l'ai vu chez presque toutes les espèces que j'ai eu l'occasion
d'observer, et je m'étonne qu'aucun auteur n'en ait encore fait
mention. La particularité la plus importante de l'œuf pondu
de l'*Amphiporus*, est la présence, tout autour du vitellus, d'une
zone plus obscure (fig. 56, 57, 58, etc., *z*), qui paraît assez
brusquement délimitée de la masse plus pâle du vitellus sous-
jacent ; cette zone s'observe d'une manière extrêmement constante : elle persiste dans l'œuf pendant très-longtemps, et se
voit aussi bien par compression sur les œufs frais que sur les

œufs traités par le mélange de carmin et de glycérine. Sur ces derniers, elle se détache sous forme d'une zone plus sombre du reste du vitellus. Nous reviendrons, du reste, plus tard sur ce sujet.

Si l'on reprend l'œuf quelques instants après la ponte, on constate que la vésicule germinative a soudainement disparu sans laisser de traces ; l'œuf possède, pour le reste, la même structure qu'au stade précédent. Mais il ne reste pas longtemps à cet état ; il se reforme bientôt (fig. 57 *o'*) un petit noyau situé un peu au delà du centre, et qui ne possède plus aucun des caractères de la vésicule germinative. Ce petit noyau ne tarde pas à gagner la périphérie ; là, il va se placer à la surface de l'œuf, s'y aplatit en formant une petite éminence conique très-transparente (fig. 58), qui émet les globules polaires. Ces globules polaires semblent dérivés, chez l'*Amphiporus*, non de la vésicule germinative, mais d'une vésicule de seconde formation.

Ces divers changements s'effectuent pendant les six premières heures ; après ces phénomènes commence la segmentation. Une partie du protoplasme de l'œuf semble venir se condenser de nouveau au centre de la sphère vitelline : elle donne naissance à une place plus dense, qui se partage bientôt en deux pour donner naissance à deux nouveaux noyaux (fig. 59). Ces noyaux ne sont pas nettement délimités, mais se confondent par leur extrémité dirigée vers le dehors, avec le protoplasme qui les environne. Dans chacun d'eux on peut distinguer : 1° une tache réfringente qui apparaît nettement sous forme d'un point blanc sur un fond obscur, et qui est dirigée vers le centre de l'œuf (fig. 59 *p*) ; 2° une portion plus obscure qui fait suite à cette tache (fig. 59 *p'*), et qui a à peu près une forme triangulaire. Cette portion triangulaire est beaucoup moins visible que la tache transparente à laquelle elle fait suite ; en l'examinant avec attention, on voit qu'elle se confond, par son extrémité large dirigée vers le dehors, avec le protoplasme qui constitue l'œuf. On reconnaît ici le même phénomène que celui déjà décrit par Kowalewsky, Fol, Œllacher, Auerbach, Strasburger, Hertwig, Butschli, Van Beneden, etc., à propos

du mode de division des cellules et de la structure radiaire du
protoplasme, chez un très-grand nombre de types du règne
animal; seulement ici on ne distingue pas l'aspect rayonné, et
le passage insensible du noyau au protoplasme de l'œuf
ne paraît indiqué que par les différences de coloration. Chose
curieuse et qui mérite d'attirer l'attention, la zone périphérique
obscure de l'œuf ne prend pas part à cette disposition du protoplasme autour de chaque noyau; seule la partie interne de
l'œuf prend part à ces mouvements: il semble qu'elle soit seule
active. La figure 59 et les suivantes représentent ces phénomènes.

Cette séparation du protoplasme en couche corticale et portion centrale n'est pas un fait isolé chez les Némertiens : je l'ai
également retrouvée avec des caractères beaucoup plus nets
encore chez le *Tetrastemma dorsalis* (fig. 107). Chez cette dernière espèce, le fait apparaît même avec une telle netteté, qu'on
croirait à la présence d'une vésicule germinative d'une taille
colossale, occupant l'œuf presque entier, et réduisant tout le
vitellus à une simple couche occupant la périphérie.

Ce fait de la division du vitellus en deux couches concentriques doit être rapproché des faits analogues décrits chez les Cténophores par Kowalewsky (1), chez les Géryonides par H. Fol (2),
et plus récemment par Ed. Van Beneden (3). Ce dernier a
émis à ce propos une théorie d'une grande importance : il compare ces deux couches à l'endoplasme et à l'ectoplasme des
Infusoires, et en fait le point de départ de la *gastrula*. Il est
bien difficile de juger aujourd'hui cette théorie. Le fait de la
stratification en deux couches distinctes pourrait être aussi bien
un fait spécial relatif aux phénomènes particuliers au groupe (4)
qu'un fait général; néanmoins sa présence chez les Némertiens

(1) Kowalewsky, *Mém. Acad. de Saint-Pétersbourg*, 7ᵉ série, 1866, t. X, nᵒ 4.
(2) H. Fol, *Die erste Entwickelung des Geryonideneies.*
(3) Ed. Van Beneden, *Contributions à l'histoire de la vésicule germinative*
(*Bull. de l'Acad. de Belgique*, nᵒ 1, 2ᵉ série, t. XLI, janvier 1876).
(4) C'est ainsi que, chez certaines Ascidies, la tunique se forme aux dépens
d'une couche continue qui se détache du vitellus avant la segmentation.

vient plutôt, en augmentant le nombre de cas analogues, ajouter une nouvelle probabilité à la théorie de Van Beneden.

Peu après le stade fig. 59, la division déjà exprimée par les noyaux à l'intérieur de l'œuf ne tarde pas à se produire au dehors par l'apparition du premier sillon de segmentation ; ce premier sillon coïncide toujours d'une manière précise avec le point de sortie des globules polaires. Peu après la division en deux sphères de segmentation, chacun des noyaux qui existent dès le stade fig. 59 s'isole de nouveau du protoplasme qui l'environne, et reparaît sous forme d'une tache claire (fig. 60) comparable au noyau déjà décrit dès le stade fig. 57. L'œuf reste pendant quelque temps à cet état, puis, environ deux heures après, commence la division en quatre sphères de segmentation ; chacun des petits noyaux qui étaient restés au centre des sphères vitellines du stade fig. 60 commence à se fusionner de nouveau avec la masse de protoplasme qui l'environne, et se divise alors en deux, pour reproduire dans chacune des sphères l'aspect déjà décrit dans la figure 59. La figure 76 représente dans la partie supérieure un état un peu plus avancé que dans cette dernière ; la division a déjà commencé à s'y traduire au dehors par l'apparition du second sillon de segmentation. J'ai également observé des stades intermédiaires entre les états représentés dans les figures 76 et 60 ; ils m'ont paru concorder d'une manière assez complète avec les figures données par Hertwig (1) à propos du *Toxopneustes*. J'ai retrouvé en particulier l'aspect figuré par cet auteur dans sa figure 26, pl. 13 ; mais comme l'œuf de l'*Amphiporus* est en définitive, à cause de sa grande opacité, un très-mauvais type pour l'étude de ces phénomènes, je ne me suis pas appesanti davantage sur ce sujet : le point essentiel est d'avoir reconnu dans ce groupe l'existence des phénomènes si bien étudiés dans ces derniers temps par Hertwig, Van Beneden et Butschli (2) ; les études

(1) O. Hertwig, *Gegenbaur Morphologische Jahrbuch*, Ier vol., 3ᵉ livraison.
(2) Voyez l'important travail récemment publié par Butschli sur ces questions : *Studien über die ersten Entwickelungsvorgange der Eizelle und Zelltheilung und die Conjugation der Infusorien*.

14

détaillées sont mieux placées chez des types plus favorables
à l'observation.

Je n'ai plus suivi le mode de division de la vésicule germinative après le stade 4, mais il est probable qu'elle continue à
s'effectuer de la même façon ; mes études ont porté plus particulièrement, à la suite de ce stade, sur la disposition des
sphères de segmentation à la surface de l'œuf.

Le stade 8 se produit régulièrement par la formation d'un
sillon équatorial ; puis on voit s'effectuer la rotation de l'une
des moitiés de l'œuf sur l'autre moitié; les cellules précédemment opposées viennent alterner entre elles, les supérieures
s'emboîtent dans les intervalles des inférieures, et l'on obtient
l'aspect représenté figure 4, pl. 1 ; bientôt après, on voit (fig. 5)
se détacher du sommet des sphères de chaque moitié une
nouvelle cellule, et l'on passe ainsi au stade 16 (fig. 61). Ces
divers changements ont déjà été décrits à propos du *Lineus*, et il
est inutile d'y revenir ici plus longtemps ; je passerai donc
immédiatement à l'étude des états plus avancés que je n'avais
pu suivre d'une manière suffisante chez le *Lineus*.

Nous avons vu dans ce dernier cas que le stade qui succédait au
stade fig. 61 était caractérisé par la présence, entre les deux pôles
de l'œuf, d'une épaisse zone de cellules disposées de manière à
alterner régulièrement les unes avec les autres : à chaque pôle
se trouvait, comme dans l'état précédent, un groupe de quatre
cellules disposées en croix, et la ceinture située entre les deux
groupes, au lieu d'être composée, comme au stade fig. 61, de
huit cellules pentagonales disposées alternativement en sens
inverse, consistait en un nombre beaucoup plus grand de cellules hexagonales. Je n'avais pu me rendre compte de la manière dont cette disposition dérivait de celle du stade 16. J'ai
été plus heureux chez l'*Amphiporus ;* j'ai pu constater qu'il se
formait par l'apparition (fig. 62), dans chacune des cellules du
stade 16, d'un nouveau sillon de segmentation parallèle à
l'équateur de l'œuf : chacune de ces cellules se partage donc
en deux cellules superposées, et chacune des huit côtes dont
l'œuf est formé se compose alors de quatre cellules; le stade ainsi

produit correspond exactement, comme on le verra du reste
d'après la comparaison des figures, au stade déjà observé chez
le *Lineus*. Le stade 32 est donc comparable à un stade 8 à
cellules alternantes (pl. 1, fig. 4), dans lequel chacune des cellules serait remplacée par une série de quatre cellules; les huit
côtes dont se compose l'œuf sont beaucoup plus allongées qu'au
stade précédent, et la ligne brisée qui dérive du sillon équatorial parcourt maintenant l'œuf dans presque toute sa longueur. La comparaison des figures fera comprendre mieux
que toute description ces divers phénomènes. Au stade 16,
chacune des sphères de segmentation était, en raison de la disposition même de l'ensemble, de forme pentagonale; mais au
stade 32 il n'en est plus ainsi : seules les cellules placées à
chacune des extrémités de chaque côte ont conservé la forme
pentagonale, les autres sont hexagonales. Le stade 32 se compose de 16 cellules d'une espèce et de 16 de l'autre.

Après le stade 32 (fig. 62), on constate l'apparition d'un
nouvel ordre de phénomènes : dans les différentes cellules qui
composent ce stade, seules les cellules pentagonales, plus voisines des pôles, ont conservé une forme à peu près arrondie;
les autres, plus rapprochées de l'équateur se sont allongées
dans le sens transversal. Cet allongement augmente à mesure
que les segmentations parallèles à l'équateur deviennent plus
nombreuses, et il en résulte que bientôt ces cellules étant trop
élargies, se segmentent par un sillon perpendiculaire à l'équateur pour produire deux nouvelles cellules juxtaposées. Cette
nouvelle espèce de segmentation se fait d'abord sentir là où
l'élargissement est le plus considérable, c'est-à-dire à égale
distance entre les deux pôles au milieu de l'œuf, puis remonte
insensiblement vers chacun de ces pôles. Les figures 63, 64 et 65,
qui montrent chacune une même moitié de l'œuf vue de face
par l'un des pôles, sont destinées à représenter tout ce processus;
les cellules colorées en noir correspondent exactement à l'une
des moitiés de l'œuf, les cellules laissées en blanc à l'autre
moitié. Des 16 cellules représentées, quatre appartiennent au
premier système de côtes, et quatre autres au second système

(comparez les figures 62 et 63); au centre se trouvent huit cellules pentagonales, et autour de celles-ci une couronne composée de 8 hexagonales alternantes : ces dernières montrent seules l'aspect allongé transversalement, bien visible sur la figure et dont nous avons parlé, et ce sont les seules qui se segmentent. La figure 64 nous montre cette segmentation. A peine produites, chacune des deux cellules juxtaposées qui remplacent la grande cellule allongée glissent l'une sur l'autre de manière à alterner ensemble : les figures 64 et 65 feront bien comprendre ce phénomène. Dès le moment où s'est réalisée cette nouvelle segmentation suivie de l'alternance, l'œuf a pris un aspect qui rappelle, à s'y méprendre, celui d'une *morula ;* des solides construits d'après ces principes, montrent le même aspect d'irrégularité que celle que présente la *Morula*. J'ai représenté dans la figure 66 une *morula* dessinée de manière à rendre le plus exactement que possible ce qui se voit sur la nature; la ressemblance est si frappante, que dans cette figure dessinée de manière à reproduire simplement l'aspect, on peut retrouver la concordance de cellules à une ou deux près. Les chiffres 1, 1, 2, 2 de ces deux figures montrent cette concordance.

Sur la nature, les choses ne se passent pas aussi graduellement que je viens de le décrire, mais le déplacement des cellules allongées dans le sens transversal et leur segmentation se font en même temps; on ne rencontre jamais le stade fig. 64, mais le passage se fait sans interruption entre les stades fig. 63 et 65. On rencontre souvent entre ces deux stades des œufs dans lesquels les cellules de l'équateur ont un aspect allongé dans un sens oblique, comme si deux des cellules (2, 2) du stade fig. 65 étaient encore reliées ensemble, tout en ayant acquis leur place définitive ; dans d'autres cellules, la segmentation se fait plus vite, et ces variations sont pour beaucoup dans l'irrégularité apparente qu'on remarque à cette époque du développement.

Les stades fig. 61 et 62 s'obtiennent ordinairement au bout de douze heures : pour observer les phénomènes qui suivent le stade 32, il est indispensable, sous peine d'observer pendant la nuit, de s'adresser à une autre ponte. Quand le stade fig. 65 s'est enfin produit, l'œuf continue à se segmenter en suivant simultanément les deux processus principaux que nous avons distingués : 1° multiplication des cellules dans le sens longitudinal au moyen de plans parallèles à l'équateur; 2° multiplication dans le sens transversal au moyen de la division des cellules allongées. Plus on avance, du reste, dans le développement, plus l'irrégularité se prononce; néanmoins ces deux processus continuent à constituer la tendance dominante qui préside à la marche de la segmentation.

A côté du mode de groupement véritable tiré du mode de segmentation des cellules en huit séries régulièrement emboîtées les unes dans les autres (fig. 62), on peut imaginer des arrangements fictifs basés sur de simples aspects présentés par l'œuf. De ce nombre est la disposition spiralée : cette dernière peut être utilisée avec avantage pour se faire une idée schématique de la disposition des différentes cellules à la surface de la sphère; on peut, en se plaçant à ce point de vue, opposer cette disposition comme produite (fig. 75) par la rencontre de deux séries de plans spiralés dirigés en sens inverse, à la disposition que j'ai déjà décrite chez les Bryozoaires chilostomes (1) et formée par la rencontre de deux séries de plans droits perpendiculaires l'un à l'autre (fig. 75). Nous avons déjà vu que le *Lineus obscurus* présentait le même mode de segmentation que l'*Amphiporus;* or le *Lineus* possède une blastosphère des plus typiques : le mode de segmentation précédemment décrit est donc le *mode de segmentation de la blastosphère.* Ce fait permettra de juger avec plus de précision qu'on n'aurait pu le faire, jusqu'à quel point les modes de développements analogues à celui des Bryozoaires chilostomes (*Cténophores,* etc.) s'écartent du mode de formation typique de la *gastrula.*

Cette conception tout idéale des plans spiralés est surtout commode en ce qu'elle a l'avantage de rappeler, en même temps

(1) Voy. *Comptes rendus de l'Académie de Paris,* août 1875.

que l'arrangement des cellules à la surface, leur disposition à
l'intérieur autour d'un point central : dans la blastosphère il n'y
a que les *sillons* de segmentation qui soient parallèles ou perpendiculaires à l'équateur; tous les plans de segmentation passent pas le centre de l'œuf. Dans les Bryozoaires chilostomes,
au contraire, les plans eux-mêmes sont tout entiers parallèles
ou perpendiculaires à l'équateur et ne passent pas tous par
le centre de l'œuf. Il résulte de là deux dispositions toutes différentes et qui se trouvent exprimées d'une manière schématique
par les conceptions des plans droits respectivement parallèles
les uns aux autres et des deux séries de plans spiralés dirigés en
sens contraire (fig. 74-75). Le mode de segmentation décrit par
Van Beneden chez le *Gammarus Locusta* (1) se rapproche du second mode (blastosphère typique) par le mode d'apparition des
sillons de segmentation et la disposition des cellules à la surface; il s'en écarte par l'absence de rotation après le stade 8, et
par le fait que les plans de segmentation sont tout entiers parallèles ou perpendiculaires à l'équateur : il peut donc, dans une
certaine mesure, être considéré comme intermédiaire entre les
deux modes.

Néanmoins il ne faut pas perdre de vue que ce qui vient
d'être dit constitue simplement un moyen d'exprimer sous une
forme brève et frappante, les deux dispositions essentielles que
présente la Blastosphère (*blastosphère typique*, fig. 74, et *blastosphère des Bryozoaires chilostomes*, fig. 75), et nullement
comme correspondant à quelque chose de réel : à ce point de
vue, il faudrait combattre au contraire la disposition spiralée.
Pringsheim (2) avait déjà décrit, à propos des végétaux, des
cas dans lesquels la disposition spiralée des cellules de la tige
ne correspondait nullement avec l'arrangement véritable déduit
du mode de segmentation; mes observations sur le mode de
formation de la blastosphère viennent appuyer cette manière
de voir, et montrent un des exemples les plus frappants, et pro-

____

(1) Ed. Van Beneden, *Recherches sur le blastoderme des Crustacés.*
(2) *Zur Morphologie der* Salvinia natans (*Jahrb. für wiss. Botanik*, III,
1863).

bablement des plus généraux (1) qu'on puisse rencontrer, de disposition spiralée produite par segmentation de quatre séries alternantes.

En ce qui concerne l'étude spéciale de l'embryologie des Némertiens, nous voyons que le mode de formation de la *morula* chez ces animaux modifie forcément l'idée qu'on doit se faire de ce stade. D'après les idées exprimées explicitement par Metschnikoff et Mac-Intosh, et admises implicitement par tous les auteurs, les éléments qui résultent de la segmentation *s'arrondissent*, glissent les uns sur les autres, et s'arrangent en une masse compacte dans laquelle certaines cellules occupent le centre, et d'autres la périphérie, sans qu'il y ait entre elles aucune limite nettement tranchée. La segmentation sans cesse répétée de ces premières sphères vitellines donne bientôt naissance à une masse cellulaire homogène qui est la *morula :* on aurait ainsi une véritable pénétration d'éléments cellulaires à l'intérieur de l'œuf, comme dans l'épibolie, avec cette seule différence que les éléments invaginés, au lieu de former un feuillet spécial, ne sont pas distincts des cellules superficielles.

Mes observations montrent que chez les Némertes (et probablement dans le règne animal tout entier) il n'en est pas ainsi : les cellules qui composent le stade 8 forment les huit faces d'un octaèdre, et le reste de la segmentation consiste simplement dans la division des faces de cet octaèdre. Il y a multiplication des faces du solide, mais jamais aucune de ces faces, ou des cellules qui en tiennent la place, ne quitte la surface pour s'enfoncer à l'intérieur; il ne peut y avoir par conséquent (et l'observation directe m'a confirmé ce résultat) aucune cellule incluse dans l'intérieur de l'œuf, si ce n'est par un processus de délamination, amenant la division en deux de toutes les cellules à la fois et produisant ainsi une *perigastrula*. Pour moi, l'ancien stade *morula* des Némertes correspond simplement à une blastosphère. Dernièrement, Van Beneden a ramené la *morula* des

(1) Presque toutes les fois qu'il se forme une sphère ou un corps ellipsoïde, comme un cône de Pin, etc., aussi bien dans le règne végétal que dans le règne animal, la même disposition se reproduit.

Mammifères (1) à l'épibolie ; il me semble douteux, en présence de ces faits, que des cas analogues à ceux que décrivent Metschnikoff et Mac-Intosh existent dans aucun groupe du règne animal, et il est probable que l'ancienne *morula* ainsi entendue ne se trouve en réalité jamais réalisée.

Reprenons la segmentation au point où nous l'avions laissée. La continuation des phénomènes décrits amène bientôt la formation d'un nombre indéfini de cellules, et l'on en arrive aux *morula* à éléments de plus en plus petits. Pendant longtemps on peut encore réussir avec de l'attention à découvrir (fig. 66, 67, 68) à chaque pôle quatre cellules en croix assez distinctes des autres, et entre ces deux groupes une série de plus en plus nombreuse de cellules alternantes ; enfin ces cellules disposées en croix finissent par se perdre elles-mêmes dans la quantité, et l'on ne distingue plus alors qu'une multitude de cellules de plus en plus petites, étroitement serrées les unes contre les autres. La figure 67 représente l'état auquel est arrivé l'œuf après vingt-quatre heures.

La première moitié du second jour est occupé tout entière par un processus d'une grande importance et dont les quatre figures 69, 70, 71, 72, nous représentent des états plus ou moins avancés. Il se forme à la surface de l'œuf une dépression peu étendue qui s'approfondit bientôt de plus en plus, et se transforme en une ouverture largement béante à contours irréguliers et qui présente l'aspect figuré fig. 69 et 70. Cette invagination n'est jamais bien profonde ; elle n'a qu'une faible étendue, et se reconnaît sans aucun doute comme un reste de l'invagination si nette de la *gastrula* décrite chez le *Lineus*.

Dieck et Hubrecht sont les seuls auteurs qui aient jamais fait mention d'une semblable invagination chez un type à développement simple (*Cephalothrix*); l'aspect qu'ils figurent concorde assez bien avec celui que je représente, mais l'interprétation ainsi que la description de l'évolution intérieure de cette inva-

(1) Ed. Van Beneden, *La maturation, la fécondation et les premières phases du développement embryonnaire des Mammifères, d'après le Lapin* (*Bulletin de l'Académie de Belgique*, 2ᵉ série, 1875, t. XL, n° 12).

gination diffèrent d'une manière fondamentale. Hubrecht ne
la suit pas au delà de sa formation. Dieck ne la considère que
comme une simple invagination transitoire qui ne donne naissance à aucun des organes du Némerte futur; selon lui, elle ne
se referme pas, mais disparaît en s'atténuant de plus en plus,
jusqu'à ce qu'elle soit venue se remettre au même niveau que le
reste de la peau. D'après lui, cette invagination est peut-être
un reste de l'invagination du *Pilidium*, mais elle ne joue plus
le même rôle.

Mes observations m'empêchent d'admettre cette manière
de voir. Dans l'*Amphiporus*, j'ai toujours vu l'invagination
se rétrécir peu à peu (fig. 71, 72) et finir (fig. 73) par se refer-
mer au-dessus de la portion invaginée, ne laissant apparaître
à l'extérieur qu'un point sombre (fig. 73) qui deviendra la
bouche du Némerte futur. La série de figures déjà citée indique
les états successifs présentés par la *gastrula*; la figure 71
montre la forme de l'œuf vu de profil à ce stade. Selon moi,
l'invagination n'a qu'une faible étendue; elle est très-peu profonde et la portion invaginée ne peut être que très-petite, mais
je ne puis conserver de doutes relativement à son existence.

Ces différents aspects que j'ai représentés (fig. 69 à 73) ne
sont bien visibles qu'à la lumière réfléchie. On peut, pour
rendre l'étude moins difficile, user du procédé déjà mis en
usage pour la segmentation, et ajouter à l'eau dans laquelle se
trouve placé l'œuf quelques traces de glycérine; cette dernière, ajoutée en très-faible proportion, contracte légèrement
les cellules et rend les interstices beaucoup plus nets. C'est là le
moyen dont je me servais généralement pour étudier les phénomènes à la lumière réfléchie; l'addition de très-faibles quan-
tités de glycérine ne peut avoir aucun resultat fâcheux. Néanmoins j'ai tenu à vérifier par l'observation directe sans réactifs,
sur des œufs bien frais, tout ce que j'avais appris de cette façon;
les résultats se sont toujours montrés parfaitement concordants. Tous les œufs que j'ai examinés entre la vingt-quatrième
et la trente-sixième heure, quelle que fût la ponte à laquelle ils
appartenaient, m'ont constamment montré cette invagination

avec les mêmes caractères, et l'on ne peut manquer de la revoir en se conformant exactement à ces indications de temps.

Pendant que s'effectuait cette invagination, l'œuf continuait à se segmenter, et les sphères vitellines devenaient graduellement de plus en plus petites. Dans la seconde moitié du deuxième jour (fig. 73), elles étaient devenues assez petites pour présenter l'aspect d'un *épithélium;* l'œuf avait repris son aspect presque lisse et ressemblait déjà, à l'observation superficielle, à ce qu'il était au moment de la ponte : c'est à ce moment que j'ai vu apparaître les cils vibratiles, et la rotation commencer à l'intérieur de l'œuf.

A la fin du second jour, l'œuf s'est transformé en une sphère ciliée à paroi composée de petits éléments (fig. 73) ; les phénomènes qui s'effectuent ensuite à partir de ce stade concernent uniquement les parties internes ; l'œuf ne subit plus dans son aspect extérieur aucun changement et reste semblable au stade représenté figure 73. Vers le septième jour on commence à en voir changer visiblement la forme : il devient allongé, puis les mouvements cessent de s'opérer uniquement par l'intermédiaire des cils vibratiles ; la substance du corps devient contractile, et l'embryon commence à éprouver des mouvements amœboïdes. Enfin le huitième jour, sans que l'embryon paraisse s'être accru d'une manière sensible, on commence à reconnaître, à sa forme allongée, à ses mouvements de reptation, un jeune Némerte presque formé. Le neuvième jour a lieu l'éclosion. Cette dernière partie de la description est, comme on le voit, très-peu instructive : c'est qu'en effet, à partir du second jour, l'étude des phénomènes externes ne peut plus être d'aucun secours à l'embryologie ; nous n'insisterons donc pas davantage sur ce sujet, nous en viendrons tout de suite aux phénomènes internes.

*b.* **Formation des feuillets.**

L'étude de la segmentation vient de nous apprendre qu'aucun des éléments cellulaires de l'œuf ne quitte la surface, et que, par conséquent, nous ne devions pas nous attendre à trouver

dans son intérieur de sphères vitellines recouvertes par celles
de la périphérie; l'observation directe confirme ce résultat.
L'étude par transparence au moyen du mélange de carmin et
de glycérine nous montre que chacun des éléments dont nous
avons dans ce qui précède étudié la disposition à la périphérie
constitue la base d'une longue pyramide dont le sommet se
trouve au centre de l'œuf; dès le stade huit (fig. 76), les cellules
ont acquis cet aspect de pyramides vitellines, et les segmentations ont, à partir de ce stade, pour unique effet, d'augmenter
le nombre de ces pyramides. C'est par une suite naturelle de
ce processus que se trouve produit l'aspect radiaire que j'ai
représenté dans les diverses figures de la planche 6.

Les trois figures 77, 78, 79, montrent des coupes optiques,
faites d'après le procédé indiqué plus haut, des stades fig. 65,
67 et 68 de la planche précédente. On voit que toutes les cellules dont nous avons étudié la disposition à la périphérie ont
leur sommet au centre, et que, bien loin de constituer, comme
on l'avait cru jusqu'ici, des *masses pleines de cellules arrondies
disposées au hasard*, les œufs sont composés d'une seule couche
de cellules allongées à disposition radiaire. Il arrive souvent
qu'entre les trois stades (fig. 77, 78 et 79), on constate l'apparition, au point de réunion de toutes les cellules, d'une petite
cavité centrale (fig. 78 *cs*). Cette cavité correspond évidemment à la cavité centrale de la blastosphère, et il suffira de
se reporter aux premiers stades du *Lineus* et même du *Pilidium*,
pour rencontrer un état complétement identique. La figure 7,
pl. 1, nous montre un stade du *Lineus obscurus* entièrement
comparable à ceux que nous trouvons chez notre *Amphiporus*;
nous pouvons donc admettre l'identité dans le point de départ
du développement.

Les phénomènes qui suivent ne concordent plus de la même
manière : tandis que, chez le *Lineus*, la cavité centrale située
au point de convergence de toutes les cellules s'accroît rapidement et finit par devenir (pl. 1, fig. 9 et 10) une spacieuse
cavité autour de laquelle les pyramides vitellines ne sont plus
réduites qu'à de petites cellules constituant par leur réunion

une simple lame cellulaire, la même cavité demeure au contraire, chez l'*Amphiporus*, à l'état rudimentaire, et pendant ce temps il s'effectue un phénomène d'une autre nature : les cellules radiaires conservent leur volume primitif, mais leur partie interne se charge peu à peu d'éléments deutoplasmiques; la cavité de segmentation, qui d'abord a existé à l'état rudimentaire, ne persiste jamais, mais se trouve rapidement comblée par ces éléments deutoplasmiques. Si l'on examine l'œuf un peu près au stade 8 (fig. 76), après l'avoir traité par le mélange de carmin et de glycérine, on constate que les pyramides vitellines (fig. 76) possèdent encore dans leur partie interne un aspect homogène ; à la périphérie on distingue toujours l'enveloppe plus sombre, qui, sous l'action du réactif, se détache souvent en une couche continue fortement colorée. Au dedans de cette enveloppe plus sombre la partie protoplasmique proprement dite des cellules contenant le noyau a encore un aspect parfaitement homogène. Au stade 32 (fig. 77), on commence à constater l'apparition du phénomène important : la partie interne des cellules radiaires éprouve graduellement un changement de nature ; elle se ramollit et devient plus pâle, les limites des pyramides vitellines se confondent entre elles, et il se forme ainsi une tache blanche d'aspect homogène, située au centre de l'œuf et provenant de la dégénérescence de la portion interne des cellules radiaires. Au stade suivant (fig. 78), cette modification est devenue très-visible, chaque cellule se montre distinctement composée de trois parties concentriques : l'externe, plus obscure, qui fait partie de l'enveloppe obscure de l'œuf; la moyenne, plus pâle, qui provient de la portion essentielle, protoplasmique de la cellule; enfin l'interne, qui présente un aspect blanchâtre, et provient de la modification de la précédente. En ajoutant au mélange de glycérine une assez forte proportion de teinture de carmin, on peut arriver à obtenir cet aspect sans que les noyaux cessent d'être visibles, et alors on constate qu'ils se trouvent situés dans la partie moyenne (fig. 78) de chacune des cellules. Cette structure des pyramides vitellines produit dans l'ensemble de l'œuf une alternance de

zones de plus en plus foncées à mesure qu'on s'approche de la
périphérie ; la masse interne résultant de la dégénérescence de
la portion interne des cellules radiaires apparaît constamment
comme une tache blanchâtre *mes*, dans laquelle ne se prolongent plus les lignes de séparation des pyramides entre elles,
mais qui néanmoins n'est encore séparée de ces pyramides par
aucune ligne de démarcation nettement tranchée. Au stade
fig. 79, cette masse blanche interne a gagné en étendue, mais
sans changer en rien ses différents caractères. Nous avons évidemment ici un processus identique à celui qui a déjà été décrit
tant de fois dans diverses classes du règne animal : c'est la
*periblastula* de Hæckel, résultant, comme Van Beneden l'a si
bien décrit chez les Crustacés (1), d'une accumulation des
éléments deutoplasmiques à l'intérieur de l'œuf. Mais ici ces
éléments deutoplasmiques ont un caractère tout à fait spécial :
au lieu de se présenter, comme d'ordinaire, sous forme d'une
masse *opaque* et réfringente de globules graisseux, facilement
visible à travers les parties périphériques plus pâles, ils se présentent au contraire sous forme d'une tache blanche *extrêmement homogène*, et dans laquelle on ne peut même distinguer
aucune granulation ; elle forme la partie la moins opaque de
l'œuf et se trouve recouverte par deux couches beaucoup plus
obscures. Ce fait que les éléments sont de plus en plus opaques
à mesure qu'on s'approche de la périphérie, diffère de ce qui se
voit ordinairement, et entre pour beaucoup dans les grandes
difficultés que présente l'étude de ces stades : le mélange de
carmin et de glycérine fait cependant apparaître la masse interne
avec netteté ; on peut même l'isoler par compression, et alors
elle se présente sous forme d'une masse assez consistante, légèrement visqueuse, et qu'on ne peut mieux comparer, pour l'aspect et la consistance, qu'au vitellus nutritif des jeunes Cépha-
lopodes.

Les quatre figures dont je viens de parler (fig. 76 à 79) représentent, sauf la dernière, des stades appartenant au premier

_______

(1) Ed. Van Beneden, *Recherches sur le blastoderme des Crustacés.*

jour du développement : les deux premiers s'accomplissent
pendant les douze premières heures, le troisième pendant les
douze secondes, et le quatrième un peu après, au début du
second jour. La figure 80 représente l'aspect que présente l'œuf
vu par transparence à une époque un peu plus avancée de la
première moitié du second jour : les cellules radiaires ont augmenté en nombre ; la masse blanche centrale a encore gagné
en étendue ; enfin, la cavité de segmentation, dont on pouvait
parfois, dans les stades qui précèdent (fig. 78), distinguer
des traces, a maintenant disparu d'une manière complète par
suite du développement de la masse deutoplasmique et de
l'invagination de la *gastrula*. Cette dernière, bien que toujours
présente à ce stade, est difficile à voir en coupe optique ; elle se
manifeste néanmoins quelquefois par la présence d'éléments
figurés spéciaux (fig. 80 *end*), visibles au milieu de la masse de
deutoplasme, et qui représentent les cellules invaginées. Au
début de l'invagination de la *gastrula*, la portion invaginée qui
représente l'endoderme n'est d'abord visible, dans une coupe optique, que par les éléments cellulaires qui la composent (fig. 80);
mais plus tard, à mesure que l'invagination se circonscrit davantage, on commence à la distinguer de mieux en mieux sous
forme d'une cavité à contours plus prononcés (fig. 81 *end*), et
qui apparaît comme une tache opaque au milieu de la substance
plus pâle du deutoplasme, tandis qu'au contraire les éléments
cellulaires qui en composent la paroi deviennent graduellement
de moins en moins visibles. Vers le troisième jour, toute trace
des éléments cellulaires endodermiques a disparu : ils se sont
confondus avec le deutoplasme ; seule la cavité d'invagination CD
demeure encore visible, mais réduite à des dimensions extrêmement petites, qui rappellent celles de la cavité de segmentation
du stade fig. 78. Enfin, cette cavité disparaît elle-même, et
l'embryon revient tout à fait à sa structure primitive, celle que
représente la figure 79, avec couche externe et masse interne ;
seulement la signification de cette dernière est entièrement
changée.

La figure 81 représente un œuf arrivé au stade de la figure 72 :

les cellules radiaires sont maintenant, par suite de la multiplication cellulaire, devenues très-étroites, sans cesser de conserver leur forme allongée; leur ensemble prend davantage l'aspect d'une couche cellulaire d'une très-grande épaisseur; enfin, la masse blanche interne, plus visible encore qu'aux stades précédents, commence à prendre un aspect de plus en plus nettement circonscrit. Au troisième jour (fig. 82), on constate la séparation entre la masse de deutoplasme et les cellules radiaires par une ligne de démarcation plus nettement accusée; l'œuf se compose alors d'une masse interne (fig. 82 *mes*) renfermant dans son milieu la petite cavité (C D), et d'une couche périphérique composée d'un grand nombre de cellules allongées, et possédant encore une épaisseur considérable. La zone obscure de l'œuf est toujours visible (fig. 82-83) et divise l'épaisse couche cellulaire périphérique en deux parties distinctes, mais elle commence déjà à devenir moins nette que précédemment et manifeste une tendance à la fusion complète avec la zone suivante; cette fusion s'accentue ensuite de plus en plus, et bientôt, à mesure que la couche cellulaire périphérique diminue en épaisseur, ces deux zones arrivent à se confondre en une seule.

Il arrive fréquemment, dans le cours de ces phénomènes, que les trois zones de l'œuf (enveloppe externe opaque, zone moyenne à noyaux, et masse blanche interne) n'apparaissent que successivement sous l'influence du réactif; souvent la zone périphérique se sépare d'abord, et la portion interne n'apparaît que plus tard, quand le réactif a suffisamment pénétré dans l'intérieur de l'œuf. Ces couches, qui s'isolent successivement, prennent, vers les stades 82 et 83, l'aspect d'autant de couches réellement distinctes, et feraient croire à la présence de véritables feuillets; il importe de se prémunir contre ces chances d'erreurs et de bien veiller à laisser agir le réactif d'une manière complète, avant de se livrer à l'observation. Les seules parties réellement nées par délamination ne sont en somme qu'au nombre de deux : le feuillet externe (exoderme, *ex*) et la masse interne de deutoplasme (*mes*). Il n'est pas sans intérêt de faire la remarque que, bien qu'il y ait ici une véritable *peri-gastrula* dans le sens de Hæckel, la masse interne formée ne correspond pas du tout au feuillet interne (endoderme), mais bien plutôt au mésoderme.

A côté des figures précédemment expliquées, dessinées la plupart à la chambre claire, et qui expriment les aspects que présente la nature, j'ai ajouté (fig. 88 à 91) des figures théoriques destinées à bien faire comprendre la manière dont je conçois l'arrangement des feuillets dans l'embryologie de l'*Amphiporus* ; j'y ai négligé à dessein la zone opaque périphérique, qui n'a pas d'importance à ce point de vue. La figure 88 serait une coupe de profil de la *gastrula* des figures 69 à 72 ; la figure 89, la même *gastrula*, après pénétration complète des éléments superficiels au centre de l'œuf ; enfin, la figure 90, le stade résultant de la fusion des éléments invaginés avec la masse de deutoplasme. La fente située dans les deux premières figures, au milieu de la masse blanche interne, indique la place où avait commencé à se former la cavité de segmentation. Un simple coup d'œil jeté sur ces figures suffira pour montrer la signification que l'on doit ajouter aux différentes parties jusqu'ici décrites : le tout se ramène à la *gastrula* par invagination, dont nous avons constaté la présence d'une manière bien nette. La masse de deutoplasme née par délamination de la couche externe sur tout son pourtour représente le feuillet moyen ; l'épaisse couche épithéliale qui l'entoure, l'exoderme ; enfin, la petite portion invaginée, l'endoderme. Le feuillet moyen et l'endoderme, d'abord bien distincts, se confondent ensuite en une masse unique (fig. 83 et 90 M) qui occupe d'une manière complète tout le centre de l'œuf. L'embryon, arrivé à la fin de cette période, doit être considéré comme formé d'une couche périphérique, qui est l'exoderme, et d'une masse interne, qui représente la réunion de l'endoderme et du mésoderme. Ce stade important indique la fin de la période de formation des feuillets. La masse interne a conservé, après sa fusion avec l'endoderme, les mêmes caractères ; elle est toujours remarquable par sa transparence et par son

homogénité parfaites. Lorsqu'on examine l'œuf à ce stade sous
simple pression et sans réactifs, cette masse se laisse traverser
en tous sens par l'œil de l'observateur, et l'œuf paraît composé
d'une épaisse couche de cellules allongées (exoderme) qui entourent un espace hyalin vaguement délimité. Seul, le mélange de carmin et de glycérine peut faire apparaître cette
masse interne avec netteté.

c. Formation du Némerte.

Les phénomènes qui, à partir du stade fig. 83, amènent la
production du jeune Némerte, consistent simplement en une
différenciation de la masse interne qu'accompagne l'amincissement graduel de la membrane exodermique. On ne tarde
pas à découvrir, en examinant l'embryon à l'aide du mélange
de carmin et de glycérine pendant les jours qui suivent la formation complète des feuillets, que cette masse interne, jusqu'ici parfaitement homogène, commence à éprouver des modifications : il se dépose vers le centre des granules opaques
nés dans l'intérieur même du deutoplasme, et qui forment
deux taches sombres au milieu de la masse blanche. Dans le
cours du cinquième jour on obtient l'aspect représenté dans
la figure 85. Le jour suivant (fig. 86), les granules opaques ont
augmenté en nombre et se sont disposés de manière à esquisser
déjà au milieu d'une masse encore complétement amorphe
tous les traits principaux de l'organisation ; on remarque à la
partie antérieure une tache obscure, et vers la partie postérieure deux traînées obscures allongées, qui séparent des parties latérales restées blanches un espace médian (tr) qui
deviendra la trompe.

Jusqu'ici les modifications éprouvées par la masse centrale
de deutoplasme ne consistent encore que dans la formation des
granules opaques ; les différentes parties déjà indiquées dans la
figure 86 par la disposition de ces granules ne subsistent pas
encore à l'état d'organes bien circonscrits, mais l'ensemble
consiste encore en une masse continue, semi-liquide, transparente, au milieu de laquelle les granules graisseux ne font qu'in-

16

diquer une disposition non encore réalisée. Le septième jour
(fig. 87) paraît plus spécialement employé à la division de cette
masse blanche homogène en organes distincts ; elle vient pour
ainsi dire se condenser autour de chacun des organes indiqués
au stade précédent par la disposition des granules opaques, de
façon à transformer chacun d'eux en une partie spéciale, distincte des parties voisines. Les granules opaques augmentent en
grosseur et en quantité ; ils constituent bientôt à la partie postérieure du corps un amas considérable *gi*, qui entoure la trompe
et donnera naissance au tube digestif ; de plus, la tache sombre
qu'ils constituaient à la partie antérieure est devenue plus
nette et peut se reconnaître avec certitude (fig. 87 *cp*). Les
parties claires peuvent enfin se répartir en différents systèmes
d'organes. En un mot, la masse blanche qui résultait de la
fusion de l'endoderme et du mésoderme s'est de nouveau différenciée pendant les différents stades que nous venons de passer
en revue, en éléments graisseux fortement opaques, destinés
à former le tube digestif, et en éléments plus clairs qui donneront naissance à la musculature. Les deux feuillets un moment
réunis se sont de nouveau séparés ; les parties plus claires
paraissent, au septième jour (fig. 87), composées de deux
épaississements (*rf*) assez considérables placés entre les deux
amas de granules opaques. Ces épaississements se prolongent
en une mince couche tout le long de la paroi interne du feuillet
épithélial ; derrière eux se trouve le tube renflé qui formera la
trompe (*tr*). Ces mêmes parties claires, dont la disposition
accuse déjà, vers le septième jour, la formation des différentes
parties de la musculature, éprouvent à leur tour, pendant le
huitième jour, de très-grands changements dans leur structure
histologique : au milieu de la masse blanche homogène commencent à apparaître (fig. 87) des noyaux qui bientôt s'accroissent, deviennent plus nombreux, s'entourent de protoplasme,
et finissent (fig. 84) par transformer les portions primitivement
homogènes en tissus formés d'une multitude de petites cellules
réfringentes assez peu régulières et disposées sans ordre les unes
à côté des autres, à peu près comme au stade fig. 39 de l'em-

bryologie du *Lineus obscurus*. Cette modification de structure
donne aux différentes parties ainsi constituées un aspect plus
opaque que précédemment : ce sont ces petites cellules, analogues à celles qui, chez le *Lineus*, résultaient du morcellement
des cellules du blastoderme qui, en se réunissant entre elles
et en changeant de nature, donneront naissance aux fibres
musculaires. Il n'est pas douteux qu'à partir du stade fig. 83,
ces différents éléments histologiques se forment directement
aux dépens de la masse interne de protoplasme (1).

Aussitôt que les organes d'abord vaguement indiqués par le
dépôt des granules opaques ont commencé (fig. 87) à se condenser en organes nettement circonscrits (sixième et septième
jour), et que débute la différenciation histologique que nous
venons de décrire, commencent à apparaître au milieu de la
masse protoplasmique qui constitue ces organes les granules
pigmentaires qui donnent naissance aux points oculiformes :
ils existent déjà très-faiblement marqués au stade fig. 87. Les
diverses parties de la musculature, dont nous avions déjà expliqué la disposition générale au stade fig. 87, deviennent plus
nettes après la différenciation histologique de leur tissu (fig. 84);
les deux taches opaques formées par les granules opaques
apparaissent distinctement (surtout la postérieure) comme deux
cavités (*cp* et *cm*) remplies de globules graisseux *gi* et séparées
par les deux renflements *rf* qui se prolongent en avant et en
arrière en une lame mince qui constituera la couche musculaire de la paroi du corps et entoure les deux cavités *cp* et *cm* :
au milieu des globules graisseux *gi* de la partie postérieure
se trouve la trompe, plus nettement délimitée qu'au stade
précédent.

L'apparition graduelle de ces différentes parties montre que
la trompe et les deux renflements *rf* semblent constituer ici les
parties essentielles de la musculature : ce sont celles qui appa-

______

(1) Ainsi que je l'ai déjà dit dans ce qui précède, cette masse interne n'offre
pas du tout les caractères ordinaires d'un amas de deutoplasme ; je ne l'ai souvent désignée ainsi, dans ce qui précède, que pour faire allusion à son mode de
formation.

raissent tout d'abord dans l'embryologie. Un coup d'œil jeté sur les stades des figures 86 et 87 fera en outre reconnaître sans difficulté chacune des cavités remplies de granules et de globules graisseux, séparées l'une de l'autre par les deux renflements (*rf*), comme constituant : l'antérieure (*cp*), la *cavité prostomiale;* l'autre (*cm*), la *cavité métastomiale;* les renflements qui les séparent constituent une cloison analogue à celle que formaient, chez le *Lineus*, les organes latéraux réunis, d'une part à l'œsophage, et de l'autre à la peau. La suite du développement apportera, du reste, à cet aperçu, d'importants compléments.

La figure 84 (8° jour) représente le dernier stade avant l'éclosion. Nous avons déjà décrit, dans ce qui précède, la plupart des changements qui s'y sont produits. Ils consistent surtout dans l'aspect de mieux en mieux circonscrit des différents organes, et dans la structure devenue cellulaire des portions qui formeront les parties musculaires; la trompe y est déjà creusée d'une cavité, et de plus, la couche musculaire qui, au stade précédent (fig. 86), se trouvait réduite à de simples prolongements en avant et en arrière des renflements (*rf*), apparaît maintenant sous forme d'une couche continue mieux circonscrite que précédemment. Les points oculiformes sont aussi devenus beaucoup plus visibles.

A mesure qu'on s'approche du stade représenté dans la figure 84, l'action du réactif devient (par suite de la différenciation histologique) de moins en moins utile : la masse interne, auparavant complétement transparente, s'est chargée, comme nous l'avons vu, d'éléments opaques; ces derniers sont visibles à travers la couche externe, et il devient alors possible, entre le septième et le huitième jour, de distinguer quelque chose par simple compression. Mais, d'un autre côté, l'œuf commence à perdre l'aspect arrondi qu'il possédait jusqu'alors, et il devient indispensable, pour bien l'étudier, de le débarrasser des membranes anhistes qui l'entourent. Mes dernières figures ont toutes été faites sur des embryons ainsi dégagés.

En même temps que s'effectuent ces phénomènes dans la

masse interne du stade fig. 83, l'épaisse couche périphérique
qui représente l'exoderme continue à s'amincir d'une manière
graduelle (fig. 83, 85, 86, 87) ; elle s'amoindrit de plus en plus
à mesure que la masse interne gagne en importance : au stade
fig. 84, elle n'apparaît plus que comme une simple couche de
revêtement recouvrant le Némerte formé à son intérieur, et
prend déjà très-visiblement tous les caractères d'un épithélium.
Cet aspect s'accentue encore dans les stades qui suivent
(fig. 92, 93) ; la couche de longues cellules radiaires, si épaisse
encore fig. 82, est simplement destinée à fournir l'épiderme du
Némerte. A mesure que cette couche entière perd en épaisseur,
les deux zones claire et obscure qui la constituaient se fusionnent
entre elles, et bientôt on n'en découvre plus aucune espèce de
trace. Il arrive souvent que vers les stades fig. 86, 87, c'est-à-
dire à l'époque où s'effectue cette fusion, on remarque un commencement de dégénérescence de la partie superficielle de
quelques-unes des cellules de la paroi ; il se produit entre l'embryon et la membrane vitelline un amas d'éléments irréguliers,
opaques, analogues à ceux que Dieck a décrits chez le *Cephalothrix* comme résultant de la segmentation du globule polaire.
Il arrive parfois que cette dégénérescence se fait sur une surface
assez étendue, et rappelle alors jusqu'à un certain point le phénomène de la chute de la peau. On pourrait considérer ce phénomène comme lié à la disparition de la zone obscure externe
de l'œuf, et rapporter l'un et l'autre à un dernier reste de l'alternance ; néanmoins je ne puis m'arrêter à cette opinion. Bien
que se présentant assez fréquemment, ce phénomène me semble
être simplement pathologique. Un grand nombre d'embryons
le présentent, il est vrai, sans que leur développement ultérieur
en paraisse altéré ; mais les embryons dont le développement
est le plus rapide, c'est-à-dire ceux chez lesquels il semble s'effectuer avec la plus grande régularité, ne nous montrent jamais
rien de semblable : la disparition de la division en deux zones
s'y effectue simplement par fusion graduelle, accompagnant la
diminution en épaisseur de la couche entière.

Le fait essentiel de cette période de formation du Némerte

consiste surtout (fig. 91) dans la différenciation de la masse interne. L'ensemble du développement interne de l'œuf se résume donc à trois faits : 1° formation des trois feuillets (fig. 88 et 89) ; 2° fusion des feuillets interne et moyen en une masse unique (fig. 90) ; 3° enfin, différenciation nouvelle de cette masse unique en éléments musculaires et en éléments graisseux qui forment l'intestin (fig. 91).

*d.* Achèvement du Némerte.

L'époque que je viens d'assigner pour l'éclosion du Némerte (8° jour) diffère sensiblement de celle indiquée par Mac-Intosh (12° au 14° jour) ; cela tient à ce que ce dernier a pris la moyenne, tandis que j'ai basé ici ma description sur les exemplaires dont le développement est le plus rapide. L'époque de la sortie de l'œuf varie en effet beaucoup pour les embryons d'une même ponte : le développement peut se faire avec plus ou moins de rapidité, la rupture de la membrane vitelline s'effectuer plus ou moins vite, et sur une seule ponte on peut ordinairement constater des éclosions pendant plusieurs jours (du 8° au 15° environ). On saura, pour l'étude des différents stades, que mes descriptions ont toujours eu rapport aux embryons dont le développement est le plus rapide.

Peu de temps après l'éclosion, la masse de petites cellules qui constituait les rudiments de la musculature se différencie en éléments musculaires ; toute la masse s'éclaircit d'une manière sensible, et les tissus commencent à acquérir leur aspect définitif (fig. 92). Le stade fig. 92 constitue, comme les stades fig. 43, 44, 45 du *Lineus obscurus*, un Némerte déjà tout formé, avec éléments histologiques aptes à exercer leurs fonctions physiologiques, et qui n'a plus besoin, pour arriver à l'état adulte, que de subir un perfectionnement insensible de ses différentes parties.

La structure du Némerte au stade fig. 92 est à peu près la même qu'au stade décrit fig. 84, mais les différentes parties y sont, par suite de l'achèvement de la différenciation histologique, devenues beaucoup plus nettes. La tache sombre anté-

rieure se montre maintenant distinctement sous forme d'une
large cavité ; la cavité céphalique ou prostomiale, et les parois
musculaires du corps, se sont épaissies en avant de cette
cavité, sous les points oculiformes, en deux petits renflements DP (lames prostomiales), qui s'étendent de chaque côté
jusqu'aux fossettes latérales (*fl*) récemment formées par invagination de l'épithélium. A la partie postérieure se trouve la
spacieuse cavité métastomiale remplie d'une masse compacte de
globules graisseux (*gi*) destinés à donner naissance à l'intestin,
et au milieu desquels se trouve suspendue la trompe fortement
renflée : cette cavité métastomiale est limitée, sur tout son
pourtour, par une mince paroi musculaire (lames métastomiales) ; enfin, entre les deux cavités (prostomiale et métastomiale) se trouve l'épaisse cloison constituée par les deux renflements musculaires (*rf*) dont nous avons décrit la formation
précoce, et qui portent déjà une seconde paire de points oculiformes. En examinant avec attention, on constate déjà dès ce
stade des traces d'une différenciation de cette épaisse cloison
en différentes parties (ganglions nerveux, organes latéraux),
mais ces divisions n'apparaissent avec netteté qu'au stade suivant. La trompe, qui, dans toute la partie métastomiale, possède
une largeur si considérable, diminue brusquement de volume
en approchant de la cloison constituée par les renflements musculaires *rf;* elle se réduit à un mince filet qui pénètre dans
cette cloison, traverse toute la cavité prostomiale, et va s'attacher à la partie antérieure de la tête, entre les deux petits
renflements musculaires (D P). Cette disposition, maintenant
fort nette, existait d'ailleurs également dans les stades qui précèdent (fig. 86, 87, 84).

La figure 93 nous montre le Némerte un peu plus avancé :
il s'est accru et allongé, sa couche épithéliale a pris une épaisseur de plus en plus faible ; les deux cavités prostomiale et métastomiale sont devenues de plus en plus visibles ; la première
est plus allongée qu'au stade précédent, et les deux petites
masses musculaires (D P) qui la limitaient du côté antérieur se
sont maintenant développées en deux renflements considérables

dans lesquels on reconnaît avec certitude les *lames prostomiales;* entre les deux se trouve le point d'attache de la trompe,
qui s'insère maintenant par une large base (*ps*). Par suite du
développement des masses prostomiales, ce point d'insertion se
trouve maintenant plus écarté de la paroi du corps, et il s'est
formé, comme chez le *Lineus*, une masse musculaire impaire
(*mi*), résultant de la fusion des masses prostomiales, et qui reste
percée, au centre, d'une ouverture pour le passage de la
trompe. La cloison constituée par les renflements musculaires
s'est nettement différenciée en ganglions nerveux (*gn*) situés
à la partie postérieure, et en organes latéraux situés au devant
du système nerveux. La portion métastomiale possède les
mêmes caractères qu'au stade précédent : elle constitue toujours une spacieuse cavité remplie de globules graisseux, seulement la trompe a beaucoup diminué en largeur; elle s'est
allongée dans une proportion correspondante, et ses parois ont
commencé à se différencier. L'œsophage qui, au stade précédent,
était complétement caché par elle, apparaît nettement sous
forme d'une tache blanche située directement sous les ganglions. Nous retrouvons nettement, à partir de ce stade, toutes
les grandes divisions de la musculature distinguées dans l'embryologie du *Lineus obscurus;* nous revoyons, au milieu, notre
ancienne cloison constituée par la réunion des organes latéraux
avec l'œsophage (*ol, œ*) et séparant la cavité du corps en deux
parties distinctes : la cavité prostomiale (*cp*), limitée de chaque
côté par les lames prostomiales (D P), et la cavité métastomiale (*cm*), limitée de chaque côté par les lames métastomiales
(D M). Il y a dans l'ensemble identité complète; seulement les
organes latéraux, au lieu de n'être, comme chez le *Lineus*,
reliés avec l'œsophage que par un mince cordon intermédiaire,
le sont de chaque côté par l'épaisse masse ganglionnaire qui
est venue se former en cet endroit.

Au stade fig. 93, l'épithélium du Némerte a la même structure que celle qu'il possédait au stade fig. 39 chez le *Lineus
obscurus*, c'est-à-dire qu'il se compose d'une couche peu épaisse
de petites cellules épithéliales étroitement serrées les unes

contre les autres. A partir de ce stade, ces cellules commencent
à sécréter entre elles une substance hyaline ; elles s'écartent
les unes des autres, et l'épiderme ne paraît bientôt plus composé que d'une couche continue de matière transparente au
milieu de laquelle se trouvent plongées, de distance en distance,
des cellules grêles ayant l'apparence de bâtonnets ; en un mot,
nous en revenons à l'aspect déjà décrit fig. 45 et 46 chez le
*Lineus obscurus*. A partir de ce point, l'épiderme subit les
mêmes modifications que celles que nous lui avons déjà vues
chez le type de Desor : les éléments cellulaires, réduits à l'aspect
de simples bâtonnets, s'accroissent de nouveau ; ils se gonflent,
s'arrondissent, et finissent par constituer (fig. 96) les grosses
cellules à glaire  qui tapissent la peau du Némerte adulte. Ici,
comme dans le premier cas, nous voyons que ces grosses cellules à glaire dérivent en droite ligne d'un feuillet  d'abord nettement épithélial (fig. 84), qui provient lui-même des cellules
radiaires issues de la segmentation.

A partir du  moment où nous retrouvons (fig. 92, 93) d'une
manière bien nette les grandes divisions de la musculature,
telles que nous les avions distinguées chez le *Lineus*, nous leur
voyons suivre dans les parties essentielles la même évolution
que dans le premier cas : les stades représentés fig. 94, 95 et
96 nous permettent de suivre ces phénomènes d'une manière
complète. Les lames prostomiales dont nous avons déjà constaté la soudure en avant du point d'insertion de la trompe,
pour former une masse musculaire impaire *mi*, comme chez
le *Lineus*, présentent bientôt après à leur partie interne, tout
autour de ce même point d'insertion *ps*, un épaississement *ms*
qui correspond aussi à l'épaississement secondaire du *Lineus*,
et qui commence à restreindre d'une manière notable la cavité
*prostomiale*. En même temps que se développe ce renflement
secondaire, le Némerte tout entier s'allonge et s'amincit ; la
cavité prostomiale, de large qu'elle était d'abord, devient allongée
et se rétrécit de plus en plus, par suite du rapprochement
l'une de l'autre de  ses parois latérales, les lames prostomiales,
qui viennent graduellement occuper de chaque côté une posi-

tion verticale (fig. 96) ; en même temps ces lames s'accroissent en volume ; de plus l'épaississement secondaire s'étend rapidement sur toute leur surface interne jusqu'au point d'insertion des organes latéraux, et la cavité du prostonium se réduit rapidement, par suite de ces différents processus, à un espace restreint qui entoure la partie antérieure de la trompe. Bientôt on arrive à un stade (fig. 95) dans lequel ses dimensions sont à peu près réduites à l'état qu'elles présentent chez les *Anopla* pendant toute la vie : la portion de cavité prostomiale comprise dans l'intérieur des lames prostomiales, et sur les côtés de laquelle se développent chez ces derniers les ganglions nerveux, se trouve presque réduite à l'état de fente parcourue au milieu par la trompe, qui vient s'attacher à son extrémité antérieure. Le stade suivant nous exprime un état de différenciation extrême, qui ne se présente jamais chez les *Anopla* : à force de se rapprocher de la ligne médiane occupée par la trompe, les deux lames prostomiales sont venues s'appliquer contre sa paroi, de manière à faire disparaître complétement les derniers restes de cavité prostomiale ; la soudure en une seule masse compacte, d'abord exprimée seulement sur la partie située au devant de la trompe, *mi*, a fini par gagner complétement la partie postérieure, de sorte que les lames prostomiales ne composent bientôt plus (fig. 96 et 97) qu'une seule masse compacte (masse céphalique des *Enopla*) ; au stade fig. 96, on aperçoit encore le dernier reste de la cavité prostomiale sous forme d'une fente étroite située de chaque côté de la portion antérieure de la trompe (fig. 96 *cp*) ; un peu plus tard (fig. 97), cette séparation n'est plus visible, et il ne reste alors aucune trace de cette cavité.

Les lames métastomiales ne subissent pas d'autres changements que ceux qui résultent naturellement du rétrécissement et de l'allongement du corps tout entier ; le tube musculaire qu'elles constituent, s'allonge graduellement en un long cordon rubané qui forme la paroi du corps du Némerte. Les autres changements qui s'accomplissent dans la portion métastomiale sont tous relatifs à la différenciation du tube digestif et à la formation du reticulum.

Le tube digestif se différencie aux dépens de l'amas graisseux, de la même manière que nous l'avons vu pour le *Lineus* : les globules viennent s'appliquer à la surface interne de la paroi du corps en une couche continue; entre les différents éléments de cette couche apparaît ensuite un protoplasme transparent, essentiellement actif : ce dernier se divisera ensuite en cellules épithéliales, tandis que les globules graisseux se résolvent en granules hépatiques qui remplissent ces cellules; enfin la paroi du tube digestif ainsi formé se détache (fig. 95) de la couche musculaire contre laquelle elle adhérait d'abord, et ainsi prend naissance la cavité générale définitive.

Une petite différence existe cependant entre le mode de différenciation du tube digestif chez l'*Amphiporus* et celui que nous avons décrit chez le *Lineus* : tandis que, dans le premier cas, la formation des concrétions hépatiques, régulièrement disposées, n'arrivait tout à fait que par exception, elle se présente extrêmement souvent, et semble presque être la règle chez l'*Amphiporus*. Les éléments graisseux semblent se transformer d'abord en concrétions qui, par leur disposition régulière, donnent à l'ensemble de la couche l'aspect cellulaire si utile pour reconnaître la véritable structure du tube digestif de l'embryon (fig. 95); ces concrétions se résolvent ensuite elles-mêmes en granules qui se disséminent dans toute la substance des cellules. Il arrive fréquemment qu'on retrouve chez ces embryons les mêmes états de passage entre les concrétions et les granules que ceux que nous avons déjà signalés chez l'adulte (fig. 98 A, B, C).

La formation du reticulum consiste, comme chez le *Lineus*, en deux phénomènes essentiels : la formation de la gaine de la trompe, et celle des fibres qui traversent la cavité générale définitive : ces dernières se forment à l'époque à laquelle la paroi du tube digestif se détache de la couche musculaire du corps; elles sont d'abord disposées sans beaucoup d'ordre, mais prennent un arrangement régulier à la suite de la division du tube

digestif en parties alternativement étroites et renflées (fig. 96).
Je n'ai pu obtenir chez l'*Amphiporus* les mêmes passages graduels jusqu'à l'adulte, que ceux que j'ai décrits chez le
*Lineus;* mais l'apparition dès le stade fig. 96 du processus
essentiel (division du tube digestif en parties alternativement
étroites et renflées) de cloisonnement de la cavité générale ne
peut guère laisser de doute sur la grande analogie du reste
des phénomènes chez ces deux types.

La gaîne de la trompe semble se former ici directement dans
toute la région métastomiale, aux dépens de la masse graisseuse
qui donne aussi naissance au tube digestif. Jusqu'au stade
fig. 93 la trompe se trouve plongée directement au milieu
de la masse de globules graisseux qui l'entourent de toutes
parts; mais bientôt on constate que le liquide de la cavité du
corps, refoulé vers la partie postérieure dans les mouvements
de l'animal, forme autour d'elle une ligne blanchâtre : il faut,
à partir de cette époque, admettre l'existence d'une mince
membrane séparant la trompe de la masse graisseuse. Cette
membrane tubulaire se trouve entourée de toutes parts par
l'amas graisseux, jusqu'au moment où les globules se disposent
en couche continue; elle est alors rejetée tout entière sur la
partie dorsale du futur tube digestif. La partie antérieure de
la gaîne de la trompe se forme dans la cavité prostomiale,
également occupée pendant assez longtemps chez l'*Amphiporus*
par des globules graisseux qui correspondent probablement aux
globules des disques *gl* du *Lineus*. Les figures 93 et 96 montrent les aspects de la gaîne de la trompe aux différents stades :
le fait le plus remarquable est l'absence, chez ce type, de la
mince membrane située à la partie antérieure de l'amas graisseux du *Lineus*, et la formation brusque de la gaîne tout autour
de la trompe, au lieu d'une formation graduelle par accroissement de cet organe, refoulant devant lui la mince membrane
dont nous avons parlé. Cette différence établit jusqu'à un certain point le *Lineus* comme intermédiaire, à ce point de vue,
entre le *Pilidium* et l'*Amphiporus*.

L'œsophage, que nous avons vu apparaître, au stade fig. 93,

sous forme d'une tache blanche, acquiert peu à peu, pendant les stades qui suivent, sa structure histologique définitive : on le voit, vers la partie antérieure, se perdre au milieu de l'épaisse cloison, et il est impossible chez l'embryon de le suivre jusqu'à l'ouverture buccale : l'étude de l'adulte nous apprend, comme l'a du reste très-bien dit Mac-Intosh, qu'il passe au-dessous de cette cloison pour venir déboucher dans une ouverture située plus en avant, dans la partie postérieure de la cavité prostomiale (fig. 97).

Il me reste encore, pour terminer l'étude de l'*Amphiporus*, à étudier d'une manière un peu plus spéciale la formation détaillée de la trompe, qui a toujours spécialement attiré l'attention chez les *Enopla*.

Le premier auteur qui ait tenté de suivre le développement de l'armature de la trompe est Max Schultze : dans son embryologie du *Tetrastemma obscurum*, cet auteur consacre une partie spéciale à cette question ; malheureusement il ne commence ses observations qu'après la formation complète des sacs à stylets latéraux. Dans le plus jeune stade observé par lui, ces sacs se trouvaient déjà bien formés, tandis qu'au contraire, il n'existait encore, du stylet central, que son appareil basilaire, sous forme d'un amas sphérique de granules opaques; dans le stade suivant, cet amas de granules prenait graduellement la forme allongée qu'il possède chez l'adulte; en même temps, Max Schultze prétendit voir des stylets se détacher des sacs latéraux et venir se placer au sommet de cet appareil basilaire. L'auteur allemand considère donc le stylet central comme résultant d'un déplacement des stylets latéraux; ces derniers sont donc des stylets de réserve, destinés à venir remplacer le stylet central : cette vue n'a pas été généralement adoptée. Du reste, cette évolution de l'appareil à stylets a été étudiée par Max Schultze d'une manière indépendante des tissus qui l'environnent, et sa description ne nous donne en réalité sur ce dernier sujet aucun renseignement précis.

Mac-Intosh fait porter plus particulièrement ses études sur la régénération de la trompe dans les individus mutilés ; les figures qu'il nous donne sont aussi toutes postérieures à l'apparition des sacs à stylets latéraux. Il se trouve d'accord avec Max Schultze en ce fait important que les sacs latéraux se forment avant l'appareil central, mais il n'admet pas le déplacement des stylets latéraux vers la partie centrale : d'après lui, les premiers apparaissent dans deux sacs préalablement formés, et la première trace de l'appareil central est, comme le dit Max Schultze, une tache granuleuse qui représente l'appareil basilaire du stylet central. Cet appareil basilaire communique avec la cavité de la portion antérieure dévaginable de la trompe par un étroit canal que Mac-Intosh désigne comme le futur canal du stylet central ; ce stylet résulterait, d'après cela, d'une simple chitinisation des parois de ce canal. Mac-Intosh nous figure avec soin les différentes divisions et cavités de la trompe, malheureusement leur mode de formation lui a échappé ; à l'époque où se trouvent formés les deux sacs latéraux, toutes ces cavités ont déjà acquis leurs dispositions définitives.

J'ai cherché chez l'*Amphiporus*, à suivre la marche des phénomènes dès l'origine. Au début, avant la différenciation histologique (fig. 87), la trompe forme un tube plein à parois d'abord vaguement délimitées ; aussitôt qu'elle commence à apparaître sous forme d'un tube nettement circonscrit (fig. 84), et que la masse homogène qui la formait commence à se différencier en une masse compacte de petites cellules, on la voit se creuser d'une cavité centrale qui consiste surtout, au début dans la grande cavité de la portion dévaginable (fig. 84 $c^1$). Dans la partie postérieure se trouve une seconde cavité ($c^2$) beaucoup plus restreinte que la première, et qui communique avec elle par une portion tubulaire étroite ; elle figure le rudiment commun des cavités du réservoir et de toute la portion glandulaire de la trompe : entre ces deux portions se trouve déjà le renflement (*arm*) sur lequel se développera l'armature de la trompe. Une chose à noter est le faible volume de la partie postérieure de la trompe et de la cavité qu'elle contient ($c^2$), surtout si on la compare au volume considérable de l'antérieure. La future portion dévaginable constitue, aux stades fig. 84 et 92,

la presque totalité de la trompe ; le reste est réduit à la simple
extrémité conique de la partie postérieure.

Au stade fig. 92, sans que rien soit encore notablement
changé dans la disposition que nous venons de décrire, on voit
apparaître les premiers stylets dans le renflement (*arm*) intermédiaire entre les deux cavités. Ces stylets ne m'ont pas paru
se former de la même manière que chez les adultes. Chez
l'adulte, et même chez l'embryon, *après le stade* fig. 92, chacun
d'eux apparaît dans l'intérieur des sacs latéraux sous forme
d'une petite pointe chitineuse née de la paroi d'une poche spéciale formée dans l'un des sacs latéraux ; cette petite pointe
s'accroît de plus en plus, finit par atteindre l'extrémité opposée
de la poche qui la renferme et la perce au sommet ; la membrane de la poche s'affaisse alors sur le stylet, qui s'est ainsi
accru, et ne reste bientôt plus visible que par deux petites
expansions membraneuses qu'on voit subsister un moment à la
base. Les premiers stylets m'ont semblé apparaître d'une manière toute différente : ils se produisent pendant la différenciation histologique sous l'aspect de simples aiguilles chitineuses
(fig. 92) situées au milieu de la masse de tissu qui constitue le
renflement (*arm*) ; ils se forment directement aux dépens de ce
tissu, absolument de la même manière que les spicules qui
apparaissent d'emblée aux dépens de la masse de tissu d'un
embryon d'Éponge ; ce n'est que plus tard qu'une lacune prend
naissance à la place occupée par chacun de ces amas de stylets
pour constituer les deux sacs latéraux. Les stylets ainsi formés
au stade fig. 92 sont difficiles à voir, ils échappent très-facilement
à l'observateur au milieu du tissu opaque et granuleux qui les
environne ; il est nécessaire, pour les apercevoir, de dégager la
trompe et d'étudier cette dernière, ainsi isolée, à l'aide d'une
compression graduelle.

A ce même stade, la cavité qui occupait la partie postérieure
de la trompe commence à se prolonger vers le bas, de façon
à s'accroître en volume et à se diviser d'une manière plus distincte en réservoir et en cavité de la portion glanduleuse ; cette
division n'apparaît cependant avec netteté qu'au stade suivant.

La figure 93 correspond à peu près au stade auquel Max Schultze a commencé ses observations. On y voit nettement la division en réservoir et en cavité de la portion glanduleuse ; les lacunes latérales sont apparues autour des stylets, et l'on voit au milieu le commencement de la tache obscure qui doit former l'appareil basilaire du stylet central. Ce dernier se forme aux dépens d'une masse du tissu qui s'avance dans l'étroite cavité tubulaire du centre, en même temps que les parois de la portion antérieure de la même cavité tubulaire sécrètent le stylet central. La comparaison des figures schématiques 99 A et B aidera à faire saisir ce processus. Au stade 99 A, qui correspond à l'embryon de la figure 84, le renflement sur lequel naîtra l'armature se présente sous forme d'un simple renflement annulaire de la paroi de la trompe ; la cavité centrale, restreinte par ce développement exagéré de la paroi, a conservé la forme d'un tube droit reliant les deux cavités principales précédemment distinguées. Dans la figure B, on voit qu'au milieu, en *b*, le renflement annulaire s'est avancé dans l'intérieur de son canal central, dont le parcours est par suite devenu sinueux ; c'est dans cette portion *b* que se forme l'appareil basilaire, tandis que la portion antérieure du canal central sécrète le stylet qui vient se placer au sommet de cet appareil. Le reste du développement (fig. 94 à 96) est occupé par l'accroissement excessif de la courte portion conique située en arrière de l'épaississement de l'armature. Cette portion, d'abord si petite, se transforme très-rapidement en une longue portion aussi importante comme volume, à la fin du développement, que la portion dévaginable ; cette dernière, de son côté, n'a subi qu'un accroissement beaucoup moins rapide (fig. 96).

L'épaississement annulaire de la paroi de la trompe qui doit donner naissance à toute l'armature ne se forme donc pas directement à la place qu'il occupe chez l'adulte, c'est-à-dire en son milieu ; mais il apparaît tout à fait à la partie postérieure et n'arrive à occuper la partie moyenne que par suite d'un développement excessif de cette partie postérieure. Ce fait ne permet pas, ce me semble, de considérer les portions glandu-

leuse et dévaginable de la trompe comme deux parties morpho-
logiquement analogues; il faudrait peut-être admettre que la
première seule correspond à la trompe des *Anopla*, tandis que
la seconde est de formation nouvelle.

### 3° *Amphiporus splendidus*, Keferst.

Mac-Intosh a désigné sous le nom d'*Amphiporus spectabilis*
une espèce caractérisée par l'alternance de bandes alternativement blanches et violettes. Il y réunit les deux espèces décrites par de Quatrefages et Keferstein sous les noms de *Cere-
bratulus spectabilis* et *Borlasia splendida*. Depuis, les travaux
de Hubrecht (1) sont, ainsi que les recherches de Marion,
venues établir d'une manière certaine l'existence du type sin-
gulier découvert par de Quatrefages et caractérisé par la structure si curieuse de l'armature de la trompe. J'ai moi-même
eu entre les mains quelques exemplaires de cette espèce, que
M. Marion a eu la complaisance de me faire parvenir, et j'ai
pu m'assurer qu'elle n'offrait, sauf la coloration, rien de
commun avec l'espèce si abondant à Roscoff et à Saint-Waast,
et désignée par Keferstein sous le nom de *Borlasia splendida*.
Cette dernière, qui ne s'écarte en rien des *Enopla* ordinaires,
est la seule qui ait été vue par l'auteur anglais. Je crois devoir,
à cause de l'existence d'un *Drapanophorus spectabilis* bien distinct, en revenir, pour cette espèce, au nom de *splendidus*
donné par Keferstein.

L'*Amphiporus splendidus* se trouve communément à Roscoff
et à Saint-Waast; il habite souvent en parasite dans les Ascidies
simples (*Ciona intestinalis*, *Ascidia sanguinolenta*), et dépose
ses œufs de mai à juin dans la cavité cloacale de ces Ascidies.
C'est le *Ciona intestinalis* qu'il paraît habiter de préférence.
Ses œufs sont de la grosseur de ceux de l'*Amphiporus lactifloreus;* ils se trouvent également agglutinés, par un mucus peu
abondant, en des paquets irréguliers qui ressemblent beaucoup
à ceux de cette dernière espèce. Je n'ai pu suivre, sur les

(1) Hubrecht, *Untersuchungen*, etc. (*Niederlandisches Archiv für Zoologie*,
Bd II, *drittes Heft*, 1875).

paquets d'œufs que j'ai recueillis, le développement avec le même détail que dans ce qui précède, néanmoins les stades que j'ai observés me permettent d'en reconnaître l'identité complète avec ce genre d'embryologie. L'ensemble du développement suit exactement la même marche que chez l'*Amphiporus lactifloreus;* la segmentation donne naissance à une *morula* qui, par différenciation graduelle, se transforme en jeune Némerte. Le premier stade, que j'ai pu examiner avec plus de détail (fig. 120), s'est montré identique au stade fig. 87 de l'*Amphiporus lactifloreus:* j'y ai reconnu la division en masse interne blanchâtre et en feuillet externe exodermique formé d'un seul rang de cellules allongées; les deux renflements *rf* de la musculature s'y présentaient déjà d'une manière très-nette; la trompe était également visible; enfin, à la partie postérieure se voyait l'amas graisseux *gi* du tube digestif.

Le stade suivant correspondait au stade 84 de l'*Amphiporus lactifloreus;* les diverses divisions de la musculature y étaient devenues plus nettes (fig. 121), et se montraient déjà composées de cellules réfringentes analogues à celles de la figure 84. La trompe était creusée d'une cavité centrale; les deux renflements musculaires (*rf*) se prolongeaient de chaque côté en une mince lame musculaire appliquée sur tout le pourtour de l'enveloppe épithéliale; enfin, l'amas graisseux *gi* du tube digestif s'était notablement accru, et la tache sombre qui indique la cavité prostomiale commençait déjà à devenir plus nette. C'est aussi à peu près à cette époque qu'apparaissent les points oculiformes sous forme de taches encore vaguement indiquées.

C'est très-peu de temps après le stade fig. 121 qu'a lieu l'éclosion; la différenciation histologique s'achève d'une manière complète, toute la musculature s'éclaircit et commence à se disposer d'une manière très-nette autour des deux systèmes de cavités. La figure 122 représente un Némerte peu de temps après l'éclosion: on y voit on ne peut plus nettement la cavité prostomiale *cp* bordée de chaque côté par les lames prostomiales D P, et derrière cette cavité l'épaisse cloison musculaire constituée par la réunion des deux renflements *rf;* la partie

métastomiale est complétement remplie de globules graisseux
et se trouve bordée, de chaque côté, par les lames métastomiales D M ; à sa partie antérieure on voit l'œsophage (*œ*) sous
forme d'une tache blanche déjà assez nette, et qui, en avant,
semble s'enfoncer au-dessous de l'épaisse cloison *rf*. La trompe
présente déjà des stylets latéraux, et on la voit, à partir de la
cloison *rf*, se rétrécir en avant d'une manière subite ; elle traverse ensuite, sous forme d'un mince filament, toute la cavité
*cp* et vient s'attacher à la partie antérieure, entre les deux
masses prostomiales. Dès ce stade, on commence déjà à voir
une indication de la différenciation de la cloison *rf* en organes
latéraux (*ol*) et en système nerveux (*gn*) ; on constate de plus
la présence de quatre points oculiformes.

A partir de ce stade, dans lequel les cavités apparaissent avec
leur plus grande netteté, le Némerte se complète de la même
manière que nous l'avons décrit pour l'*Amphiporus lactifloreus.*
C'est à peu près vers cette époque qu'apparaissent, tout le long
du corps, les bandes pigmentaires qui donnent à l'adulte son
aspect caractéristique. En même temps la partie postérieure de
la trompe s'allonge, l'amas graisseux qui remplit la portion métastomiale se différencie en intestin, et la cavité générale se forme
avec la gaîne de la trompe et tout le système des fibres connectives. J'ai représenté, dans la figure 123, la partie antérieure
du Némerte peu après la différenciation de l'amas graisseux *gi*
en tube digestif ; on y voit la différenciation complète de la
cloison musculaire (*rf*) en système nerveux (*gn*) et organes
latéraux (*ol*). Vis-à-vis de ces derniers se sont accentuées les
deux fossettes ciliées ; enfin, la masse musculaire impaire *mi*,
qui résulte de la soudure des lames prostomiales, a pris de l'accroissement, et de plus l'épaississement secondaire *ms* de ces
mêmes masses s'est également développé comme d'habitude.
La cavité prostomiale tout entière a en même temps éprouvé
la réduction d'ensemble due au rétrécissement du corps de
l'animal, et se trouve en voie de disparition déjà avancée.
En un mot, après avoir retrouvé la division fondamentale en
lames prostomiales, lames métastomiales et organes latéraux,

nous revoyons dans tous ses détails leur évolution caractéristique. Au même stade fig. 123 la gaîne de la trompe se trouve déjà complétement formée ; enfin, de chaque côté, les cordons nerveux se sont différenciés dans l'épaisseur des lames métastomiales.

4° *Tetrastemma candidum*, O. F. Müller.

Le *Tetrastemma candidum* est une des espèces les plus communes de nos côtes ; je l'ai trouvé en abondance sur tout le littoral de la Manche, depuis Roscoff jusqu'à Ostende ; on l'obtient partout en grande quantité en laissant séjourner des paquets d'Algues, de Bryozoaires, etc., pendant quelque temps dans l'eau de mer.

J'ai obtenu des pontes de *Tetrastemma candidum* à Roscoff, à la fin de mai. Les œufs pondus sont empâtés dans un petit amas glaireux de forme circulaire fortement adhérent aux corps sur lesquels il est déposé ; l'ensemble du développement m'a paru le même que celui des deux espèces précédentes, et, règle générale, toutes les espèces d'*Enopla* dont j'ai eu l'occasion d'avoir des œufs m'ont offert ce même mode d'embryologie. La figure 105 représente l'embryon peu de temps après l'éclosion : on y voit la musculature avec ses deux renflements *rf*, ainsi que la trompe, qui se présente encore sous forme d'un épais cordon plein ; enfin, on y distingue, de chaque côté des deux renflements *rf*, les cavités prostomiale *cp* et métastomiale *cm*, la seconde remplie des globules graisseux qui donneront naissance au tube digestif : c'est un stade qui répond au stade fig. 84 de l'*Amphiporus lactifloreus*.

Toutes les grandes divisions de la musculature apparaissent ensuite, autour des deux cavités prostomiale et métastomiale, avec la même netteté que chez toutes les autres espèces. La figure 106 représente la tête de l'adulte : on y voit l'ancienne cloison *rf* divisée en organes latéraux *ol* et en masses ganglionnaires *gn* ; les lames prostomiales se sont soudées en une masse pleine *mc*, et la cavité prostomiale qu'elles comprenaient a complétement disparu ; tous les autres systèmes d'organes sont disposés identiquement comme chez l'*Amphiporus*.

### 5° Régénération de la tête du *Lineus obscurus*.

C'est aussi au mode de développement direct que se rapporte le mieux la série de phénomènes que j'ai observés dans la régénération de la tête du *Lineus obscurus*. Mac-Intosh a été le premier qui ait annoncé que les fragments de son *Lineus Gesserensis* se complétaient pour former des animaux entiers ; j'ai pu répéter souvent ces observations et me convaincre de leur parfaite exactitude. Tous les fragments de cette espèce conservent, après la section, une grande vitalité ; les parties détachées des plus gros exemplaires peuvent vivre en aquarium pendant plusieurs mois, mais n'arrivent généralement pas à se compléter : il faut, pour voir s'effectuer d'une manière normale la régénération, opérer sur de jeunes Némertes de l'état E (fig. 55, pl. 4). Un fragment détaché d'un Némerte de grande taille ne m'a pas offert, six semaines après l'expérience, d'autre changement que la cicatrisation de l'extrémité coupée ; les jeunes Némertes, au contraire, se complètent dans l'espace de quelques jours, et il est facile d'y suivre le phénomène entier de régénération.

Mac-Intosh a déjà dessiné avec exactitude les différents aspects que présente le Némerte pendant ce phénomène ; il indique très-bien la cicatrisation et le renflement progressif de la partie cicatrisée en portion céphalique, mais ne nous donne aucun détail sur l'évolution des couches musculaires : c'est de ce point important que je me suis plus spécialement occupé à faire l'étude.

Quand on coupe un jeune Némerte, l'enveloppe du corps éprouve, à l'endroit de la section, un brusque retrait : la couche tégumentaire se resserre en sphincter autour d'une ouverture centrale qui persiste, et par laquelle fait hernie le tube digestif ; au bout de peu de temps, les bords circulaires de cette ouverture se resserrent de plus en plus, se soudent complétement au-dessus de la partie tronquée du tube digestif, et bientôt l'enveloppe musculo-dermique peut se suivre sans aucune discontinuité tout autour de l'extrémité qui avait été coupée. Le tube digestif, qui faisait hernie au travers de cette portion, reste, au commencement, adhérent vers le haut à cette enveloppe musculo-dermique (fig. 100) ; mais bientôt la fente qui constitue la cavité générale se prolonge en ce point et sépare l'extrémité terminée en cæcum du tube digestif, de la paroi du corps à laquelle il adhérait. La cicatrisation est alors complète, et l'extrémité antérieure, composée d'une paroi musculo-dermique continue, bien distincte de l'extrémité antérieure, terminée en cæcum du tube digestif, se trouve prête à subir des perfectionnements plus étendus.

Le changement essentiel qui s'effectue ensuite réside en ce que la portion de cavité située vers l'extrémité commence à se renfler d'une manière considérable, de façon à constituer une vaste cavité de forme triangulaire (fig. 101 *cp*), de chaque côté de laquelle la couche musculaire de la paroi du corps se renfle d'une manière très-appréciable (fig. 101 *rf*). Par suite de la formation de cette cavité, l'extrémité arrondie du tube digestif ne se trouve plus séparée de la paroi du corps par une simple fente, mais par un espace d'une étendue déjà assez grande. Il se forme ainsi, à la partie antérieure du corps, un espace bordé par une portion renflée de la couche musculaire, et qui ne contient plus aucune portion de l'intestin. Cet espace apparaît, dès le début de sa formation, comme une portion plus claire que le reste du corps ; il commence très-vite à s'allonger sous forme d'une extrémité effilée (fig. 101) : c'est lui qui constitue le rudiment de la portion céphalique.

Environ deux jours après le stade de la figure 101, on constate un nouveau changement d'une grande importance : les deux renflements musculaires qui, au stade précédent, entouraient la cavité antérieure (fig. 101 *rf*), ont pris une extension très-considérable ; ils ont commencé à se souder, à la partie antérieure, en une masse musculaire impaire *mi* qui correspond à la masse musculaire impaire qui, chez l'adulte, porte les points oculiformes ; de plus, les portions latérales, qui con-

tinuent à circonscrire une spacieuse cavité, se trouvent mieux
délimitées de l'enveloppe musculaire générale du corps qu'au
stade précédent; elles s'incurvent en dedans de manière à
prendre, dans leur ensemble (fig. 102), la forme d'un fer
à cheval. Enfin, une tache blanche, rudiment de l'œsophage
futur, commence à apparaître (fig. 102 *œ*) à la partie antérieure, terminée en cæcum, du tube digestif.

Cet œsophage devient très-visible quelques jours après
(fig. 103); il constitue alors un sac déjà percé d'une ouverture
buccale, et qui n'a plus, pour arriver à l'état qu'il présente
chez l'adulte, qu'à subir un simple phénomène d'accroissement. Au même stade nous constatons de nouveaux changements dans les masses musculaires de la partie antérieure : le
renflement impair *mi* s'est accru de manière à rappeler déjà
celui de l'adulte, et à sa surface se sont différenciés deux
points oculiformes analogues à ceux qui existent chez l'embryon; le recourbement des parties latérales en fer à cheval
s'est accentué, ses deux extrémités sont venues adhérer (fig. 103)
avec l'œsophage, et de plus elles commencent à se séparer,
par un sillon nettement marqué, de la portion antérieure des
renflements musculaires, et se montrent dès lors très-distinctement comme représentant les organes latéraux ; toutes deux
prennent en même temps une forme arrondie. Dès ce stade,
on peut reconnaître avec certitude toutes les divisions essentielles de la musculature : la partie non modifiée de la paroi
du corps constitue les lames métastomiales; la portion renflée
de la partie antérieure s'est différenciée en organes latéraux
et en lames prostomiales DP qui, à partir de ce stade, suivent
leur évolution ordinaire jusqu'à l'état adulte. A leur intérieur,
on voit déjà se différencier les ganglions nerveux *gn*, et cela
absolument de la même manière que nous l'avons indiqué
à propos de l'embryon.

La spacieuse cavité que nous avions vue apparaître dès le
stade fig. 101 n'est autre chose que la cavité prostomiale, et la
régénération de la tête du *Lineus* consiste par conséquent, pour
l'ensemble, dans la formation d'une cavité prostomiale et

dans le renflement de la paroi musculaire autour de cette cavité pour former deux épaississements d'où dérivent les lames prostomiales et les organes latéraux : ces derniers, au lieu de naître de l'œsophage comme chez l'embryon, naissent directement de la couche musculaire.

C'est seulement à l'époque où la structure du Némerte est ainsi indiquée dans tous ses traits essentiels qu'apparaît la trompe. Malgré l'opinion expresse de Mac-Intosh, il m'est bien difficile de considérer cette dernière comme se formant aux dépens d'une invagination graduelle de la peau ; je l'ai toujours vue apparaître très-brusquement sous forme d'un cordon occupant dès sa naissance toute l'étendue de la cavité prosto-miale, et cela à une époque intermédiaire entre les deux stades 102 et 103. Cette apparition brusque, et en même temps la lenteur de l'accroissement ultérieur de la trompe, ne me permettent pas de la considérer comme résultant de l'accroissement graduel d'une invagination ; je la considère comme se formant d'emblée avec les caractères qu'elle possède dans la figure 103 à l'état d'un tube plein qui bourgeonne sur toute la longueur de la paroi supérieure du prostomium : ce tube, peu visible tant qu'il est encore attaché à cette paroi, devient facile à voir dès qu'il s'en détache et présente alors l'aspect de la figure 103. Les fentes céphaliques sont également formées au stade fig. 103, et le Némerte n'a plus, pour acquérir sa structure définitive, qu'à subir la dernière série de perfectionnements, identiques à ceux qui se produisent aux dépens de l'embryon.

En résumé, le stade représenté dans la figure 103 répond exactement aux stades fig. 45, 46 de l'embryologie normale du *Lineus obscurus*; le développement ultérieur est aussi le même, mais l'évolution antérieure est tout à fait différent. Au lieu de se former comme dans l'embryologie normale, par la confluence de trois rudiments, les divisions essentielles de la musculature se forment comme dans le développement direct, par différenciation graduelle d'une couche musculaire autour des deux cavités (prostomiale et méta-

stomiale) préalablement formées. L'aspect est cependant différent de celui des *Enopla*, à cause du changement de place des
ganglions nerveux : d'un côté (*Amphiporus*), les deux renflements *rf*, dont l'apparition signale le début de la différenciation
de la musculature, se trouvent intermédiaires entre les deux
cavités qu'ils séparent dès l'origine d'une manière très-nette
et s'étendent ensuite le long de la paroi du corps ; de l'autre
(*Lineus*), ils constituent simplement un épaississement de la
paroi antérieure et ne viennent effectuer la séparation en deux
cavités que plus tard, par suite du recourbement en fer à
cheval. Cette différence, qui n'influe en rien sur la division fondamentale en trois portions distinctes circonscrivant les deux
cavités caractéristiques, n'a rapport qu'à la différence de structure des adultes.

### 6° Résumé.

1. *Amphiporus lactifloreus.*—a. *Segmentation.*—L'étude par
transparence de la *morula* de l'*Amphiporus* nous montre
qu'elle ne se compose pas d'une masse pleine de sphères arrondies assemblées en un amas compact, mais que chacun des
éléments de la surface forme la base d'une longue cellule en
forme de pyramide dont le sommet se trouve au centre de
l'œuf. Cette prétendue *morula* n'est donc autre chose que le
stade à cellules radiaires qui précède la *blastula* et sur lequel
nous avions insisté à dessein chez le *Lineus* (pl. 1, fig. 7) ; la
faible cavité centrale formée dès le stade 8 chez le *Lineus* (cavité de segmentation) peut se voir de même chez l'*Amphiporus*,
mais elle conserve ici ses faibles dimensions et ne s'accroît
jamais en cavité étendue.

L'étude de la disposition, à la surface de l'œuf, des cellules
radiaires, nous montre qu'elles sont également disposées suivant le mode caractéristique de la blastosphère ; j'ai étudié ici
à fond cette disposition, ce qui suit peut servir à caractériser le
mode de segmentation de la Blastula.

1° Après le stade 8, il y a une rotation de 45 degrés à la suite
de laquelle les quatre cellules de chaque moitié se mettent à

alterner les unes avec les autres ; l'œuf se compose alors de huit cellules engrenées les unes dans les autres (fig. 4).

2° Les deux stades qui suivent sont produits par segmentation transversale de ces huit cellules : on obtient ainsi un stade 16 composé de huit rangées de deux cellules engrenées les unes dans les autres (fig. 61), puis un stade 32 composé de huit rangées de 4 disposées de même (fig. 62).

3° Ces rangées se divisent ensuite de l'équateur au pôle dans le sens longitudinal, en même temps que les produits de la division se mettent à alterner (fig. 65).

Quand, à la suite de ces segmentations successives dans les sens longitudinal et transversal, les cellules allongées de la *morula* se sont assez multipliées, on voit apparaître un enfoncement (fig. 69) qui s'approfondit et se referme (fig. 73) en donnant naissance à la *gastrula*.

b. *Formation des feuillets.* — 1° Dès la ponte, l'œuf de l'*Amphiporus* présente une division en deux zones distinctes : l'interne, plus pâle, qui semble seule active dans les phénomènes de division cellulaire ; l'externe, plus foncée (couche corticale), qui paraît passive. Ces deux zones se retrouvent jusqu'à la formation du jeune Némerte : elles deviennent parfois très-visibles sous l'action du mélange de carmin et de glycérine, et il faut prendre garde alors de les prendre pour des feuillets.

2° La première trace de feuillets consiste dans un changement de nature de la partie interne des cellules radiaires : ce changement ne commence guère qu'au stade 32 (fig. 77) ; on voit les limites des différentes cellules se perdre vers le centre, et ces dernières se confondre en une masse plus pâle Ce processus gagne de dedans en dehors, et bientôt une partie notable des cellules radiaires se trouve changée en une masse de deutoplasme qui remplit l'intérieur de l'œuf et représente le mésoderme.

3° Le second changement consiste dans la formation d'une dépression (surtout visible fig. 69 à 72, dans l'étude superficielle de l'œuf à la lumière réfléchie), qui en peu de temps

s'approfondit et se ferme pour donner naissance à la *gastrula*
(fig. 69 à 73, 80 à 82).

4° Les cellules invaginées de cette *Gastrula* se confondent
ensuite avec la masse centrale de deutoplasme, qui se sépare
par une ligne nettement tranchée de la partie externe des cellules radiaires (fig. 82) ; on obtient alors un stade composé
d'une masse interne résultant de la réunion des feuillets interne
et moyen, et d'une couche externe représentant l'exoderme
(fig. 83).

c. *Formation du Némerte*. — La formation du Némerte aux
dépens de ce stade s'effectue : 1° par l'amincissement de la
couche externe, dont les deux zones se confondent graduellement en une seule; 2° par séparation, dans la masse interne,
des éléments endodermiques et mésodermiques un moment
confondus. Cette séparation se fait par l'apparition, en certains
points de la masse de deutoplasme, de granules opaques qui
augmentent en nombre et se concentrent ensuite à la partie
postérieure pour former l'amas graisseux *gi* (endoderme) dont
dérive plus tard le tube digestif ; le reste de la masse interne,
conservant les caractères de deutoplasme blanchâtre, donne
de son côté, naissance à la musculature (mésoderme). —
Dès le début, la distribution des granules opaques cause dans
la masse interne du stade fig. 83 l'apparition de deux taches
sombres, l'antérieure *cp* petite et d'abord peu visible (cavité
prostomiale), la postérieure *cm* plus grande et en fer à cheval
(cavité métastomiale) ; la portion inaltérée de deutoplasme
blanchâtre comprise dans l'intérieur du fer à cheval représente
la trompe, le reste la paroi musculaire du corps. Sitôt que chacune des portions ainsi indiquées s'est délimitée des parties
voisines, on voit que cette dernière se compose de deux épais
renflements (*rf*) séparant les deux cavités *cp* et *cm* et se prolongeant en haut et en bas en une mince couche qui entoure le
corps. La figure 86 correspond à la simple indication, par séparation de la masse interne en ses deux éléments, des différentes
parties du Némerte futur, et ce n'est qu'au stade fig. 87 que ces
parties se délimitent de manière à former des rudiments distincts.

*Achèvement du Némerte.* — Aussitôt les différentes parties du nouveau mésoderme constituées à l'état de rudiments distincts (fig. 85 et suivantes), on voit s'effectuer la différenciation histologique, qui transforme le deutoplasme qui les forme en tissu musculaire ; en même temps, ces parties subissent leur développement ultérieur : la cloison *rf* se divise en masses ganglionnaires *gn* et organes latéraux *ol*, et la mince couche continue qui entourait le corps, en lames prostomiales DP et métastomiales DM ; on retombe dans la division caractéristique de la musculature déjà signalée dans ce qui précède ; les lames prostomiales se soudent ensuite en masse céphalique, mais cette masse céphalique, au lieu de correspondre simplement, comme chez les *Anopla* à l'épaississement impair *mi*, s'étend jusqu'à la base des lames tout entières.

2 et 3. *Amphiporus splendidus, Tetrastemma candidum.* — Éprouvent exactement la même évolution, spécialement en ce qui a rapport à l'existence de la division caractéristique du mésoderme : 1° par formation de la cloison *rf* prolongée de chaque côté en une couche uniforme ; 2° par différenciation des parties externes de la cloison, en organes latéraux, et de la couche uniforme en lames prostomiales situées devant et lames métastomiales situées dernière.

4. *Régénération du Lineus obscurus.* — Il se forme à la partie antérieure, entre la peau et le tube digestif, une spacieuse cavité sur les côtés de laquelle la couche musculaire se renfle en deux forts épaississements ; ces derniers sont les rudiments communs des ganglions nerveux, lames prostomiales, et organes latéraux : on voit ainsi, en suivant cette différenciation progressive, se reproduire la division caractéristique de la musculature.

Dans ce dernier mode comme dans le précédent, c'est la masse formée par la réunion des masses ganglionnaires, à une portion de la peau qui apparaît tout d'abord, sous forme d'un épais renflement de la musculature ; ce renflement *rf* du *Lineus* est de *même nature* que celui des *Enopla*, mais il y a dans leur disposition une dissemblance due à une différence de structure et que nous expliquerons plus tard.

## 2. Planula.

### 1° Historique.

*Polia carcinophila*, Van Beneden, 1861, et Mac-Intosh, 1873 (*Mém. Acad. de Belgique*, t. XXXII).

*Tetrastemma*, Metschnikoff, 1870 (*Mém. Acad. de Saint-Pétersbourg*, 7ᵉ série, t. XIV).

*Polia aurita*, Uljanin, 1870 (*Reisnetschnie*, etc., *Turbellariés de la baie de Sébastopol*).

*Tetrastemma dorsale, Cephalothrix linearis*, Mac-Intosh, 1873 (*Ray Society*, 1873-74).

*Cephalothrix Galateœ*, Dieck, 1874 (*Iennische Zeitschrift*, vol. VIII, 4ᵉ livr.).

*Borlasia olivacea?* Hubrecht, 1874 (*Aanteekeningen over de Anat. Hist. and Antwikkelingsgeschiedenis van eenige Nemertinen*).

Le développement de la larve planuliforme est assez variable ; les nombreux auteurs qui s'en sont occupés l'ont décrit d'une manière tout à fait différente. Dans l'aperçu qui va suivre, je réunirai de préférence les descriptions qui se rapprochent le plus les unes des autres ; j'abandonne cette fois l'ordre chronologique pour insister davantage sur les différentes conceptions du développement qui nous occupe.

1° *Metschnikoff*. — Cet auteur ne nous donne, de l'embryologie du *Tetrastemma*, qu'une notice très-courte. D'après lui, les sphères vitellines s'arrondissent, glissent les unes sur les autres, et arrivent à donner naissance à une masse pleine de cellules ; la *morula* ainsi formée se divise en une masse interne et en une couche périphérique. D'après lui, la première correspond sans doute à l'endoderme, mais l'opacité de l'œuf l'a empêché de suivre sa destinée ultérieure.

2° *Van Beneden*. — D'après cet observateur, les phénomènes ne se passeraient pas tout à fait de cette façon : « Aussitôt après » la segmentation, dit-il, les sphères vitellines se condensent » à la périphérie, tandis qu'on voit la masse vitelline se res- » serrer au milieu du sac. » Après l'éclosion arrivent d'autres phénomènes : « La peau de la larve, qui n'est autre chose que » le blastoderme, devient de plus en plus distincte, tandis que

» la masse vitelline, qui a cédé toute sa quintessence pour la
» formation des premiers tissus, se concentre en arrière et
» accuse l'apparition d'une cavité digestive. » Bientôt après ces
phénomènes apparaît la bouche, puis arrive le changement de
peau qui représente le passage du *scolex* au *proglottis*.

3° *Dieck*. — La description de Dieck annonce un phénomène
jusque-là inconnu dans les différents cas de développement
simple : c'est la formation, dès les premiers stades de la segmentation, d'une dépression profonde qui persiste jusqu'à l'époque
de l'apparition des cils vibratiles. Ce phénomène aurait une
grande importance s'il se rapportait à la *gastrula*; mais, d'après
l'auteur, cette dépression n'a aucunement pour but la formation
du tube digestif : d'après lui, elle indique simplement la face
ventrale et disparaît ensuite sans laisser de traces. L'endoderme
se forme d'une manière complétement indépendante et par
accumulation de matières nutritives au centre de l'œuf. Selon
lui, un moment avant l'éclosion, on reconnaît (en partie par
suite de l'aspect transparent de la périphérie, en partie par
suite de la nature des mouvements de l'embryon) qu'il possède
la structure d'une sphère creuse; bientôt après, les mouvements
deviennent plus étendus et indiquent la présence dans la paroi
d'éléments musculaires, puis deux points oculiformes apparaissent à la partie antérieure, et l'animal éclôt.

Lorsque le Némerte est sorti de ses enveloppes, on peut l'examiner avec plus de soin, et l'on voit alors qu'à l'intérieur de la
membrane qui en forme la paroi externe se trouve une masse
opaque de globules nutritifs; cette masse se concentre bientôt
à la partie postérieure, tandis que l'antérieure s'éclaircit d'une
manière notable. Enfin, une tache claire (1) apparaît au milieu
de la masse graisseuse, c'est le premier indice du tube digestif;
cette tache claire s'agrandit peu à peu aux dépens de la masse
de globules graisseux qui l'entoure, de façon à acquérir le volume que possède plus tard le tube digestif.

C'est à cette époque qu'a lieu le changement de peau; im-

(1) Il paraît avoir pris la formation de la gaine de la trompe pour celle
de la cavité digestive.

médiatement après s'effectue la formation de la bouche et de
l'anus ; la trompe naît sous forme d'une invagination qui s'allonge de plus en plus vers la partie postérieure.

Bien qu'un peu plus complète, cette description de Dieck ne
s'en rapporte pas moins d'une manière très-frappante à celle
de Van Beneden. Des deux côtés il y a un blastoderme qui
devient la peau, et une masse graisseuse qui se concentre à la
partie postérieure de l'embryon ; la naissance des muscles n'est
indiquée par aucun de ces deux auteurs ; cependant Dieck
signale la présence d'éléments musculaires dans la paroi de la
vésicule blastodermique : cette paroi serait un feuillet musculo-
dermique.

4. *Mac-Intosh*. — Les observations de Mac-Intosh tendent
à rapprocher le développement du type de Desor du développement direct, d'une manière beaucoup plus intime que toutes
celles des auteurs dont nous venons de parler. Nous avons déjà
fait savoir quels sont, d'après cet auteur, les phénomènes principaux du développement de l'*Amphiporus :* ils consistent dans
une différenciation de la *morula*. Au stade de la masse cellulaire homogène succède un état dans lequel les tissus sont différenciés en parties périphériques plus claires (*cutaneous textures*)
qui expriment déjà, par leur disposition, la structure tout
entière du jeune Némerte (tube musculo-dermique avec son
renflement céphalique), et en une portion plus sombre (*opaque
granular matter*) qui occupe l'espace circonscrit par les premières et se trouve traversée par un cordon transparent : la
trompe. A la partie antérieure de cette masse opaque se trouve
ordinairement une tache blanchâtre qui est le rudiment de
l'œsophage futur (région œsophagienne).

Dans le premier type soumis à ses études, le *Tetrastemma
dorsale*, Mac-Intosh décrit la larve libre comme n'offrant aucune apparence de couches distinctes. Pour lui, cette larve se
compose d'une masse de tissu partout uniforme ; c'est une véritable *morula* ciliée, et les seules différences qu'elle présente
avec la *morula* du développement direct, sont l'état libre et la
présence d'un plumet ciliaire. De cette *morula*, le Némerte

dérive de la même façon que dans le développement direct : si l’on regarde la larve quelques jours seulement après l’éclosion, on constate en même temps la disparition du plumet ciliaire, l’apparition des points oculiformes, et la différenciation de la masse homogène en *cutaneous textures* et *opaque granular matter ;* la trompe et la région œsophagienne sont également visibles : le Némerte s’est formé brusquement par différenciation directe, et sur place, des différents tissus.

Dans ses deux autres types, le *Nemertes carcinophila* et le *Cephalothrix linearis*, Mac-Intosh semble distinguer d’abord une enveloppe externe et une masse interne, mais sans paraître ajouter à cette différenciation une grande importance. Dans le *Nemertes carcinophila*, il semble, selon lui, y avoir une dégénérescence des parties internes de la *morula* pour produire la masse opaque ; la périphérie conserve des caractères plus nettement cellulaires pour arriver à former plus tard, avec la région œsophagienne, l’ensemble des parties du Némerte adulte. L’auteur est du reste très-bref à propos de cette espèce ; il insiste surtout sur le fait de l’absence du phénomène de chute de la peau décrit par Van Beneden ; il est plus explicite à propos de l’espèce suivante.

La larve du *Cephalothrix linearis* a, dans son ensemble, une structure opaque et granuleuse, à l’exception de la périphérie, qui est plus transparente, ce qui indique un commencement de différenciation de la *membrane cutanée ;* elle a une forme arrondie, et porte à la partie antérieure un plumet ciliaire. Bientôt l’embryon devient allongé, son plumet ciliaire se détruit peu à peu, et l’œsophage commence à apparaître sous forme d’une tache blanche à la partie antérieure ; en même temps la division en *membrane cutanée* et *opaque granular matter* s’accentue de plus en plus : la première devient plus épaisse, surtout vers la région céphalique ; la seconde se réduit de plus en plus à la partie postérieure du corps, où elle se transforme en intestin ; enfin, les points oculiformes font leur apparition, et l’embryon acquiert la tournure caractéristique d’un Némerte. La membrane cutanée, apparue d’abord sous forme d'une zone plus claire à la périphérie, a graduellement gagné vers l'intérieur, de sorte que maintenant elle forme la presque totalité de l'enveloppe musculo-dermique du Némerte avec toutes ses particularités caractéristiques (renflement céphalique, etc.). La seule différence entre ce mode d'embryologie et celui de l'*Amphiporus lactifloreus* consiste en ce que, chez ce dernier, la différenciation en *cutaneous textures* et *opaque granular matter* se fait immédiatement sur place, tandis que chez le premier la différenciation semble commencer à la périphérie et s'étendre ensuite graduellement vers les parties centrales: telle est du moins la seule conception que puisse suggérer l'examen du travail de l'auteur anglais.

5° *Uljanin*. — Cet auteur ne figure que l'embryon éclos de son *Polia aurita*; les différents organes y sont indiqués à peu près de la même façon que dans son *Borlasia vivipara*. Uljanin ne paraît pas avoir suivi l'ensemble des phénomènes.

Pour résumer en quelques mots ce qui vient d'être dit, nous voyons qu'il y a, au point de vue de l'évolution des feuillets, trois manières d'envisager le développement de la larve planuliforme : 1° stratification des sphères vitellines en deux feuillets distincts (Metschnikoff) ; 2° refoulement des sphères vitellines à la périphérie (Van Beneden, Dieck) ; 3° différenciation directe du Némerte aux dépens de la *morula* (Mac-Intosh). La troisième opinion est contraire à l'existence des feuillets embryonnaires ; les deux autres tendent à admettre l'existence de deux feuillets, mais aucune ne suit d'une manière suffisante leur évolution ultérieure, et surtout la naissance de la couche musculaire. Metschnikoff s'arrête avant d'aborder la question ; Van Beneden la passe complétement sous silence. Dieck seul en dit un mot : son texte et ses figures semblent conclure en faveur d'une différenciation des muscles aux dépens de la couche externe, mais il ne se prononce pas d'une manière catégorique.

Je n'ai pas eu l'occasion d'étudier de développement de larves planuliformes d'une manière aussi complète que dans les deux formes précédentes, néanmoins les phénomènes que j'ai découverts chez quelques types sont déjà suffisants pour ajouter à nos connaissances sur l'évolution des feuillets et pour jeter quelque lumière sur la signification à accorder à ce dernier mode d'embryogénie.

2° Embryologie du *Tetrastemma dorsale*, Abildg. (fig. 107 à 114).

Mac-Intosh décrit les embryons de cette espèce comme se trouvant en essaims autour des adultes dans le commencement des mois de juillet et de septembre, mais il ne dit pas avoir obtenu d'œufs de ces animaux. J'ai observé la ponte pendant les mois d'août et de septembre. Les *Tetrastemma dorsale* sont communs à Wimereux, sur les touffes de *Bugula*, qui, dans cette localité, tapissent toutes les pierres vers la fin de l'automne : il suffit, pour se les procurer en grande quantité, de laisser séjourner dans l'eau, pendant quelque temps, une certaine quantité de ces *Bugula*; les *Tetrastemma* sortent en assez grand nombre, et l'on n'a plus qu'à les recueillir et à les mettre à part pour l'observation.

Isolés dans un vase spécial, les *Tetrastemma dorsale* pondent des œufs d'une taille très-petite et qui sont simplement entourés d'une légère couche de mucus; ils ne sont pas attachés les uns aux autres en forme de paquet, mais tombent isolément au fond du vase, où ils adhèrent légèrement au moyen de leur mince enveloppe de mucus. Il est facile de les aspirer à l'aide d'une pipette et de les porter ensuite sur le porte-objet.

Le développement du *Tetrastemma dorsale* est extrêmement rapide et n'exige pas plus de neuf à dix heures. Les pontes ont très-constamment lieu à l'époque la plus chaude de la journée, vers trois ou quatre heures de l'après-midi, et les larves sortent alors de l'œuf vers le milieu de la nuit. Il est facile de voir s'effectuer sous ses yeux les différentes modifications; on constate des changements toutes les demi-heures.

La ponte du *Tetrastemma* s'effectue, comme de coutume, par deux rangées d'orifices situées de chaque côté du corps. Je l'ai vue deux ou trois fois se faire sous mes yeux : elle se produit avec une grande rapidité et s'achève en moins d'une demi-minute. L'éjaculation des spermatozoïdes se fait dans le liquide

à peu près en même temps que la ponte des œufs ; les spermatozoïdes se rendent à l'endroit où sont tombés les œufs.

L'œuf du *Tetrastemma* est simplement entouré (fig. 107)
d'une mince membrane vitelline. Regardé immédiatement après
la ponte, presque à la sortie du corps de la mère, il présente de
la manière la plus nette la division précédemment décrite chez
l'*Amphiporus* en enveloppe obscure $z$ et en masse interne plus
pâle. Au centre de la masse interne se trouve un petit noyau $o'$
analogue au noyau de seconde formation de l'*Amphiporus*.

Ce stade précède la fécondation. Si l'on reprend des œufs
quelques minutes après, on constate qu'ils sont entourés d'une
auréole de spermatozoïdes (fig. 108) fixés à la membrane vitelline par leur partie postérieure, et agitant leur tête par un mouvement oscillatoire. Je n'ai pu observer un seul spermatozoïde
entre la membrane vitelline et le vitellus, et je ne sais d'ailleurs
comment ils auraient pu réussir à s'y introduire ; il me semble
néanmoins difficile d'admettre une fécondation à travers la
membrane vitelline. Quoi qu'il en soit, l'aspect que je représente n'est pas isolé dans le règne animal : Kowalewsky a décrit
un cas semblable chez l'*Ascidia intestinalis* (1). Ces spermatozoïdes cessent leurs mouvements à peu près au bout d'une
heure, mais ils continuent néanmoins à rester adhérents à la
membrane vitelline, où on les observe pendant toute la durée
du développement.

Ces mêmes œufs, que nous trouvons environ un quart d'heure
après la ponte entourés d'une auréole de spermatozoïdes, présentent dans leur structure interne des changements notables :
la petite vésicule germinative (fig. 107 $o'$) a disparu, et la couche
corticale $z$ s'est fondue avec la portion centrale plus claire de
l'œuf ; on ne voit plus entre eux (fig. 108) aucune ligne de démarcation nettement tranchée : l'œuf se compose d'un protoplasme qui s'éclaircit graduellement vers la partie centrale.

Peu après la fécondation, l'œuf commence à se segmenter :
il se produit d'abord deux plans méridiens coupés par un plan

(1) Kowalewsky, *Mém. Acad. de Saint-Pétersbourg*, 1866, vol. X, n° 15.

équatorial, et l'on arrive au stade 8 ordinaire, après lequel les cellules commencent à se diviser suivant le mode décrit chez la blastosphère. Environ sept heures après la ponte, les sphères vitellines sont déjà petites et nombreuses (fig. 109), mais je n'ai jamais pu voir de traces de l'invagination décrite chez l'*Amphiporus*. Il est fort probable que cette invagination, si étendue chez le *Pilidium*, si restreinte au contraire chez l'*Amphiporus*, a continué à s'amoindrir d'une manière graduelle jusqu'à disparition totale.

Environ une heure après le stade de la figure 109, la surface de l'embryon se couvre de cils vibratiles et l'embryon se divise (fig. 110) en deux couches concentriques. C'est à peu près à cette époque qu'a lieu l'éclosion : la jeune larve perce l'enveloppe de l'œuf, prend une forme allongée, acquiert un plumet ciliaire (fig. 111) et se met à nager au milieu du liquide. Si l'on regarde cette larve après compression, on voit très-bien la structure des deux couches qui la composent : l'externe (*ex*) est composée de grandes cellules plates à noyau, assez transparentes ; l'interne M, d'une multitude de petites cellules également à noyau, disposées sans ordre, et formant une masse solide au milieu de l'embryon. Je ne suis pas du tout d'accord avec Mac-Intosh en ce qui concerne la structure de la larve ; je la trouve, comme on voit, composée de deux feuillets extrêmement nets.

Je n'ai malheureusement pu m'assurer, à cause de l'insuffisance des ressources au bord de la mer, de la façon dont se produisait cet amas de petites cellules ; néanmoins il me semble plus que vraisemblable, d'après la manière dont s'effectue la segmentation, qu'elles résultent de la desquamation des cellules radiaires qui, au stade de la figure 109, composent encore l'embryon ; les cellules de la périphérie dérivent directement de la portion externe de ces mêmes cellules.

La larve, formée comme je viens de le décrire, vit quelques jours en nageant à la surface du vase, sans subir aucune modification ; le développement a cessé pour faire place à une période d'activité physiologique qui correspond à la durée de la vie larvaire. Au bout de ce temps, les larves tombent au fond du vase et commencent à éprouver la série des changements qui donnera naissance au jeune Némertien ; l'embryon s'allonge, ses mouvements se ralentissent, et au sein de sa masse interne M s'effectuent rapidement de très-grands changements. A la partie postérieure s'amassent, comme au milieu de la masse deutoplasmique (M) de l'*Amphiporus*, des granules opaques provenant de la dégénérescence des cellules de la masse interne ; il se forme ainsi à la partie postérieure deux traînées (fig. 112 *gi*) de globules granulo-graisseux, tandis qu'à la partie antérieure apparaît une tache sombre *cp*. Cette apparition des granules opaques divise la masse primitivement homogène en parties plus foncées (rudiments des cavités prostomiale et métastomiale) et en parties plus claires qui dessinent déjà vaguement toute la musculature du Némerte futur. Ces dernières sont encore constituées par le reste des petites cellules de la masse interne, mais les caractères de ces cellules sont profondément modifiés : d'éléments cellulaires nettement circonscrits, avec noyau au centre, elles se sont transformées en éléments granuleux fortement pressés les uns contre les autres et réunis par un protoplasme homogène, absolument comme au stade 87 de l'*Amphiporus*.

La couche externe de la larve passe directement à l'épithélium du Némerte adulte ; ses cellules se divisent, elles deviennent moins larges et plus nombreuses, et prennent insensiblement (fig. 112, 113, 114) les caractères qui distinguent l'épithélium du Némerte adulte.

Par suite de ces différents changements, la larve allongée, encore munie de son plumet ciliaire (fig. 112), montre déjà d'une manière vague tous les traits caractéristiques du jeune Némerte. On voit parfaitement les deux cavités (prostomiale et métastomiale), ainsi que l'épaississement (*rf*) qui les sépare ; tout autour se trouve la paroi musculaire, et au centre de l'amas granuleux de la partie postérieure, le cordon épais *tr* qui constitue la trompe.

Quelques jours plus tard, la différenciation histologique s'est effectuée d'une manière complète ; l'amas granuleux de la partie

postérieure a fait place à une accumulation de globules graisseux (fig. 113 *gi*), et les éléments granuleux plongés dans le
protoplasme, qui constituaient les parties plus claires, se sont
différenciés en fibres contractiles. L'ensemble de la musculature
s'est, par suite, éclairci d'une manière très-sensible : la structure générale, vaguement indiquée au stade précédent, est devenue très-nette ; la cavité prostomiale *cp* est très-évidente ; de
plus, on constate l'apparition de quatre points oculiformes et
la disparition du plumet ciliaire ; la trompe s'est déjà creusée
d'une cavité, et l'œsophage est visible sous forme d'une tache
blanchâtre (fig. 113 *œ*).

De ce dernier stade, remarquable surtout par la grande netteté des cavités prostomiale et métastomiale, l'adulte dérive à
la suite d'une série de perfectionnements identiques à ceux qui
ont déjà été décrits à propos de l'*Amphiporus*. Le stade fig. 114
représente une partie de ces changements : la cloison (*rf*) qui
séparait les deux cavités s'est différenciée en ganglions nerveux *gn* et organes latéraux *ol* ; au-dessus de ces derniers se
trouve l'épaisse musculature de la tête produite par la soudure en une masse compacte des lames prostomiales D P ;
derrière se trouvent les lames métastomiales. La cavité prostomiale a disparu par suite du développement de la musculature
céphalique ; la cavité métastomiale contient l'intestin, qui s'est
différencié de la masse graisseuse, et la trompe déjà complète-
ment formée. Le long des lames musculaires de la paroi du
corps se voient, comme d'habitude, de chaque côté, les cordons
nerveux (*cn*), et, en dedans de ces derniers, la cavité générale
(*cc*) produite par l'écartement du tube digestif de la paroi du
corps. Le *Tetrastemma dorsale* est une des espèces où se voit
le plus fréquemment la structure histologique si remarquable
des parois de l'intestin déjà décrite à propos de l'*Amphiporus*,
et que je considère comme produite par la réunion en une grosse
concrétion des granules hépatiques qui remplissent les cellules ; le lacis connectif de la cavité du corps paraît également
développé chez cette espèce : au-dessus du tube digestif se voit
très-bien, au stade fig. 114, la gaîne de la trompe avec ses cor-

puscules circulatoires. Par suite de la différenciation plus tardive des parties essentielles du jeune Némerte, la couche musculaire de la paroi du corps paraît constamment, comme le montrent les figures, beaucoup plus épaisse ici que chez l'*Amphiporus;* néanmoins cette légère différence n'a rien d'important, elle disparaît dans la suite du développement.

Des trois types d'embryogénie distingués jusqu'ici par les divers auteurs (voyez l'historique), c'est certainement de celui de Metschnikoff que la description précédente se rapproche le plus. La larve ne consiste ni en une masse pleine de cellules, comme le dit Mac-Intosh, ni en une vésicule creuse renfermant dans son intérieur un amas granulo-graisseux (Van Beneden et Dieck); mais on y distingue une délamination directe en deux feuillets concentriques parfaitement distincts; de plus, l'étude des phénomènes qui viennent après la larve montre que la masse interne donne naissance au *tube digestif* et à la *musculature*, tandis que le feuillet externe produit tout simplement l'épithélium de la peau.

A côté du *Tetrastemma dorsale*, et dans les mêmes circonstances, je trouvais constamment une seconde espèce qui s'en rapprochait à bien des égards : le corps possédait la même forme arrondie, légèrement renflée à la partie postérieure, et qui contraste avec la forme aplatie des autres Némertes; la peau était marbrée comme celle du *Tetrastemma dorsale*, mais la teinte en était toujours beaucoup plus pâle; l'animal, au lieu d'être fortement taché de noir ou de brun, comme la première espèce, conservait dans son ensemble un aspect blanc grisâtre, dans lequel les marbrures étaient à peine plus foncées que le reste du corps. Ce second *Tetrastemma*, que j'hésite à considérer comme une espèce distincte, possédait, pour tout le reste, des caractères identiques au *dorsale* : la ponte avait lieu à la même époque, mais les œufs, au lieu de n'être environnés que d'une mince membrane vitelline, se trouvaient en outre contenus dans l'intérieur d'une coque spacieuse; de plus, les spermatozoïdes ne venaient plus adhérer à l'œuf comme dans le premier cas.

Contrairement à ce qui avait lieu pour le *Tetrastemma dor-*

*sale*, le développement ne s'effectuait chez cette variété que très-difficilement; les œufs, régulièrement pondus et très-sains en apparence, pourrissaient néanmoins toujours au lieu de se développer. J'ai cependant réussi, en plaçant les Némertes dans une grande quantité d'eau, à voir s'effectuer le développement, et je l'ai trouvé complétement identique à ce que j'ai décrit pour le *Tetrastemma dorsale :* la larve, produite également en moins de vingt-quatre heures, est identique, comme structure et comme destinée, à celle de la figure 111. Si le *Tetrastemma* en question méritait d'être considéré comme une espèce distincte, nous aurions ainsi deux exemples du mode de développement précédemment décrit.

3° Embryogénie du *Polia carcinophila*, Kölliker (fig. 115 à 119).

Les mœurs et le mode de vie de ce curieux parasite des Crabes ont déjà été trop souvent et trop bien décrits pour qu'il soit nécessaire d'y revenir ici. J'ai trouvé immédiatement, en me conformant aux excellentes indications de mes prédécesseurs, les œufs de ce Némerte logés dans des gaînes transparentes au milieu des œufs du Crabe qui les portait. Mes observations, faites à Wimereux vers la fin d'avril, m'ont conduit à des résultats tout à fait différents de ceux auxquels était arrivé Van Beneden pour la même espèce : la larve, que l'auteur belge assimile à une sphère creuse renfermant dans son intérieur un amas granulo-graisseux, est, selon moi, un Némerte déjà tout formé qui n'a absolument rien de comparable à une *Planula*, mais ressemble plutôt au jeune Némerte qui sort de l'œuf dans le mode de développement direct.

Le développement de la larve en question suit du reste exactement la même marche générale que celle que nous avons décrite à propos de l'*Amphiporus lactifloreus*. Les figures 115 et 116 montrent la différenciation graduelle de la musculature aux dépens d'une masse deutoplasmique blanche interne, et il ne peut être élevé aucune espèce de doute sur ce fait que le développement du *Polia carcinophila* doive être rangé dans le mode de développement direct; la seule différence consiste

en ce que le jeune Némerte, au lieu d'adopter immédiatement,
au sortir de l'œuf, le mode de vie du Némerte adulte, se met
à nager en liberté au milieu du liquide. Il se produit ainsi un
véritable état larvaire, mais un état larvaire qui ne correspond
plus, comme chez le *Tetrastemma dorsale* et le *Pilidium*, à un
simple stade embryonnaire, mais tout au contraire à un jeune
Némerte déjà tout formé (1).

Une autre différence d'un plus haut intérêt m'a cependant
paru exister aussi en ce qui concerne la disposition des feuillets,
entre le mode de développement du *Polia* et celui de l'*Amphiporus lactifloreus*. Tandis que chez le second la masse blanche
deutoplasmique se séparait d'une manière bien nette de l'épithélium périphérique avant de commencer à se différencier en
musculature, il m'a semblé que, tout au contraire, cette différenciation se faisait chez le *Polia* avant séparation complète de
la couche externe. J'ai vu, en faisant agir le mélange de carmin
et de glycérine sur des œufs avant l'apparition des cils vibratiles, les deux renflements (*rf*) déjà bien formés, mais se confon-
dant insensiblement à leur périphérie avec le feuillet superficiel
plus opaque (fig. 115). Il est possible que, sans nous écarter
ici beaucoup de l'*Amphiporus* (dont le mode d'embryologie du
*Polia carcinophila* est, dans tous les cas, très-voisin), nous ayons
ici un cas moins abrégé dans lequel la musculature se différen-
cierait directement aux dépens de la partie interne des cellules
radiaires (fig. 77, etc.) avant la fusion de ces dernières en une
masse compacte. J'aurais voulu résoudre cette question d'une
manière catégorique ; malheureusement mes observations
avaient été entreprises un peu trop tard, tout à fait à la fin de
l'époque de reproduction, et, quelque effort que j'aie pu tenter,
il m'a été impossible de retrouver des œufs pendant les premiers
stades de la segmentation.

(1) Mac-Intosh, dont la description se rapproche déjà plus de la mienne que
celle de Van Beneden, n'indique pas de trompe dans la larve éclose ; je ne puis
attribuer cette différence qu'à une confusion : la trompe, en effet, est facile
à reconnaître chez les larves de cette espèce. Mac-Intosh l'a prise pour la
région œsophagienne, qu'il figure beaucoup plus étendue qu'elle n'est en réalité.

Quoi qu'il en soit de ces premiers stades de développement, les renflements (*rf*), dont nous avons constaté l'apparition au stade fig. 115, ne tardent pas à se détacher complétement de la couche périphérique, et à prendre la disposition ordinaire déjà décrite si souvent à propos du développement direct. La trompe, déjà vaguement indiquée au stade précédent (*tr*), devient plus nette, et l'on arrive à un stade (fig. 116) qui se trouve identique à celui de la figure 87 de l'*Amphiporus*. C'est à cette époque qu'apparaît le revêtement général de cils vibratiles, et que l'embryon, muni de son plumet ciliaire avec ses deux points oculiformes, quitte l'œuf pour aller nager au milieu du liquide.

Cette jeune larve (fig. 117) présente, comme je l'ai dit, tous les caractères d'un Némerte déjà complétement formé : on y voit, à la partie antérieure, l'épaisse musculature qui dérive de la réunion des renflements *rf*. Derrière cette partie se voit la cavité métastomiale remplie d'une matière granulo-graisseuse et entourée des lames musculaires de la paroi du corps. Au milieu de cette masse médiane opaque se voit distinctement la trompe, dont on peut même, dès ce stade, distinguer la cavité centrale; on n'aperçoit encore, à cette époque, aucune trace d'armature. La cavité prostomiale n'apparaît de même à ce stade, que comme une faible tache obscure située entre l'espace compris entre les deux yeux et le plumet ciliaire de la partie antérieure.

Pour passer de la larve de la figure 117 à l'état adulte, il n'y a pas besoin d'autres modifications que celles qui s'effectuent à partir du stade fig. 84 de l'*Amphiporus* : la masse graisseuse *gi* de la partie postérieure se différencie en tube digestif; la cavité prostomiale devient plus nette; enfin le système nerveux se forme au milieu de la cloison formée par la réunion des deux renflements *rf;* un seul fait se trouve surajouté, c'est le passage de l'état nageant à l'état rampant, de l'aspect arrondi à l'aspect vermiforme. Je ne puis dire si ce passage est accompagné, comme le disent Dieck et Van Beneden, d'un changement de peau, ou si, comme le dit Mac-Intosh, ce changement de peau n'y existe pas plus que chez le *Tetrastemma dorsale* et le

*Cephalothrix linearis*, mais je penche plutôt, dans ce cas, pour la seconde opinion.

La figure 118 représente l'état le plus avancé que j'aie pu trouver dans l'embryogénie de ce Némertien ; j'ai conservé entre ce stade et celui qui précède, dans mes figures, les proportions relatives : on voit que l'animal a déjà subi un accroissement très-considérable ; le jeune Némerte représenté dans la figure 118 n'avait encore aucune trace de produits génitaux ; il se trouvait au milieu des œufs de Crabe, mais sans se tenir, comme l'adulte, renfermé dans un tube. Sur ces exemplaires, la cavité prostomiale était devenue très-nette et se trouvait limitée, de chaque côté, par les lames prostomiales DP très-nettement visibles. Les organes latéraux sont peu distincts chez cette espèce ; néanmoins il existe, au stade fig. 118, au niveau de *gn*, une cloison très-nette qu'on reconnaît aussi, suivant le cas ordinaire, comme étant le rudiment commun des organes latéraux et masses ganglionnaires, et qui rend, surtout à cette époque, parfaitement distincte la délimitation en lames prostomiales et métastomiales. La trompe a acquis les caractères qu'elle conserve chez l'adulte, mais elle ne possède plus, comme chez les autres types, d'enveloppe spéciale (gaîne de la trompe) et flotte librement dans la cavité du corps au-dessus de l'intestin. Le tube digestif apparaît comme un tube allongé à parois propres ; la cavité générale est bien formée, et de plus on constate, comme nous l'avons déjà décrit à propos du *Lineus obscurus*, que la paroi de l'intestin se trouve, de distance en distance, attachée à celle du corps, partageant la cavité générale en un certain nombre de compartiments *cg* (chambres génitales) bordés par le lacis connectif dont nous avons déjà si souvent parlé.

La figure 119 représente la tête de l'adulte : les deux masses prostomiales D P s'y sont réunies, comme chez les autres espèces, en une masse cohérente, et l'on ne distingue plus guère de traces de la cavité prostomiale ; les organes latéraux *ol* sont à peine visibles, et la masse céphalique paraît se continuer, sans ligne de démarcation nettement tranchée, avec les lames musculaires de la paroi du corps. Les organes latéraux semblent, chez cette espèce, avoir éprouvé, comme la trompe, un développement régressif; leur absence rend la division générale de la musculature moins nette que d'ordinaire, néanmoins elle ne peut donner lieu à aucune difficulté. La présence au stade 118 des lames prostomiales, et l'identité de leur développement ultérieur avec ce que nous avons vu chez les autres Némertes, ne permettent pas de laisser subsister aucun doute à cet égard.

En résumé, le développement du *Polia carcinophila* se rapproche beaucoup de celui des Némertes à développement direct; ce fait peut donc, dans une certaine mesure, être utilisé pour la place à assigner à ce type curieux dans le groupe des Némertes. La plupart des observateurs ont été portés à faire de cette forme un type exceptionnel : Van Beneden et Mac-Intosh la rapprochent du *Prorhynque;* cette erreur, excusable à l'époque du premier de ces deux auteurs, est étrange de nos jours. On sait aujourd'hui, d'une manière, certaine que le *Prorhynque* n'a rien de commun avec les Némertes proprement dits : sa prétendue trompe n'est qu'un pénis, et non pas un organe spécial. Le *Prorhynque* doit être placé dans un groupe à part, à côté des *Rhabdocœles* et des *Dendrocœles*, dans les *Turbellariés;* il n'a, avec les Némertiens, que des rapports éloignés dont nous nous occuperons plus loin. Le *Polia carcinophila* n'a rien qui l'écarte des Némertes les plus typiques; tous les traits fondamentaux de son organisation sont basés sur le plan général d'organisation de ces animaux; les seules particularités qu'il présente (rétrogradation de la trompe et des organes latéraux, absence de gaîne de la trompe, etc.) sont de simples modifications de détail dues au parasitisme; il n'y a pas de doute qu'il faille considérer le *Polia carcinophila* comme constituant un *Enopla* des mieux caractérisés, simplement modifié par le parasitisme (1).

(1) Ces faits d'amoindrissement de la trompe et des organes latéraux ne sont pas extrêmement rares parmi les Némertiens : il arrive souvent que les organes latéraux deviennent peu visibles; d'un autre côté, on connaît deux autres espèces, les *Nemertes gracilis* et *Neesii*, chez lesquelles la trompe est proportionnelle-

1° Embryogénie du *Cephalothrix linearis*, Jens Rathke (fig. 124).

J'ai obtenu des œufs de ce Némertien à Saint-Waast la Hougue pendant le mois de juillet. Des *Cephalothrix* que j'avais laissés pendant un certain temps dans un bocal me donnèrent des embryons ; j'étais alors occupé à d'autres recherches, et je ne m'aperçus malheureusement de la ponte qu'après l'éclosion. Le stade à partir duquel j'ai commencé mes observations était déjà avancé (fig. 124) et correspondait au dernier que figure Mac-Intosh ; néanmoins j'y ai encore rencontré quelques particularités assez intéressantes et qui méritent de ne pas être passées sous silence.

Le stade que j'ai représenté dans la figure 124 correspond à ceux qui, dans toutes les espèces précédentes, suivaient immédiatement l'apparition de différents systèmes d'organes du jeune Némerte. La partie postérieure est occupée tout entière par un amas graisseux d'où naîtra l'intestin ; tout autour, on voit la couche musculaire, mais cette dernière ne présente plus la même disposition que chez toutes les espèces précédemment décrites : toute la partie antérieure de l'animal paraît occupée par une masse musculaire considérable qui porte deux gros yeux munis d'un cristallin, et de chaque côté, un peu au-dessous des yeux, un long poil roide (*fl*) qui correspond à ce qui sera plus tard l'ouverture des organes latéraux. Il n'y a pas de trace de la cavité du prostomium ; les lames musculaires de la paroi du corps (fig. 124), au lieu de se réunir, comme les *Enopla*, en une épaisse cloison médiane, en avant de laquelle se trouvent d'autres masses musculaires (lames prostomiales), viennent simplement contourner en s'épaississant toute la partie antérieure du corps de l'animal. L'œsophage (*œ*) est situé en avant de la masse graisseuse, immédiatement au-dessous de la masse musculaire antérieure ; la trompe (*tr*), qui n'avait pas été vue par

ment plus petite que chez les autres Némertes. Le nouveau genre *Nemertes* établi par Mac-Intosh sur ce fait me paraît peu naturel et basé sur un caractère uniquement adaptatif.

 **J. BARROIS.**

Mac-Intosh, constitue un cordon plein, court et épais, situé au-dessus et en avant de l'œsophage, et qui est difficile à distinguer au milieu de la masse musculaire, de même couleur qui l'entoure de toutes parts : elle avait échappé à l'auteur anglais. Jusqu'ici aucune trace de la division en cavités prostomiale et métastomiale ne paraît exister ; mais en examinant avec attention, on voit que la trompe se trouve séparée de la masse épaisse de tissu musculaire qui l'environne par deux bandes obscures (*cp*) situées *en avant de l'œsophage*, et qui résultent de l'extension vers la partie antérieure de la cavité qui contient les globules graisseux. Cette cavité, située autour de la trompe, et en avant de la bouche, représente, selon moi, la première indication de la cavité du prostomium ; en suivant le reste du développement, on la voit s'allonger de plus en plus vers la partie antérieure (1) et passer en avant de l'ouverture (*fl*) des organes latéraux ; plus tard c'est à son pourtour, *au-dessus* de ces mêmes organes latéraux, que se différencieront les masses ganglionnaires : en un mot, on la voit suivre exactement la même évolution que la cavité triangulaire (fig. 100 à 104 *cp*), que nous avons vue, dans la régénération de la tête du *Lineus*, se former en avant de l'extrémité tronquée du tube digestif. A la suite de la différenciation du système nerneux, elle se distingue d'une manière plus tranchée, par sa forme étroite, du reste de la cavité du corps, et l'on peut dès lors assigner, avec autant de certitude que partout ailleurs, la limite entre les cavités prostomiale et métastomiale ; la différenciation des organes latéraux vient enfin séparer d'une manière plus nette les lames prostomiales et métastomiales.

Ce développement constitue un second exemple du mode d'apparition des grandes divisions de la musculature, déjà indi-

---

(1) Les organes latéraux du *Cephalothrix linearis* sont, en général, peu accusés ; c'est là ce qui fait que plusieurs auteurs les ont laissé passer inaperçus et ont dessiné le Némerte comme en étant dépourvu ; je me suis assuré que c'était là une erreur : ces organes existent très-bien chez le *Cephalothrix* adulte et y présentent, avec le système nerveux, une disposition analogue à celle des *Lineus*.

qué à propos de la régénération de la tête du *Lineus obscurus*;
il nous faut admettre que dans le cas de formation de la musculature par différenciation graduelle, telle que nous l'avons
vue dans tous les développements que nous venons d'étudier,
il y a deux modes principaux, qui répondent aux grandes divisions des *Enopla* et des *Anopla* : dans le premier cas (*Enopla*),
les masses principales, qui répondent au point de réunion des
parties essentielles de la musculaire, sont intermédiaires entre
les deux cavités; dans le second (*Anopla*), elles sont tout
entières situées en avant, ce qui fait que les cavités ne sont plus
d'abord distinctes. Le développement ultérieur nous conduit
du reste, de part et d'autre, au même résultat, et cette différence dans le mode de formation n'est, comme nous le verrons plus tard, due qu'à une différence de structure entre
les deux divisions du groupe des Némertes; les figures 169
et 170 schématisent ces deux modes de différenciation.

5° Résumé.

*Tetrastemma dorsale* (fig. 107 à 114). — A la ponte, l'œuf
(fig. 107) présente, avec une netteté exceptionnelle, la division
en zone corticale $z$ plus sombre et protoplasme interne plus
clair, contenant dans son intérieur un petit noyau $o'$. Après la
fixation des spermatozoïdes sur tout le pourtour (fig. 108), on
constate la disparition de la vésicule et la fusion des deux zones
de l'œuf.

L'œuf commence ensuite à se segmenter pour produire le
stade à cellules radiaires; puis la partie interne des cellules
radiaires se fragmente pour produire une quantité de petites
cellules à noyau disposées irrégulièrement en une masse
interne, tandis que leur partie externe demeure à la surface en
un feuillet continu : c'est alors que l'embryon se couvre de
cils, acquiert un plumet, et éclôt pour donner naissance à la
larve libre (fig. 111). Cette larve libre a la même structure que
le stade fig. 83 de l'*Amphiporus*, seulement la masse M, qui
représente les deux feuillets internes, est ici cellulaire; de plus,

elle se produit d'une manière directe, au lieu de résulter de la fusion de deux feuillets d'abord distincts.

Après avoir vécu pendant quelque temps sans modifications, cette larve se transforme en Némerte de la même façon que le stade fig. 83 de l'*Amphiporus :* les éléments de la masse interne perdent leurs caractères franchement cellulaires, et se confondent en une masse de cellules granuleuses, au milieu de laquelle on voit apparaître, comme précédemment pour l'*Amphiporus*, des éléments plus opaques qui délimitent la trompe des parties plus externes, et correspondent à la séparation des deux feuillets internes (endoderme *gi* et mésoderme). Ces granules opaques indiquent bientôt, comme pour l'*Amphiporus*, deux cavités distinctes (*cp* et *cm*), la seconde remplie de globules graisseux *gi* dont naîtra l'intestin, et séparées l'une de l'autre par une partie plus renflée *rf* du tissu mésodermique. De ce renflement naissent ensuite, comme pour l'*Amphiporus*, les masses ganglionnaires et organes latéraux, tandis que le reste du feuillet mésodermique se différencie en lames prostomiales DP, qui s'épaississent pour combler la cavité *cp*, et lames métastomiales DM, qui s'amincissent pour former la paroi du corps.

*Polia carcinophila* (fig. 115 à 119). — Bien que je ne puisse pas retracer d'une manière complète les premiers stades du développement de cette espèce, il m'a semblé que le processus de dégénérescence des cellules radiaires était ici remplacé par une délamination directe en deux couches concentriques. En admettant, bien que je n'aie pu contrôler son existence, la présence très-probable de la *gastrula*, ce type représenterait un mode moins modifié que l'*Amphiporus lactifloreus*, et devrait être placé comme intermédiaire entre ce dernier et le type de Desor. Quelle que soit du reste la marche de ces premiers phénomènes (au sujet desquels je ne puis rien dire que d'une manière très-dubitative), le développement ne tarde pas à en revenir au mode ordinaire : aussitôt après ces phénomènes, encore incertains, de formation des feuillets, l'embryon apparaît (fig. 116) avec la même structure qu'au stade 87 de l'*Amphiporus* (cloison *rf* et couche continue), et le reste du développement s'effectue ensuite suivant le cas général. Le peu de netteté des organes latéraux rend la délimitation des lames prostomiale et métastomiale plus difficile ici que dans les cas ordinaires ; néanmoins cette délimitation ne peut laisser aucun doute, surtout si l'on regarde la figure 118. La larve libre n'a pas la structure simple qu'on lui avait supposée ; mais représente (fig. 117) un jeune Némerte, déjà tout formé, qui ne diffère des Némertes ordinaires au moment de leur éclosion que par son genre de vie.

*Cephalothrix linearis* (fig. 124). — La figure 124 représente un stade qui correspond au stade fig. 112 du *Tetrastemma dorsale* : nous y voyons, comme partout ailleurs, le feuillet moyen constitué dans son ensemble par un épais renflement *rf* qui se prolonge en une mince couche qui entoure le corps ; mais au lieu d'être situé un peu près, au quart antérieur, de manière à diviser le corps en deux cavités (prostomiale et métastomiale), ce renflement se trouve situé tout à fait en avant, antérieurement à toutes les cavités internes (fig. 124). Une étude attentive, surtout dans les stades qui suivent, montre que ce renflement correspond complétement à celui que nous avons vu se former dans la régénération de la tête des *Lineus obsurus*. De même que dans le *Lineus*, ce renflement *rf* du *Cephalothrix* est exactement de même nature que celui *rf* des *Enopla*, et correspond comme lui au point de soudure des masses ganglionnaires à une portion de la peau ; mais il présente aussi avec lui une dissemblance qui a sa source, comme nous l'avons dit, dans une différence de structure entre les groupes des *Anopla* et des *Enopla*. La masse *rf* du *Cephalothrix* et du *Lineus* représente, ainsi que l'indique le développement ultérieur, la masse formée par la réunion des ganglions aux organes latéraux et aux *lames prostomiales*, tandis que, chez les *Enopla*, elle représente la masse formée par leur réunion aux organes latéraux et *lames métastomiales*. La division fondamentale en deux cavités n'en existe pas moins pour cela dans un cas comme dans l'autre, seulement elle est plus ou moins nettement exprimée. La comparaison des

22

figures schématiques 166, 167, 168 et 169, 170, fera bien comprendre les relations qui existent entre les deux modes : 166 exprime la structure idéale, avec lames prostomiales et métastomiales, séparées l'une de l'autre par les organes latéraux ; 167 exprime la disposition schématique que j'attribue aux *Enopla* ; 168, aux *Anopla* dans les seconds (*Anopla*), les ganglions *gn* étant situés entre les organes latéraux et les lames prostomiales, et dans les premiers (*Enopla*) entre les organes latéraux et les lames métastomiales (c'est ce qui explique la différence de position de l'œsophage). Dans la formation de la musculature aux dépens de la masse interne du type de développement qui vient d'être décrit, c'est le rudiment commun des système nerveux, organes latéraux, et portion de la paroi près de laquelle il est placé, qui apparaît tout d'abord sous forme d'un épais renflement ; or, il est aisé de voir que ce renflement n'occupera pas la même place chez les *Anopla* et les *Enopla* : chez les premiers, il sera antérieur aux deux systèmes de cavités, et correspondra au point de soudure des organes latéraux, masses ganglionnaires et *lames prostomiales;* chez les seconds, il lui sera intermédiaire, et correspondra au point de soudure des organes latéraux, masses ganglionnaires et *lames métastomiales*. Ainsi on obtient les deux modes de différenciation représentés schématiquement (fig. 169-170), et qui représentent, le premier le mode de différenciation des *Anopla* (*Cephalothrix*), le second des *Enopla*.

### 3. Conclusion.

Nous avons déjà montré, dans ce qui précède, que l'un des trois anciens types de développement simple (par différenciation directe de la *morula*), le type de Desor, devait être réuni au *Pilidium* pour constituer avec lui un mode nouveau caractérisé par un ensemble de phénomènes très-constants, basé sur l'évolution des feuillets et auprès duquel les formes larvaires n'avaient qu'une importance extrêmement accessoire. La marche graduelle que nous avons suivie pour arriver à ce fait peut se retracer par trois propositions. Nous avons vu successivement :

1° Qu'il y avait entre le *Pilidium* et le type de Desor une identité générale plus grande qu'on ne le supposait.

2° Que cette identité était produite par un ensemble de phénomènes constants d'une importance essentielle.

3° Que l'état de *scolex*, sans influence aucune dans ses variations sur cet ensemble fondamental, devait être dépouillé de toute sa valeur, et être réduit à un rang tout à fait accessoire.

Cette marche générale, suivie une première fois pour les deux premiers types, peut aussi s'appliquer avec le même succès à l'étude complète des deux autres modes (*développement direct* et *Planula*).

1° Ce qui nous frappe d'abord dans la série des développements qui viennent d'être retracés, c'est la grande analogie du *développement direct* et de la *Planula*. Ces deux types ne présentent pas simplement une différenciation directe de la *morula*, mais sont caractérisés, chacun de leur côté, par un ensemble de phénomènes parfaitement définis, et cet ensemble est le même pour tous les deux : au lieu donc de constituer comme auparavant, par leur réunion, un *caput mortuum* où les différents types n'étaient assemblés que par des caractères purement négatifs, l'absence de tout phénomène de développement propre, ils forment maintenant une division très-bien circonscrite et basée sur un ensemble de phénomènes parfaitement définis.

2° Cet ensemble de phénomènes si bien définis consistait, pour les deux premiers types, dans la série des faits de développement interne. Nous rencontrons ici un cycle différent, mais non moins constant, ni moins bien caractérisé que celui que nous avions chez le *Pilidium ;* il constitue aussi une série invariable qui doit servir de base à notre second mode de développement, et consiste dans ses grands traits, dans la formation du stade à masse centrale (fig. 83) représentant la réunion des deux feuillets internes, et couche périphérique représentant l'exoderme, puis dans la différenciation de la masse centrale en ses deux éléments.

3° L'identité complète du développement interne dans les deux

derniers modes nous montre que les larves n'ont aucune influence
sur la marche générale des phénomènes embryonnaires, qui
restent les mêmes dans tous les cas. Ces larves sont au contraire excessivement variables ; elles existent dans le second
cas (*Plonula*), et sont absentes dans le premier (développement direct), et présentent de plus des variations de structure
des plus étendues : nous devons donc admettre qu'elles n'ont
aucune valeur, et ne possèdent pas de signification pour la
marche générale de l'embryogénie.

Ainsi, les deux derniers types d'embryogénie (*développement direct* et *Planula*) constituent, de même que les deux premiers, un mode unique de développement, caractérisé par l'ensemble des phénomènes internes et dans lequel l'état larvaire
perd toute son importance: Nous pouvons donc substituer à
l'ancienne division en quatre formes distinctes : *développement
direct, Planula, type de Desor, Pilidium*, une nouvelle division en deux modes *développement direct* et *Planula, Pilidium* et *type de Desor*, basés uniquement sur les phénomènes
internes. Le premier de ces deux modes nous est bien connu,
nous l'avons étudié dans la première partie ; le second ne l'est
encore que d'une manière générale. Il nous reste à l'établir
avec le même détail.

Les phénomènes décrits chez l'*Amphiporus lactifloreus* donnent une idée très-juste du second mode d'embryogénie. Il y a
*gastrula* et dégénérescence de la partie interne de toutes les
cellules qui bordent la cavité de segmentation pour former à l'intérieur une masse continue qui est le mésoderme (fig. 79-80) ;
l'endoderme se confond ensuite avec le mésoderme, et l'on
arrive à un stade composé d'une masse centrale et d'une
couche externe, la première représentant les deux feuillets
internes (fig. 83). Le reste du développement consiste dans une
séparation nouvelle de ces deux feuillets un moment confondus, puis dans la différenciation de chacune de ces deux parties : la première (endoderme) en une masse graisseuse *g i* qui
devient l'intestin ; la seconde en une lame continue, disposée
autour de deux cavités *cp* et *cm* séparées par une cloison *rf*,

et qui se divise ensuite en lames prostomiales et métastomiales qui suivent leur évolution ordinaire.

Cette marche du développement, qui peut servir de type
à tout le second mode, peut éprouver cependant des modifications ; les phénomènes antérieurs au stade fig. 83 peuvent se
présenter plus ou moins modifiés. Un cas de plus grande simplification nous est présenté par le *Tetrastemma dorsale*,
où nous avons production directe de la masse interne M qui
représente les deux feuillets (fig. 83), sans apparition préalable
de chacun de ces deux feuillets à l'état distinct ; des cas de
simplification moins grands que l'*Amphiporus* doivent aussi
exister, et ce n'est qu'à leur aide qu'on peut espérer trouver des
intermédiaires entre les deux modes d'embryogénie. Néanmoins je n'ai pu en constater jusqu'ici aucun avec certitude :
le seul exemple observé par moi où il y aurait (peut-être?) quelque chose d'analogue, est le *Polia carcinophila*, où nous avons
déjà dit que le feuillet moyen ne nous avait pas paru subir une
dégénérescence aussi étendue que dans le cas ordinaire; mais
je fais mes réserves sur ce dernier point. Quoi qu'il en soit, ces
cas de simplification plus ou moins avancés se rattachent tous
d'une manière étroite à la disposition de l'*Amphiporus*, qui,
ainsi que nous l'avons dit, sert de type pour le second mode.

D'autres variations d'un ordre différent se rencontrent dans
les phénomènes ultérieurs à la formation des feuillets ; ces derniers sont dus à la différence d'organisation qu'on rencontre
chez les *Anopla* et les *Enopla*. Nous avons vu qu'en règle générale, un des premiers phénomènes dans l'arrangement du
feuillet moyen issu de la différenciation de la masse interne,
était l'apparition de l'épais renflement *rf* formé par la réunion
des masses ganglionnaires à une portion de la paroi; mais comme
la place occupée par les masses ganglionnaires n'est pas la
même dans les deux groupes, le renflement occupe aussi une
place variable, et de là une différence d'aspect assez frappante
dans les embryons : tandis que la division en deux cavités se
montre vite distincte chez les *Enopla*, où le renflement *rf* est
situé entre les deux, elle n'est guère visible chez les *Anopla*, où ce

même renflement est situé tout entier au devant des deux : cela n'empêche pas que bien que moins distincte, à cause de cette circonstance, la grande division en deux cavités n'en existe aussi bien dans le second cas que dans le premier, comme le montrent les figures 169-170, qui schématisent ces deux modes ; les cavités finissent du reste par devenir également distinctes dans ce type des *Anopla*, aussitôt que les organes latéraux sont différenciés.

### 4. ÉTABLISSEMENT DU CYCLE EMBRYONNAIRE.

En résumé, nous arrivons, à la suite de cette étude sur l'embryogénie des différents types, à substituer aux quatre anciens modes de développement basés sur les formes d'embryogénie (*développement direct, Planula, type de Desor, Pilidium*) deux modes nouveaux basés sur les phénomènes de développement interne, et comprenant, le premier, le *Pilidium* et le *type de Desor*, le second le *développement direct* et la *Planula*.

L'étude approfondie des différentes formes d'embryons nous a montré que le cycle n'était pas alternant, comme on l'avait cru, mais consistait dans la formation directe du Némerte ; les différentes formes transitoires, auxquelles on ajoutait jusqu'ici une si grande importance, ne sont que des *larves*, et non des *scolex*. Nous avons montré que c'était à tort qu'on leur avait attribué un rôle fondamental dans le développement, et qu'elles n'en constituaient au contraire que des aberrations sans aucune importance, ce qui nous a conduit à nier la réalité du cycle d'alternance. La grande diversité de structure de ces larves rendrait du reste impossible, même dans l'hypothèse de l'alternance, de les considérer pendant plus longtemps comme des simplifications graduelles d'une seule forme de *scolex* ; elles n'ont en effet aucune analogie de structure, mais résultent du passage à l'état libre des stades embryogéniques les plus différents : le *Pilidium* est une *gastrula*, la larve de *Tetrastemma dorsale*, un stade à masse interne (représentant les deux feuillets internes) et à couche externe, la larve de *Polia* un Némerte tout formé.

Cette concordance, qui nous fait défaut entre les quatre anciens modes distingués par les auteurs, se retrouve pleine et entière entre les deux modes nouveaux établis sur l'étude des phénomènes internes. Dans le premier mode comme dans le second, le développement prend pour point de départ une *gastrula* (1), et consiste, dans son ensemble, dans la formation et le développement du feuillet moyen. Ce feuillet peut apparaître de deux manières différentes : il peut se former par naissance, aux dépens de l'exoderme, de quatre épaississements (disques) qui se rejoignent ensuite pour former les lames prostomiales et métastomiales, ou bien par délamination directe en une masse interne de deutoplasme, qui se différencie ensuite d'une manière directe en lames prostomiales et métastomiales. La marche générale des phénomènes est donc identique dans les deux cas, et consiste, dans ses grands traits, dans la naissance des quatre parties essentielles de la musculature aux dépens de l'exoderme ; seulement il peut y avoir, soit formation directe de ces quatre rudiments, soit différenciation aux dépens d'une masse de deutoplasme produite tout d'abord. Ce sont ces deux cas qui, sans constituer de différence essentielle, forment les deux grands modes du développement. Nous pouvons donc conclure, en substituant à l'ancien cycle d'alternance un cycle de développement direct basé sur l'évolution générale des feuillets, et en particulier du mésoderme ; le *Pilidium* et toutes les autres formes ne sont que des aberrations expliquées dans ce qui précède de ce mode unique et fondamental.

## SECONDE PARTIE.

### DU PLAN DE STRUCTURE.

### 1. CONSIDÉRATIONS PRÉLIMINAIRES.

Les résultats acquis en embryogénie n'ont pas seulement leur application dans l'établissement du cycle embryonnaire ;

(1) Voyez, pour plus de détails, le mode de formation de cette *gastrula* dans les deux cas, et l'identité de la disposition des sphères à la surface de la *blastula*.

ils nous conduisent aussi, au point de vue de la structure de
l'adulte, à des conceptions qui s'écartent beaucoup, en des points
essentiels, des idées acquises par la simple étude anatomique
de ces animaux. Je me trouve surtout, en ce qui concerne la
disposition des *couches musculaires* et du *reticulum connectif*,
amené à des vues complétement étrangères à celles actuelle-
ment existantes. Les premières se trouvent en opposition avec
les vues qui semblent généralement admises; les secondes,
avec les idées dernièrement émises par Hubrecht, au sujet du
cloisonnement de la cavité du corps. Le tableau suivant, où je
place d'abord, pour chacune de ces questions, les opinions
existantes, puis celle qui m'appartient, montre les différences
qui existent à ce sujet.

Paroi du corps :

1° Divisée en *masse céphalique* et *tube musculaire*, séparés
par les *commissures* du système nerveux (Auteurs).

2° Divisée en *lames prostomiales* et *métastomiales* séparées
par les *organes latéraux*.

Cavité du corps :

1° Cloisonnée par des diaphragmes formés de reticulum (dissépiments) (Hubrecht).

2° Cloisonnée par les cæcums du tube digestif venant se souder à la paroi.

Pour faire bien comprendre l'importance, au point de vue
de l'organisation entière du Némerte, de l'adoption, dans
chacun de ces cas, de l'une ou de l'autre des deux opinions, il
est nécessaire d'entrer ici dans quelques détails.

1° *Paroi du corps.* — *a.* Dans la première, le corps est, dans
son ensemble, formé d'un simple sac musculaire renflé par
devant en masse céphalique, et ne comprenant dans toute son
étendue qu'une seule cavité. La comparaison des différents
types conduit naturellement, dans cette opinion, à comparer
entre elles les masses céphaliques, les masses ganglionnaires,
et les couches musculaires ; là où, comme dans les groupes des

*Anopla* et des *Enopla*, il y a dissemblance dans l'aspect de la tête. Cette dissemblance est naturellement attribuée à un déplacement des organes latéraux, par rapport aux commissures nerveuses considérées comme constantes. On voit ainsi que chez les *Anopla*, les organes latéraux, d'antérieurs qu'ils étaient chez les *Enopla* (fig. 97), se sont portés en arrière, entraînant avec eux les ganglions supérieurs qui s'allongent vers le bas, et sont venus rétrécir la cavité du corps sur une notable étendue. La cavité plus étroite de la portion antérieure des *Anopla* n'est pas considérée comme étant distincte de la cavité qui vient ensuite. On rencontre d'ailleurs des types de passage chez lesquels les organes latéraux, supérieurs chez les *Enopla* et inférieurs chez les *Anopla*, occupent une position intermédiaire; mais un fait qui ne peut s'expliquer d'après cette théorie, est la position de l'œsophage, qui se trouve le plus éloigné de la région céphalique, précisément chez le type où l'on devrait, par suite de l'accroissement des ganglions vers le bas, s'attendre à le trouver le plus rapproché.

*b.* Dans la seconde opinion, nous avons, outre le renflement céphalique, une division de la couche musculaire en deux parties distinctes séparées l'une de l'autre par les organes latéraux, et comprenant chacune une cavité spéciale : la masse céphalique n'est que le produit de la soudure plus ou moins complète de la première de ces deux parties (lames prostomiales) qui tendent à obstruer par leur épaississement la portion de cavité du corps qu'elles comprennent entre elles. Il suit de là qu'au lieu de rapporter la masse céphalique des *Enopla* (fig. 97), qui correspond à la fusion complète des lames prosto miales, à celle des *Anopla* (fig. 104), qui correspond seulement à leur fusion partielle, on la rapportera à la totalité des lames prostomiales de ce dernier type, la cavité comprise entre les deux branches du système nerveux (fig. 104) sera de même rapportée à la cavité prostomiale incomplétement comblée. Au lieu d'admettre, comme dans le cas précédent, un changement de place des organes latéraux par rapport au système nerveux, nous devrons admettre un changement de place du système nerveux par rapport aux organes latéraux considérés comme points fixes, et admettre qu'il se forme tantôt au-dessus (*Anopla*), tantôt au-dessous (voy. fig. 166, 167, 168 : 166, type commun ; 167, *Enopla*; 168, *Anopla*, ainsi que les figures 97 et 104). Cette seconde opinion a, sur la précédente, l'avantage d'expliquer la place de l'œsophage.

2° *Cavités.* — Nous avons vu que le cloisonnement de la cavité du corps pouvait se rapporter à deux causes différentes : aux cæcums, ou aux cloisons qui alternent avec eux. Chacune de ces opinions conduit également, en ce qui concerne le rôle du reticulum, à des vues très-différentes.

*a.* La première opinion compare les cloisons connectives à des dissépiments maintenant en place le tube digestif et divisant, comme chez les Annélides, la cavité du corps en chambres séparées (zoonites), dont chacune contient un tronçon régulier de l'intestin, des cordons nerveux, et des tubes vasculaires ; chaque dissépiment porte aussi, en outre, les produits génitaux et les vaisseaux transverses. Le Némerte se ramène ainsi au plan général des Annélides (Hubrecht) (1), et le rôle du reticulum est la formation des dissépiments.

*b.* Si, au contraire, on admet que le cloisonnement en chambres séparées soit produit par les cæcums du tube digestif soudés à la paroi, alors les cloisons connectives situées entre eux n'ont plus la signification que d'une simple *couche de revêtement,* et l'on est amené à conclure, comme le montre aussi l'embryogénie, que le reticulum, au lieu de s'arranger directement en cloisons resistantes, se condense simplement en une couche continue le long du système des cavités cloisonnées par les cæcums. Cette disposition du reticulum en couche continue tapissant la paroi des cavités internes représente un état de différenciation (fig. 164) que l'on peut opposer, dans la représentation générale du cycle d'évolution du reticulum, à un premier état qui existe aussi un peu plus tôt, caractérisé par la disposition irrégulière du reticulum dans tout l'intérieur (fig. 163) ;

___

(1) Hubrecht, *Aanteekeningen over de Anatomie,* etc., traduit en allemand dans *Niederlandisches Archiv für Zoologie,* Bd II, p. 99.

il y aurait donc simple affaissement du reticulum contre la paroi.

Ces considérations montrent aisément l'intérêt qui s'attache, pour la connaissance de la structure du Némerte, à l'adoption de l'une ou de l'autre des opinions exposées ci-dessus pour chacune des deux questions dont nous venons de parler; aussi ne nous semble-t-il pas inutile, avant de passer aux conclusions générales, de chercher à contrôler les résultats embryogéniques par une étude détaillée de la structure de l'adulte. Ce n'est pas que la substitution des vues que je propose, aux opinions anciennes, soit insuffisamment prouvée par l'embryogénie : le rôle prépondérant des lames prostomiales et métastomiales, et la formation de la masse céphalique par simple épaississement des premières, me semblent rendre impossible la conservation des idées anciennes; de même l'observation directe du cloisonnement par soudure des cæcums à la paroi du corps ne permet plus de regarder ce cloisonnement comme réellement produit par les cloisons connectives. Néanmoins, comme ces nouvelles données précédemment émises reposent uniquement sur l'embryogénie, on pourrait supposer que des divergences entre les deux opinions résultent de la voie suivie dans l'observation, et que l'étude du développement ne conduit pas aux mêmes résultats que celle de l'adulte. Il ne me semble pas inutile de montrer qu'il n'en est rien, et qu'une étude attentive de l'anatomie conduit exactement aux mêmes résultats que ceux auxquels nous arrivons par l'embryogénie; cette étude nous permettra, du reste, d'étendre et de préciser les notions que nous venons d'acquérir, et fera disparaître tous les points douteux qui auraient pu subsister dans la substitution des aperçus nouveaux que je propose ici aux conceptions anciennes basées sur l'anatomie. J'étudierai successivement, dans ce qui va suivre, la paroi du corps et les cavités considérées chez l'adulte.

## 2. PAROI DU CORPS.

Le meilleur moyen pour se rendre un compte exact de la disposition de la paroi du corps, est de la suivre sur une série

de coupes transversales, depuis la portion du corps où elle
affecte une disposition uniforme jusqu'à l'extrémité tout à fait
antérieure, en suivant pas à pas ses complications graduelles.
Cette méthode rend compte de la disposition d'une manière
plus précise que l'observation directe, et nous permet en outre
de tenir compte de la structure histologique de l'enveloppe
musculaire, chose qui échappe presque entièrement dans
l'étude directe de l'animal vivant. On a, dans ces derniers
temps, décrit avec grand soin une foule de petites dispositions
spéciales, et l'on a négligé la question essentielle pour la disposition générale, qui serait de suivre, dans tout leur parcours,
les couches principales; nous tâcherons en même temps de
combler cette lacune.

## 1. Anopla.

Deux modifications essentielles sont surtout à signaler dans
l'étude des complications successives de la paroi du corps chez
les *Anopla* : 1° la réduction de la cavité du corps, d'abord continue autour de l'intestin, à deux cavités arrondies séparées
l'une de l'autre par une cloison verticale comprenant la gaîne
de la trompe (fig. 136 à 131) ; 2° l'incurvation en dedans des
deux couches internes, ainsi que des deux portions latérales
des cavités du corps, qui se réduisent à une seule petite cavité
située sur la ligne médiane à la place occupée d'abord par la
cloison (fig. 131 à 127). Jusqu'au niveau de la coupe fig. 127,
nous voyons le rétrécissement et la simplification graduelle des
cavités internes, mais nous ne constatons entre ces cavités aucune interruption ; la cavité étroite *cc* de la figure 127 communique encore, comme le prouve, du reste, l'étude de l'animal
vivant, avec le système complet de la figure 136, et l'on peut
même encore [en rapportant la cavité inférieure *cc* aux deux
systèmes de cavités latérales (troncs vasculaires et chambres
génitales de chaque côté) qui se sont successivement soudées en
une seule (fig. 135), puis de nouveau séparées (fig. 133), puis de
nouveau réunies (fig. 127), et la gaîne de la trompe au système
de cavités médianes (vaisseau médian et gaîne de la trompe)]

à retrouver des traces de la division en cavités médianes et latérales. Mais à partir du point fig. 127, il n'en est plus de même :
à partir de ce point, la couche longitudinale se soude complète-
ment en un diaphragme continu, auquel vient s'insérer la trompe
avec sa gaîne, et qui limite par devant le véritable système de
cavités du corps. Au delà de ce diaphragme on voit réapparaître
une cavité interne, ainsi que les deux couches musculaires
internes; mais cette cavité, invisible à l'observation directe, est
étroite et se trouve exclue du système circulatoire; elle est de
plus disposée en sens inverse de la précédente (fig. 126, 127)
et ne contient plus, au lieu de la trompe et de sa gaîne, qu'un
tube unique, la portion non dévaginable de la trompe (fig. 125).
Nous allons reprendre avec plus de détail chacune de ces trois
modifications; pour les *Anopla* comme pour les *Enopla*, nous
étudierons successivement trois régions successives : 1° de l'intestin aux organes latéraux; 2° des organes latéraux au diaphragme; 3° extrémité antérieure.

### 1° De l'intestin aux organes latéraux (fig. 136 à 131).

La figure 136 représente la disposition générale avant l'apparition des modifications, et telle qu'elle existe dans toute la
partie postérieure du corps; la paroi se compose, comme chez
tous les *Anopla*, d'une couche longitudinale externe extrêmement épaisse, et divisée par le reticulum en champs séparés
d'un aspect caractéristique. Cette couche forme la partie essentielle du tube musculaire; viennent ensuite deux couches
internes : annulaire et longitudinale, plus minces, réunies, que
l'externe toute seule. Dans la cavité comprise entre ces trois
couches se trouvent l'intestin et la gaîne de la trompe, le
premier bouchant complétement cette cavité, excepté au niveau
des vaisseaux longitudinaux et chambres génitales. La figure 136
laisse voir ces trois vaisseaux longitudinaux V.

Dans la région œsophagienne (fig. 135-134), cette division en
vaisseaux et chambres génitales a disparu par suite de l'absence
des cæcums pour faire place à une cavité du corps continue,
irrégulièrement parcourue par le reticulum, et faisant tout le

tour de l'œsophage, comme cela avait lieu pour l'intestin tout entier avant l'apparition des cæcums. Le vaisseau médian a été obstrué par soudure complète de la gaîne de la trompe à la paroi de l'œsophage, et chacun des vaisseaux latéraux avec les chambres génitales s'est élargi en un demi-cercle continu qui s'est rejoint sur la ligne ventrale avec celui du côté opposé pour former la fente continue qui entoure l'œsophage.

Dans la région buccale (fig. 134), cette fente continue se trouve de nouveau divisée en deux parties latérales L par la soudure de l'œsophage à la paroi du corps sur le pourtour de la bouche. Ces deux parties latérales se retirent ensuite de plus en plus vers le haut, par suite de la soudure, à partir de la bouche, de la paroi du corps avec les parties latérales de l'œsophage (fig. 132-133) ; les deux fentes semi-circulaires de la figure 134 se trouvent alors réduites à deux arcs L, L, séparés par la gaîne de la trompe, et qui n'entourent plus l'œsophage que par sa partie supérieure. A ce point, le reticulum, qui était resté jusqu'ici à l'état de fibres radiaires (1) isolées traversant séparément la cavité du corps (fig. 135-134), commence par se grouper (fig. 133) en faisceaux plus volumineux, et bientôt, au lieu de trouver la cavité du corps divisée par une multitude de petites fibrilles (fig. 135-134), nous ne la trouvons plus divisée, de chaque côté, que par deux ou trois gros faisceaux connectifs. Le point où ces fibres connectives s'amassent ainsi en plus grande quantité (fig. 133) est le pourtour de la gaîne de la trompe, et surtout son point de réunion avec l'œsophage ; par suite de l'accumulation en ce point des fibres connectives, la gaîne de la trompe est graduellement entourée, puis soulevée de dessus l'œsophage par le tissu connectif qui s'est amassé

(1) On a envisagé de diverses façons l'arrangement de ces fibres : les uns (Hubrecht) les ont considérées comme traversant le corps en diagonale ; les autres (Schneider) comme ayant une disposition dorso-ventrale. Je crois, pour ma part, que la disposition typique est la disposition radiaire, qui, par ses variations, produit toutes les autres. Quand le corps s'aplatit, chaque fibre, demeurant perpendiculaire à la paroi, rencontre celle du côté opposé au lieu de rencontrer le centre, et c'est ce qui, selon moi, occasionne la disposition dorso-ventrale.

entre les deux (fig. 133) et qui y constitue une épaisse cloison *cl*.
Il résulte de là qu'au lieu d'être séparées l'une de l'autre par la
gaîne de la trompe directement adhérente à la paroi de l'œsophage, les deux cavités latérales L ne le sont bientôt plus que
par une épaisse cloison *cl*.

Cette disposition persiste sans grands changements jusqu'à
la disparition complète de l'œsophage. A cette disparition, qui
arrive à très-peu de distance au delà des figures 133-132, la
couche musculaire longitudinale externe A vient, en augmentant graduellement d'épaisseur, prendre la place de cet organe,
dont elle rappelle pendant assez longtemps la position, par
l'arrangement plus ou moins circulaire que prennent en ce
point ses fibres connectives (fig. 130 *œ*) ; en même temps les
deux couches internes *bc* que nous avons déjà vues venir se
souder de chaque côté avec l'œsophage, tendent à continuer
leur marche vers le dedans pour venir se réunir en un cercle
complet au-dessus de cet espace naguère occupé par l'œsophage, et entraînent avec elles les cordons nerveux qui se
trouvent ainsi rapprochés de la face ventrale. Par suite de ces
modifications, les deux cavités latérales L perdent leur forme
d'arc de cercle pour devenir arrondies (fig. 131) ; la cloison *cl*
qui les séparait l'une de l'autre est de plus en plus forte et se
trouve maintenant adhérente à la portion musculaire qui rem-
place l'œsophage, de la même manière qu'elle l'était auparavant à la paroi de cet organe. Tout au contraire les faisceaux
connectifs qui subdivisaient (fig. 133-132) chacune de ces cavités latérales ont disparu, de sorte que la cloison demeure la
seule partie qui représente encore le reticulum ; les deux cavités
latérales de chaque côté L sont devenues libres et ont pris une
forme arrondie.

En résumé, on voit que ces premières modifications se résument : 1° à l'empiétement, sur les portions internes, des
couches musculaires de la paroi du corps, dont l'externe, A,
s'épaissit et se rapproche de bas en haut de la ligne médiane,
de manière à réduire la cavité centrale ; 2° dans la disparition du tube digestif et la réduction des cavités internes, dont

les parties médianes (gaîne de la trompe et vaisseau dorsal) se
sont réduites, par le rétrécissement et l'obstruction complète
du vaisseau dorsal, à une seule, la gaîne de la trompe (1), et
dont les parties latérales se sont restreintes à des demi-cercles
continus, d'abord réunis en une seule fente entourant l'œsophage (fig. 135), mais qui plus tard se rétrécissent en deux
cavités arrondies L (fig. 134 à 131) séparées par la cloison *cl*.

2° Des organes latéraux au diaphragme (fig. 130 à 127).

Cette dernière division en cavités latérales L et L disparaît
dans les coupes un peu plus antérieures ; on voit, en effet,
à très-peu de distance du point fig. 131, les deux cavités L et L
brusquement comblées par l'apparition des organes latéraux
dans leur intérieur (fig. 130). La cavité du corps ne disparaît
pas pour cela d'une manière complète ; en même temps que
l'apparition des organes latéraux, on voit les fibres connectives
de la cloison *cl* s'écarter de nouveau, et former ainsi, à la base
et sur les côtés de cette cloison, trois cavités (1,2-2), qui se
fondent ensuite en une seule et représentent le dernier reste de
la cavité du corps. Ces cavités s'accroissent en progressant en
avant : il semble que les deux cavités latérales L, comblées par
les organes latéraux, se retirent graduellement de dehors en
dedans et viennent se réunir sur la ligne médiane, immédiatement au-dessous de la gaîne de la trompe, en une seule cavité
qui écarte en divers points les fibres de la cloison *cl* (fig. 130
à 127 *cc*) ; à la fin (fig. 127), les dernières traces de la cloison
disparaissent tout à fait, et l'on n'a plus qu'une cavité unique
de très-faible dimension située au-dessous de la gaîne de la
trompe : on peut la considérer comme résultant de la réunion,
sur la ligne médiane, des deux cavités L, avec lesquelles elle
est en communication directe, comme le prouve le cours du

(1) L'étude directe de l'animal vivant montre, d'après la marche des corpuscules sanguins, que la gaîne de la trompe communique avec les vaisseaux. Je
crois que cette communication se fait par la partie postérieure, car il m'est
arrivé, sur des coupes de la portion postérieure des Némertes, de ne plus
trouver sur la ligne médiane qu'un seul tube au lieu de deux.

liquide sanguin. Nous pouvons ainsi, jusqu'au point fig. 127, retrouver la division générale en trois cavités (cavités médianes, représentées par la gaine de la trompe; cavités latérales, représentées par la cavité *cc*).

En même temps qu'a lieu cette concentration des deux cavités latérales, sur la ligne médiane, en une seule cavité qui vient écarter les fibres de la cloison *cl*, on voit les deux cordons nerveux *cn* continuer à se rapprocher de la ligne médiane (fig. 130) jusqu'à leur soudure en ganglions inférieurs *gi* (fig. 129). En se rapprochant ainsi de la ligne médiane, les cordons nerveux refoulent devant eux les deux couches internes *bc*, de sorte qu'à l'époque de l'apparition des masses ganglionnaires, la partie inférieure de ces deux couches internes se trouve renfermée entre les deux paires de ganglions *gs* et *gi* (fig. 129-151) (1).

Mais avant même que la soudure complète des cordons inférieurs ait amené les deux couches internes à se trouver comprises entre les deux paires de ganglions, on voit ces couches éprouver une modification d'une grande importance : elles

(1) Il arrive souvent, surtout chez certaines espèces, que, tandis que les cordons nerveux se rapprochent l'un de l'autre, les couches musculaires internes (surtout l'annulaire) semblent continuer à maintenir leur direction première (fig. 150) et paraissent traversées par les cordons nerveux, qui viendraient ainsi former les ganglions inférieurs au *dedans* et non au *dehors* de ces deux couches internes. C'est un aspect trompeur dû à une superposition de plan. Lorsque, comme chez certaines espèces (**Lineus longissimus**), l'inflexion des cordons nerveux vers la ligne médiane est très-brusque, il arrive souvent qu'au lieu d'être coupés perpendiculairement à leur direction, ils sont compris dans la coupe sur une certaine portion de leur parcours (fig. 150); les couches qui leur sont internes, au lieu d'être vues de profil en dedans des cordons, se voient alors de *face*, *au-dessus* de ces mêmes cordons (fig. 150 *bc*), et c'est là ce qui induit en erreur. Quand on a la chance de rencontrer sur une même coupe (fig. 151) un cordon nerveux coupé obliquement, tandis que l'autre se trouve tranché perpendiculairement à sa direction, on arrive à obtenir en même temps l'aspect trompeur et l'aspect réel, comme dans la figure 151 : dans la partie gauche de cette figure, les fibres musculaires *bc*, coupées obliquement et vues sur une certaine partie de la surface, paraissent, comme dans la figure 150, venir entourer les ganglions inférieurs *gi;* mais dans la partie de droite, où elles sont coupées plus perpendiculairement à leur direction, on voit au contraire qu'elles restent comprises entre les deux masses *gs* et *gi*. L'étude de la direction de la couche annulaire sur les coupes longitudinales mène aux mêmes conclusions.

commencent, au niveau des organes latéraux (fig. 130), à se
retirer graduellement des parties latérales et se concentrent en
haut et en bas, sur la ligne médiane, en deux lambeaux. Ces
derniers s'enfoncent ensuite en dedans en suivant les côtés de
la gaîne de la trompe et finissent par se rejoindre, de façon à
constituer en dedans des ganglions supérieurs (qui, à ce niveau
ont succédé aux organes latéraux) une couche continue qui
entoure le reste des cavités internes produites par l'écartement
des fibres de la cloison. En résumé, les deux couches internes *bc*
subissent, le long des masses constituées par les organes latéraux et les ganglions supérieurs, une espèce de glissement de
dehors en dedans, à la suite duquel ces masses, d'abord internes
à cette couche et situées en dedans de la cavité du corps, leur
deviennent externes et sont situées comme les ganglions inférieurs tout à fait en dehors de cette cavité. Le point de passage
de cette couche *bc* de dehors en dedans m'a semblé correspondre d'une manière exacte au point de jonction des organes
latéraux aux ganglions supérieurs ; les organes latéraux sont
donc encore compris en entier dans l'intérieur des deux couches
internes, et par conséquent situés dans la cavité générale,
tandis que les ganglions supérieurs leur sont au contraire tout
à fait externes ; ils sont au dehors de la cavité du corps, et occupent par rapport aux couches musculaires la même position
que les cordons nerveux avant ou après leur soudure en ganglions inférieurs (intermédiaire entre la couche longitudinale
externe A et les deux couches internes *bc*). Au niveau des fig. 129-
127, les deux paires de ganglions occupent toutes deux, par
rapport aux couches, la même position, et forment par leur
réunion une espèce de fer à cheval qui entoure les deux couches
internes et se trouve entouré par la couche externe A. La
cavité *cc* reste, avec la gaîne de la trompe, directement entourée
par les deux couches internes ; elle présente encore pendant
assez longtemps une dernière trace *h* des fibres de la cloison qui
la divisent (fig. 128) en trois parties distinctes (1,2-2) ; mais
cette division finit, comme je l'ai dit, par disparaître de manière à donner naissance à une cavité unique (fig. 127). Dans

la figure 129, on voit les deux couches musculaires internes
déjà assemblées en couche continue située en dedans des
masses ganglionnaires, mais montrant encore en même temps,
à gauche de la figure, des dernières traces de son ancienne
direction.

En résumé, nous voyons qu'à partir des organes latéraux,
il y a eu concentration générale des différentes parties vers le
milieu du corps : dès que les ganglions supérieurs ont commencé à paraître, les couches musculaires internes *bc*, et la
cavité du corps, ont manifesté leur tendance à venir occuper,
vis-à-vis de ces ganglions, la même place qu'elles occupent dans
tout le reste du corps par rapport aux cordons nerveux  Cette
modification a pour résultat de conserver la concordance entre
la disposition des diverses parties du corps. Si l'on compare la
figure 127 à la figure 136, on voit que de part et d'autre l'ensemble se compose : 1° de la couche longitudinale externe;
2° du système nerveux; 3° des deux couches internes; 4° de la
cavité du corps dans laquelle on distingue encore (fig. 127) les
divisions médiane et latérales.

3° Extrémité antérieure (fig. 126 à 125).

Malgré la réduction si considérable dont ont été l'objet
ces diverses cavités, elles n'en demeurent pas moins jusqu'à
l'extrémité en relations directes avec la gaîne de la trompe, les
vaisseaux et chambres génitales; mais à partir du point où finit
le système nerveux, il n'en est plus de même : la couche longitudinale externe A, qui, sitôt la disparition des masses ganglionnaires, se renfle pour remplir la place qu'elles occupaient
(126), s'accroît à ce niveau au point de se souder en un diaphragme continu qui bouche tout à fait la cavité centrale et
auquel s'insère la trompe avec sa gaîne. Ce diaphragme met
fin à la véritable cavité du corps physiologique (circulatoire)
dont nous avons suivi les réductions successives. Les figures 127 et 126 sont deux coupes pratiquées, l'une (127) un peu
en arrière, l'autre (126) un peu en avant de ce diaphragme :
on voit qu'immédiatement après la soudure complète de la

couche externe, la cavité du corps commence à réapparaître, ainsi que les deux couches internes un moment supprimées ; seulement la première est située en sens inverse de l'ancienne, au-dessus du tube de la trompe, au lieu d'être au-dessous, et *n'a plus aucun rapport avec l'ensemble des cavités circulatoires*, dont elle est séparée par le diaphragme ; elle n'est pas visible par transparence à travers la masse céphalique vue dans l'observation directe, et n'a plus en réalité d'autre signification physiologique, que celle d'une simple lacune creusée au milieu de cette masse. Elle n'est plus parcourue par la trompe avec sa gaine, mais par un tube unique qui représente la portion non dévaginable de la trompe. La figure 173 représente, réunies sur une seule vue d'ensemble, les différentes particularités d'organisation que nous venons de décrire d'après l'étude des coupes.

### 2. Enopla.

Comme chez les *Anopla*, nous pouvons diviser l'étude des modifications qu'éprouvent les couches dans leur parcours en trois points principaux : 1° de la région postérieure uniforme aux organes latéraux ; 2° des organes latéraux à la soudure en diaphragme ; 3° extrémité antérieure. Nous décrirons en même temps la chose chez un *Enopla* typique et chez le *Drepanophorus*, qui s'en écarte fort peu ; nos différentes figures se reporteront alors à peu près comme il suit :

1° De l'intestin aux organes latéraux (fig. 149 à 147 et 142 à 139).

La différence entre les dispositions de la cavité du corps dans la région de l'œsophage et celle de l'intestin n'est pas aussi frappante dans ce second groupe que chez les *Anopla* que nous venons d'étudier : l'intestin, en effet, dans la majorité des cas (fig. 141 à 139), accompagne l'œsophage jusqu'à l'apparition des masses ganglionnaires, et la division en chambres génitales existe par conséquent sur tout le parcours. Du reste, là où il n'en est pas ainsi (*Drepanophorus*, 148 et 147), on voit simplement les fibres connectives arrangées en cloisons dans la

partie postérieure passer à une disposition irrégulière, mais
jamais il n'y a soudure de la paroi musculaire avec l'œsophage,
comme chez les *Anopla*. En résumé, dans l'*Amphiporus* |et le
*Drepanophorus*, la cavité du corps reste large et spacieuse, sans
subir aucune autre modification que la destruction des cloisons
connectives, qui se résolvent en fibres irrégulièrement disposées
jusqu'au point d'apparition des organes latéraux et de réunion des
cordons nerveux en ganglions inférieurs. Chez tous les *Enopla*, la
paroi du corps est, comme on sait, composée seulement d'une
couche annulaire externe *bc* et d'une longitudinale interne A
(cette dernière beaucoup plus épaisse chez le *Drepanophorus*),
contenant à leur intérieur les cordons nerveux *cn*, qui sont ici
situés librement dans la cavité du corps. Ces derniers étant ainsi
affranchis de tous rapports avec les couches musculaires, leur
réunion sur la ligne médiane en ganglions inférieurs n'amène
plus aucune des complications que nous avons remarquées chez
les *Anopla* ; les masses ganglionnaires apparaissent directement
au milieu de la spacieuse cavité générale, et la seule particularité
qu'elles y occasionnent, est le refoulement (*Drepanophorus*) des
fibres connectives de droite et de gauche, ce qui produit au milieu, entre l'œsophage et la trompe (fig. 145, 146), une espèce
de cloison *cl* plus ou moins comparable à celle des *Anopla*,
et autour des ganglions (fig. 145-146) une couche connective
plus ou moins cohérente. Je n'ai pas vu non plus chez les
*Enopla* de réduction graduelle de cavité du corps jusqu'à la
soudure complète de la paroi, formant le diaphragme qui
lui sert de limite ; elle conserve jusqu'au bout ses dimensions
primitives, et se trouve brusquement séparée par le diaphragme
des portions antérieures ; sa capacité n'est déterminée que par
le volume des organes internes qui peuvent la combler d'une
manière plus ou moins complète.

2° Des organes latéraux au diaphragme (fig. 146 à 144 et 138).

Le phénomène le plus important chez les *Enopla* consiste
dans la scission de la couche longitudinale en deux couches
concentriques, qui s'effectue à partir des organes latéraux

(fig. 147 à 144 et 138 à 137). Chez le *Drepanophorus*, où ces organes sont situés très-bas et dépassent même un peu les ganglions en dessous, cette division en deux couches commence de bonne heure et avant l'apparition des ganglions nerveux (fig. 147). Mais chez l'*Amphiporus*, où ils sont au contraire, comme chez la majorité des *Enopla*, situés au devant des masses ganglionnaires, on ne voit la scission se faire que beaucoup plus tard, et à un point où l'on coupe déjà dans leur portion la plus large les ganglions nerveux (fig. 138). Dans les deux cas elle se fait au premier point d'apparition des organes latéraux. Ces deux lames A A de la couche longitudinale demeurent reliées entre elles par un lacis connectif qui forme entre deux un reticulum assez dense, et réunit l'ensemble en une masse cohérente ; à mesure qu'on s'avance dans la partie antérieure, cette division devient plus frappante, et les deux lames s'écartent de plus en plus l'une de l'autre, l'externe restant accolée contre la peau, l'interne venant s'appliquer contre les ganglions. C'est cette séparation de la couche longitudinale en deux feuillets réunis par les fibres du reticulum, qui donne naissance dans ce groupe aux lames prostomiales et à la masse céphalique tout entière. La couche longitudinale interne des *Enopla* joue donc dans la division générale de la musculature du Némerte exactement le même rôle que l'épaisse couche longitudinale externe des *Anopla*, dont elle paraît par suite être l'homologue. Cette homologie est d'ailleurs confirmée par l'épaisseur de cette couche longitudinale interne chez le *Drepanophorus*, ainsi que par la position du système nerveux, qui, d'après cela, occuperait dans les deux groupes une position identique, situé de part et d'autre à la partie interne de la couche principale A, considérée comme jouant le rôle essentiel dans la formation des grandes divisions de la musculature. Il m'a même semblé qu'il y avait en un certain point du feuillet interne de la couche longitudinale, après sa scission, une stratification en éléments plus complexes qui rappelleraient peut-être les deux couches plus internes *bc* des *Anopla* (fig. 144) ; mais ce fait que je n'ai pu voir que sur un exemplaire, à cause du petit nombre que j'ai eu à ma disposition (1), aurait un grand besoin d'être étudié plus à fond; peut-être ne s'agit-il que d'une petite disposition spéciale sans aucune importance, peut-être même peu constante.

### 3° Extrémité antérieure (fig. 143 et 137).

Quoi qu'il en soit, après s'être écarté pendant un certain temps du feuillet externe A, le feuillet interne A de la couche longitudinale finit par venir se souder au-dessus des masses ganglionnaires à la gaîne de la trompe (fig. 143-147) pour constituer, comme chez les *Anopla*, un diaphragme complet auquel viennent s'insérer la trompe avec sa gaîne, et qui isole toute la portion postérieure de la cavité du corps de la portion antérieure comprise tout entière dans la masse céphalique, cette dernière ne renfermant plus, au lieu de la trompe et de sa gaîne, qu'un tube unique *tr'*, la portion non dévaginable de la trompe. La masse céphalique est ici constituée dans sa totalité par le reticulum qui unit l'un à l'autre les deux feuillets interne et externe de la couche longitudinale scindée en deux parties. La figure 144 représente l'extrémité des masses ganglionnaires du *Drepanophorus;* le feuillet interne de la couche longitudinale est déjà assez rapproché de la gaîne de la trompe. Dans la figure 143, il s'y est soudé, et l'on ne voit plus dans l'étroite cavité centrale que la portion *tr'* non dévaginable de la trompe. La figure 137 représente de même la masse céphalique de l'*Amphiporus* constituée en entier par le reticulum qui s'étend entre les deux feuillets longitudinaux, et ne contenant qu'une étroite cavité remplie presque en entier par un tube qui est la portion non dévaginable de la trompe.

### 3. RÉSUMÉ. — CONCLUSION.

Résumons en quelques mots les faits que nous venons d'acquérir par l'étude de chacun de ces types : pour cela, le mieux

---

(1) Ces exemplaires m'ont été obligeamment envoyés par M. Marion, de Marseille, auquel je suis heureux d'adresser ici mes remercîments.

est de se reporter aux figures 173 et 174 construites d'après les matériaux des planches 9 et 10, et qui les résument d'une manière complète.

*Anopla* (fig. 173). — Dans cette figure se trouve représenté, en dedans de la couche principale A, et du système nerveux, l'ensemble formé par les deux couches internes, indiqué schématiquement par une ligne noire : à l'intérieur j'ai représenté la disposition du reticulum par les espaces ménagés en blanc ; la trompe et sa gaîne sont indiquées par de fines lignes très-noires.

Dans le bas de la figure, derrière la bouche, on voit de chaque côté une bande obscure *cc* qui représente la cavité du corps faisant encore le tour complet de l'œsophage ; sur ce dernier se voit un réseau de lignes blanches qui représentent les dispositions irrégulières du reticulum ; un peu plus haut, on voit les deux cavités *cc* s'élargir en devenant graduellement plus superficielles, de manière à arriver à former les deux cavités latérales L, L. En même temps le réseau formé par le reticulum s'est réuni en une cloison *cl* qui sépare l'une de l'autre ces deux cavités : au point où apparaissent les organes latéraux *ol* nous voyons ces deux cavités L, L, pénétrer en dedans de la cloison *cl* qui se trouve réduite aux trois lambeaux *h, h, h*, et venir former en dedans les cavités 1, 2, 2, qui finissent par se réunir en une seule petite, derrière le diaphragme.

La paroi du corps présente successivement les deux divisions essentielles dont nous avons parlé. La première, importante surtout au point de vue morphologique, et qui nous montre les deux couches internes *bc* passant d'un côté à l'autre des organes latéraux, ces derniers demeurant ainsi compris dans l'intérieur de la cavité du corps, tandis qu'au contraire les masses ganglionnaires viennent occuper entre les deux couches musculaires (A et *bc*) la même position que les cordons nerveux. La seconde division, importante surtout pour la physiologie, montre la réunion de la couche A en diaphragme *ps.* auquel se soudent la trompe avec sa gaîne, et qui limite en avant le système complexe des cavités circulatoires dont se trouve exclue la cavité *ca* située au devant, et qui renferme la portion non dévaginable de la trompe.

*Enopla* (fig. 174). — La figure est plus simple à cause de la moindre complexité de structure ; la seule chose véritablement bien digne de remarque est la scission, à partir des organes latéraux de la couche longitudinale, en deux feuillets qui s'écartent, en restant reliés par un reticulum assez abondant ; le feuillet interne se soude ensuite au devant des ganglions en un diaphragme qui a le même rôle que celui des *Anopla*. Le lieu de séparation de la couche longitudinale en deux parties et le point de formation du diaphragme sont généralement peu distincts, à cause de leur proximité, chez les *Enopla* proprement dits (fig. 174), où la masse céphalique comprend toute la partie antérieure aux organes latéraux ; ils sont plus faciles à distinguer chez le *Drepanophorus*, qui, avec une disposition identique à celle des *Enopla*, présente les organes latéraux un peu plus en arrière. La figure nous montre, comme chez les *Anopla*, les deux grandes divisions caractéristiques (organes latéraux et diaphragme) et permet de juger de leur disposition.

*Conclusion.* — 1° Nous voyons par ce qui précède, qu'à côté de la séparation produite par le diaphragme, et qui correspond à l'ancienne division en *masse céphalique* et *tube musculaire*, il y a bien réellement, en se basant seulement sur l'anatomie, une autre division indiquée chez les *Anopla* par l'incurvation en dedans des deux couches internes, et, chez les *Enopla*, par la scission en deux de la couche longitudinale. Ce changement qui, dans les deux groupes, coïncide avec les organes latéraux, répond évidemment à notre division en lames prostomiales et métastomiales : il serait faux de croire que la seule division qui existe chez l'adulte dans la musculature, est celle en masse céphalique et lames cutanées ; mais l'autre division en lames prostomiales et métastomiales s'y retrouve exactement comme chez les embryons.

2° Une seconde conclusion d'une autre nature découle également de l'étude qui précède : jusqu'ici on avait toujours, dans la comparaison de la paroi du corps des *Anopla* et des *Enopla*.

rapproché des couches des *Enopla* l'ensemble dès deux couches internes des *Anopla*, avec lesquelles elles offrent en effet une ressemblance d'aspect qui frappe tout d'abord, et l'on avait admis que l'épaisse couche longitudinale des *Anopla* représentait une couche spéciale à ce groupe, n'ayant pas de représentant chez les *Enopla*. La position des cordons nerveux tantôt internes (*Enopla*), tantôt externes (*Anopla*), aux deux couches musculaires prétendues homologues, restait inexpliquée.

L'idée que j'ai émise dans ce qui précède, de l'homologie de la couche longitudinale des *Enopla* avec l'épaisse couche externe des *Anopla*, change complétement cette manière de voir : pour moi, ces deux couches sont les seules parties réellement constantes ; elles constituent dans chacun des deux groupes la partie essentielle de la musculature, et les autres couches ne représentent que des parties accessoires, variables suivant les groupes, et qui viennent tapisser de diverses façons la couche principale. Les deux couches internes *bc* des *Anopla* et la couche annulaire externe *bc* des *Enopla* sont des parties spéciales à chacun de ces groupes et n'ayant pas de représentants dans le groupe voisin. D'après cette manière de voir, il y a dans la position des cordons nerveux concordance parfaite ; ils sont toujours situés *immédiatement au-dessous* de la couche musculaire principale de la paroi.

### 3. CAVITÉS.

#### 1. Apparences visibles a l'observation directe.

Les deux groupes des *Anopla* et des *Enopla* paraissent présenter au premier coup d'œil, en ce qui concerne la disposition de la région postérieure, des différences très-grandes. Si l'on examine par transparence un *Enopla* en vie, on voit dans l'intérieur un système de trois vaisseaux longitudinaux situés librement dans une cavité générale bien nette et complétement distincte de la gaîne de la trompe, qui contient dans son intérieur des corpuscules circulatoires blancs et fusiformes. Dans les *Anopla*, on n'aperçoit plus, au contraire, ni troncs longitudinaux, ni cavité générale, mais seulement deux lacunes situées

à droite et à gauche de l'intestin et paraissant communiquer
avec la gaîne de la trompe par des canaux transverses au moyen
desquels les corpuscules blancs passent de l'un à l'autre et
voyagent ensuite dans toutes les parties du corps. Il semble,
d'après cela, que chez les *Enopla* il y ait eu réduction de la circulation des corpuscules blancs, et formation dans l'intérieur
de la cavité du corps d'un système circulatoire distinct composé
de trois vaisseaux longitudinaux; tandis qu'au contraire, chez
les *Anopla*, il y aurait eu extension de la circulation de corpuscules blancs et établissement, par communication de la gaîne
de la trompe avec la cavité du corps, d'un système complet de
circulation lacunaire.

Les coupes transversales des *Anopla* rectifient immédiatement cette manière de voir, et montrent qu'il n'y a pas entre les
*Enopla* et les *Anopla* de semblables différences, mais que chez
les seconds, comme chez les premiers, il existe trois vaisseaux
longitudinaux, un médian, invisible à l'observation directe, et
deux latéraux, qui ne sont que les deux espaces lacunaires de
droite et de gauche du tube digestif. Ce fait a amené les auteurs
à rétablir la concordance complète entre les deux groupes; mais
au lieu de pousser jusqu'au bout l'étude des phénomènes,
d'insister sur les caractères spéciaux incontestables que présentent ces vaisseaux dans chacun des deux groupes, et de tâcher
de déterminer à quoi correspondaient d'une manière exacte les
troncs transversaux visibles dans l'observation directe, on s'est
borné à rapprocher d'une manière hâtive le système formé par
les troncs longitudinaux et vaisseaux transverses des *Anopla* du
système formé par les trois vaisseaux longitudinaux des *Enopla*,
et à déclarer l'ensemble des cavités circulatoires comme consistant essentiellement, chez les deux groupes, dans un système
de trois vaisseaux longitudinaux ajouté de part et d'autre à la
circulation des corpuscules blancs de la gaîne de la trompe.

### 2. STRUCTURE RÉELLE DES ANOPLA.

*Anopla*. — Ce sont les caractères distinctifs, trop négligés
jusqu'ici, de cette région chez les *Enopla* et les *Anopla*, sur les-

quels il importe de revenir un moment. Les vaisseaux longitudinaux du second de ces deux groupes diffèrent en effet d'une manière essentielle de ceux du premier, en ce qu'ils bouchent d'une manière complète tout l'espace laissé libre entre la paroi du corps et l'intestin (fig. 136 V) ; on ne peut par conséquent les regarder, ainsi que chez les *Enopla*, comme constituant de véritables vaisseaux à paroi propre, mais simplement comme des vides ménagés entre l'intestin et la peau, et bordés par un tissu propre plus ou moins différencié, mais non séparé de la paroi du corps (1).

Ce premier fait établi, j'ai cherché ensuite à déterminer d'une manière exacte la nature et la position précise des vaisseaux transverses ; mais, quelque effort que j'aie pu tenter, c'est toujours en vain que j'ai cherché, dans les nombreuses coupes que j'ai cependant pratiquées dans tous les sens, quelque chose qui pût être rapporté avec sécurité à des troncs transverses ; jamais je n'ai réussi à rencontrer de cavité distincte de celles qui occupent les cloisons intercæcales, et dans lesquelles se développent les produits génitaux. Il n'existe, du reste, dans aucun auteur une seule description précise de ces vaisseaux, qui ne semblent n'avoir encore été vus jusqu'ici qu'à l'état de cordons blanchâtres, produits chez l'animal vivant par le passage du liquide dans leur intérieur (2). Cette impossibilité de trouver des canaux de communication distincts de la

(1) Ce tissu propre possède, il est vrai, une certaine complexité ; il se compose : 1° d'une couche de reticulum continue ; 2° d'une couche radiaire assez épaisse, à structure singulière (fig. 136, V) ; 3° d'une couche de petits éléments juxtaposés en épithélium, mais que je crois être les coupes des fibres musculaires longitudinales (fig. 136). Malgré cette complexité de structure, on ne peut regarder cette couche comme formant une membrane propre, car elle est intimement adhérente à la paroi du corps.

(2) Seul, Mac-Intosh indique (*Ray Society*, 1873-74), dans une figure, deux cavités arrondies comme vaisseaux transverses (pl. 18, fig. 6) ; mais, d'après l'étude d'aspects analogues que j'ai également obtenus chez la même espèce (*Lineus longissimus*), il m'est impossible de donner à ces deux cavités la même signification : ce ne sont certainement, d'après moi, que de simples chambres génitales réduites à l'état de petites cavités arrondies ; elles occupent en effet exactement la même place, et sont presque toujours prolongées en fente qui pénètre entre les cæcums.

cavité des cloisons connectives m'a graduellement amené à croire
que ces cloisons jouaient peut-être chez les *Anopla* le double rôle
de chambres génitales et de vaisseaux transverses, et j'ai, par
conséquent, été conduit à chercher s'il n'existait pas d'orifice de
communication entre leur intérieur et la cavité des vaisseaux
longitudinaux. Après plusieurs essais plus ou moins fructueux,
j'ai réussi à obtenir quelques coupes qui m'ont montré cette
communication d'une manière assez distincte; j'ai dessiné
(fig. 156) une coupe latérale du *Lineus obscurus*, dans laquelle
on voit bien la cavité des chambres génitales (déjà remplies de
produits génitaux assez développés) communiquer librement
avec l'intérieur du vaisseau latéral. La figure 157 est une coupe
horizontale passant par l'un des deux vaisseaux ventraux du
*Lineus bilineatus* (1) (coupe au niveau des deux vaisseaux de la
figure 152) : elle montre que la paroi connective des cloisons
transverses passe également à la couche externe de la paroi des
vaisseaux; on y voit les fibres connectives venir, au sortir
des cloisons qu'elles constituent, s'étaler sur le vaisseau, de
manière à former un revêtement à sa surface. Il importe néanmoins, pour bien constater la communication entre la cavité du
vaisseau et les chambres, de mener la coupe bien au milieu
du vaisseau; car, pour peu qu'elle incline à droite ou à gauche,
elle ne passe plus par le point de réunion, et les deux cavités
semblent être distinctes, comme je l'ai représenté pour quelques-unes des chambres génitales, à la gauche de la figure 156.
Ces deux coupes que j'ai représentées, jointes à quelques autres
analogues, m'ont amené à admettre cette communication.
Nous en arrivons donc, pour les *Anopla*, à ces deux conclusions :

(1) Chez cette espèce, les deux vaisseaux latéraux deviennent souvent ventraux; c'est là un fait qui n'est dû qu'à l'accroissement excessif de l'intestin qui
déborde au-dessus des parties latérales. Chez un même exemplaire, les vaisseaux sont souvent (fig. 153 et 152) latéraux dans la région antérieure (fig. 153)
et ventraux (fig. 152) dans la postérieure : ce fait nous montre le peu d'importance qu'il faut ajouter au rapprochement de ces deux vaisseaux de la ligne
médiane, dans lequel on a déjà voulu voir un passage au vaisseau ventral des
Annélides.

1° que les vaisseaux longitudinaux ne sont que de simples vides ménagés entre l'intestin et le tube digestif, et revêtus d'un tissu connectif plus ou moins différencié ; 2° qu'il n'existe pas de vaisseaux transverses spéciaux, mais que les conduits de communication entre les troncs vasculaires longitudinaux ne sont autres que les cavités des chambres génitales.

Les coupes longitudinales (fig. 154, 155) nous montrent en outre qu'il y a adhérence intime des cæcums du tube digestif à la paroi du corps, et nous prouvent que, de même que les troncs longitudinaux, les chambres génitales ne sont chez les *Anopla* que de simples vides compris entre les différentes cloisons consécutives, et bordés aussi d'une couche connective qui, ainsi que nous venons de le voir, est continue avec celle des troncs vasculaires. Nous sommes donc graduellement amenés à conclure que *les différents vaisseaux des* Anopla *forment un système de cavités continues (tubes vasculaires et chambres génitales) limitées de toutes parts par l'intestin et la paroi du corps et revêtues dans toute leur longueur d'une couche uniforme de reticulum.* Les rapports intimes de ce système de cavités cloisonnées avec la cavité générale primitivement continue nous sont d'ailleurs démontrés vers la région œsophagienne, où nous voyons graduellement le cloisonnement disparaître par suite de la réduction des cæcums du tube digestif, et les chambres génitales et tubes vasculaires se confondre de nouveau en une seule cavité continue faisant tout le tour de l'œsophage, et dans laquelle le reticulum, auparavant condensé en une couche cohérente, a repris de nouveau la disposition irrégulière et disséminée. Nous sommes donc ramené, par l'étude anatomique des *Anopla*, à une conclusion identique à celle de l'embryogénie, savoir : qu'il y a cloisonnement (1) par soudure des cæcums à la paroi du corps, d'une cavité d'abord continue, en trois troncs longitudinaux et chambres génitales, au pourtour desquelles le

---

(1) Dans la partie postérieure, la gaine de la trompe communique, chez les *Anopla*, avec le vaisseau médian, de sorte que tout le système de cavités communique jusqu'au diaphragme, qui en est la limite antérieure.

reticulum,. d'abord disséminé, se range en une couche dense
et cohérente.

### 3. STRUCTURE RÉELLE DES ENOPLA.

*Enopla*. — Si maintenant nous passons au groupe des
*Enopla*, nous voyons qu'il présente avec les dispositions précédentes trois différences fondamentales : 1° L'adhérence moins
intime des cæcums du tube digestif à la paroi du corps sem-
blant indiquer que, comme le pense Hubrecht, ces cloisons
ne jouent plus dans la division en zoonites un rôle aussi important que chez les *Anopla*. 2° L'existence, au lieu de simples lacunes, de vaisseaux à paroi propre, situés au milieu d'une cavité
générale bien distincte, absente ou invisible chez les *Anopla*, et
formant un système vasculaire fermé. 3° La disparition des vaisseaux transverses, et la perte de la communication entre les
troncs longitudinaux et les chambres génitales, qui, employées
à la circulation chez les *Anopla*, ne servent plus ici qu'à la
reproduction.

Toutes ces différences reçoivent une explication facile et naturelle, si l'on admet le fait d'un simple élargissement de la cavité
générale par l'écartement du tube digestif de la paroi du corps,
avec concentration de la couche connective d'abord appliquée
contre cette dernière, autour des cavités vasculaires et génitales,
de manière à former à chacune d'elles une paroi propre plus
ou moins complexe et qui les divise en vaisseaux longitudinaux
et glandes génitales distincts les uns des autres, et situés tous
deux au milieu de la nouvelle cavité générale agrandie à la
suite de l'écartement de la couche connective d'abord appliquée contre la paroi. La disposition des *Enopla* viendrait
compléter de cette façon le cycle d'évolution du reticulum
connectif dont nous avons déjà retracé le début, d'abord à
propos de l'embryogénie, ensuite à propos de l'étude des
*Anopla*. Aux deux figures déjà connues 163 et 164, qui montrent le reticulum d'abord disséminé irrégulièrement dans la
cavité du corps qu'il parcourt dans toute son étendue (cavité
générale des embryons, et œsophage des *Anopla*), puis (fig. 164)

disposé en une couche continue tapissant la paroi du corps, et limitant la partie médiane des cavités, devenues libres de tout élément étranger (*Anopla*), nous pouvons joindre maintenant une troisième figure (165) qui nous montre cette couche continue se détachant de la paroi qu'elle tapisse pour venir former à l'intérieur du corps des organes spéciaux (vaisseaux et glandes génitales) situés dans la cavité du corps définitive *cv*; une partie seulement de la cavité de segmentation passe, d'après cela, à la cavité générale définitive, la plus grande portion étant destinée à former les cavités des vaisseaux et des glandes génitales.

Ce passage des parties limitées par le reticulum à l'état d'organes internes nettement circonscrits ne peut cependant pas être pris à la lettre en ce qui concerne les chambres génitales, au même titre que pour les troncs vasculaires : les fibres du reticulum qui en constituent la paroi conservent en effet leur adhérence primitive à la paroi du corps, de sorte qu'alors même que les cæcums de l'intestin s'en sont écartés, la couche connective des cloisons génitales continue encore à y adhérer. Chaque chambre génitale constitue de la sorte une double cloison non plus seulement appliquée, comme chez les *Anopla*, aux cæcums qui la limitaient, mais tendue au milieu de la cavité générale *cv*, qui existe ici à l'état distinct ; elle est traversée par les troncs vasculaires longitudinaux qui parcourent le corps, et auxquels elle semble former une espèce de mésentère qui paraît également servir de soutien au tube digestif. Ces circonstances rendent la disposition des *Enopla* favorable à l'idée proposée par Hubrecht (cloisons génitales considérées comme dissépiments); mais comme cette disposition, dans son ensemble, dérive évidemment, comme il vient d'être dit, de celle des *Anopla*, et que dans l'appréciation de la structure d'un animal, c'est nécessairement toujours à l'état le moins différencié qu'il nous faut recourir, nous devons passer au-dessus de cette apparence pour nous rallier aux conclusions auxquelles nous a conduit l'étude des *Anopla*.

4. RÉFUTATION DE LA THÉORIE DES DISSÉPIMENTS. — CONCLUSION.

Sans sortir d'ailleurs du groupe des *Enopla*, nous trouvons à côté de ce point favorable une foule de raisons qui empêchent d'adopter la théorie des dissépiments : il suffit en effet de jeter les yeux sur la coupe transversale d'un Némerte quelconque, pour montrer que ces cloisons connectives n'offrent en aucune façon la disposition d'un diaphragme continu autour de l'intestin, mais celle de deux parties latérales séparées par le tube digestif et toujours essentiellement distinctes l'une de l'autre. L'étude des coupes menées parallèlement à la surface du Némerte (parallèles aux faces dorsale ou ventrale) nous montre de plus que ces diverses poches latérales ne sont nullement disposées par paires, de manière à constituer, au moins à peu près, des espèces de diaphragmes, mais qu'elles n'ont entre elles aucune relation nécessaire, et suivent simplement les irrégularités de ramification du tube digestif. Les coupes menées d'un seul côté du corps nous montrent de même qu'il n'y a pas du tout succession régulière de cloisons égales, comme semble l'indiquer la description de Hubrecht ; de semblables aspects de succession régulière s'obtiennent presque toujours dans les coupes latérales, qui ne montrent que l'extrémité des diverses cloisons, et produisent par suite un aspect extrêmement régulier. Mais il n'en est plus de même dans les coupes horizontales, qui montrent les cloisons dans toute leur étendue : dans ces dernières, on voit qu'il n'y a pas du tout alternance régulière de lamelles connectives toutes égales entre elles, mais qu'elles sont au contraire de toutes tailles et de toutes dimensions ; elles affectent toujours une certaine irrégularité et occupent simplement les espaces variables laissés libres entre les vides produits par la ramification du tube digestif (voy. fig. 154 et 155). Mac-Intosh avait déjà bien indiqué (pl. 14, fig. 8, *Ray Society*, 1874) l'irrégularité de ces parties. Je me suis enfin convaincu par de nombreuses coupes que jamais ces cloisons ne sont à l'état de lames simples, mais se présentent à leur état de plus grande réduction, sous forme de deux lames accolées l'une à l'autre ;

les produits génitaux naissent sur ces lames par apparition de lambeaux d'épithélium (fig. 154 et 155) placés en certains points de la cloison (surtout dans le fond des différentes chambres). J'ai vu cet épithélium se former graduellement au moyen de saillies de plus en plus visibles de la surface de la couche connective; les figures 154 et 155 le représentent à deux états successifs, alors qu'il est déjà complétement apparu. Les produits génitaux se forment par accroissement de quelques-unes des cellules de cet épithélium, mais ne se détachent de la paroi qu'après avoir acquis un certain volume : les figures 178, 179, représentent deux chambres à des degrés divers. La figure 156 montre les produits génitaux déjà très-différenciés, mais encore suspendus à la paroi. Au sujet de la question de l'origine de cet épithélium, je ne puis encore rien dire de bien précis (1).

### 4. ÉTABLISSEMENT DU PLAN DE STRUCTURE.

1° Le premier des points que nous ayons à faire remarquer, c'est la confirmation, d'après l'étude anatomique qui précède, des principaux résultats de l'embryogénie : on retrouve en effet, même chez les adultes, outre la division indiquée par le dia-

---

(1) J'avais cru un moment que les petits éléments juxtaposés en épithéliums visibles à l'intérieur des vaisseaux des *Anopla*, sur les coupes transverses, représentaient une couche épithéliale, et j'étais alors porté à rapporter l'épithélium des chambres génitales à un revêtement continu tapissant tout l'intérieur du système des cavités; mais, comme ces éléments ne sont plus visibles dans les coupes longitudinales des mêmes vaisseaux, j'ai dû les rapporter plutôt à des coupes de fibres musculaires longitudinales, et renoncer par suite à ma première opinion. Une autre conception serait de regarder les lambeaux d'épithélium des chambres génitales (fig. 155) comme formés, suivant la théorie de Smitt, par le dépôt en ces points d'une couche de corpuscules blancs du liquide nourricier; mais leur mode de naissance, par soulèvement lent et graduel de la surface de la couche, m'empêche également d'adopter cette opinion. Je penche donc beaucoup à considérer cet épithélium comme dérivant directement des cellules du tissu connectif qui constitue la paroi et comme résultant de la formation d'une espèce d'endothélium dont les cellules se renflent en certains points pour donner naissance aux lambeaux d'épithélium. Une étude très-détaillée, et que je n'ai pu entreprendre, de la structure histologique des cloisons connectives serait seule propre à résoudre cette question d'une manière satisfaisante.

phragme, en masses céphaliques et tube musculaire, une autre division, indiquée chez les *Anopla* par incurvation des deux couches internes, et chez les *Enopla* par scission de la couche longitudinale, et qui correspond d'une manière exacte à la division en lames prostomiales et métastomiales, séparées, comme chez l'embryon, par les organes latéraux. En ce qui concerne le rôle général du reticulum, nous avons vu de même par l'anatomie : 1° que l'état primitif était la disposition irrégulière des fibres connectives (fig. 163) parcourant en tous sens la cavité du corps ; 2° que ces fibres se disposaient ensuite en une couche continue autour du système de cavités limité par les cæcums du tube digestif adhérents à la peau (fig. 164), et qu'enfin 3° cette couche s'écartait de nouveau de la paroi du corps chez les *Enopla* pour aller former à l'intérieur la paroi propre des organes internes (vaisseaux et glandes génitales) (fig. 165), fait à la suite duquel la cavité du corps définitive, réduite chez les *Anopla* à l'état de simple fente, reprend des dimensions qui la rendent bien distincte, tandis que la presque totalité de la cavité du corps primitive (cavité de segmentation) passe à la cavité des organes internes. Nous avons ainsi confirmé et étendu pour cette seconde partie les résultats acquis par l'embryogénie : nous voyons donc qu'il n'existe entre l'anatomie et le développement aucune discordance, et que les différences remarquées tout d'abord n'étaient dues qu'à l'imperfection des observations. Les figures 166, 167, 168, et 163, 164, 165 peuvent donc être prises définitivement comme exprimant, les premières la disposition de la paroi musculaire les secondes celle du reticulum dans tout le groupe des Némertes.

2° Un second résultat de l'étude anatomique est la comparaison des couches musculaires des *Anopla* et des *Enopla*, assise sur l'homologie de la couche longitudinale externe des *Anopla* avec la couche longitudinale unique des *Enopla*, et le fait plus important encore, qui en est la suite, de la *constance de position des masses ganglionnaires*. Nous voyons en effet que, d'une manière constante, le système nerveux se trouve situé immédiate-

ment au-dessous de la couche essentielle de la musculature
(longitudinale externe des *Anopla*, longitudinale des *Enopla*),
avec laquelle il semble présenter des relations invariables; à la
partie interne des lames prostomiales formées par cette couche
correspondent toujours les masses ganglionnaires, de la même
manière qu'à celle des lames métastomiales correspondent dans
le corps les cordons nerveux. Nous voyons, en outre, que ces
mêmes ganglions se trouvent constamment situés à la partie inférieure de la masse céphalique et derrière le diaphragme qui la
limite, ou, en d'autres termes, immédiatement au-dessous du
point de réunion des lames prostomiales en masse continue. Il
n'est pas probable que ce dernier rapport soit dû au hasard,
et, comme les masses ganglionnaires sont toujours situées
librement à la partie interne des lames prostomiales, il est naturel de penser que c'est le renflement et la soudure de ces lames
prostomiales en une masse impaire qui déterminent à leur
tour un changement de place des ganglions nerveux qu'elles refoulent devant elles. La variabilité de place du système nerveux
que nous avons observée entre les *Anopla* et les *Enopla* (fig. 167,
168) ne serait donc que la suite de la soudure des lames prostomiales, et dépendrait de la plus ou moins grande extension de
cette soudure vers la partie postérieure : là où elle n'a lieu que
sur la moitié de la longueur du prostomium, le système nerveux
demeure compris à l'intérieur de cette partie, et situé en entier
en avant de l'œsophage et des organes latéraux; mais là où elle
a lieu au contraire sur toute l'étendue des lames prostomiales,
le prostomium se trouve tout entier transformé en une masse
solide, et le système nerveux est refoulé derrière, de manière à
devenir postérieur aux organes latéraux et à l'ouverture buccale, située à peu près au même niveau que ces derniers. Ce
second cas, de soudure complète des masses prostomiales, peut
lui-même être assujetti à des variations moins importantes concernant la plus ou moins grande extension en arrière de la masse
unique formée par cette soudure. C'est par ces variations secon-
daires que s'expliquent (lorsque la masse unique est peu développée) les cas de position latérale des organes latéraux par

rapport aux ganglions, cités plus haut comme preuve en faveur de l'ancienne théorie.

Nous pouvons donc terminer par cette conclusion, que la différence de position des masses ganglionnaires chez les *Anopla* et les *Enopla*, qui, comme nous l'avons vu, cause la différence essentielle de structure entre les deux groupes (fig. 167, 168), ne doit pas être attribuée à un manque d'unité dans le lieu de formation de ce système important, mais à l'extension plus ou moins complète du processus de soudure des lames prostomiales ; les masses ganglionnaires occupent au contraire une position constante à la partie interne de ces lames prostomiales, et derrière le point de soudure en masse céphalique, ou, ce qui revient au même, à la partie antérieure de la cavité du corps (en considérant comme exclue de cette cavité la portion *ca* renfermée dans la masse céphalique).

3° Un dernier élément pour établir la comparaison d'une manière complète entre la tête des deux groupes nous est enfin fourni par l'étude que nous avons faite, en embryogénie, de la soudure graduelle des lames prostomiales et masse céphalique. Nous avons vu que, pas plus chez les *Enopla* que chez les *Anopla*, cette soudure ne s'effectuait brusquement d'un bout à l'autre du *prostomium*, mais qu'elle se faisait pour ainsi dire en deux temps : le premier qui consiste dans la réunion directe en une masse impaire *mi* (épaississement primitif) ; le second, dans la formation d'un épaississement secondaire *ms*, suivi chez les *Enopla* du rapprochement et de la soudure directe du reste des lames prostomiales au tube de la trompe. L'état que l'on rencontre chez les *Enopla* correspond donc simplement à un état de développement ultérieur d'un mode général qui est le même dans les deux groupes ; bien que la masse céphalique paraisse former chez les *Enopla* une masse homogène, il nous est donc encore possible d'y distinguer, comme dans les *Anopla*, une division (fig. 174) en masse impaire *mi* et portion postérieure, dont la première seule représente l'équivalent morphologique exact de la masse céphalique des *Anopla*.

Les figures 173 et 174 expriment la structure comparée,

complète dans tous ses détails, des groupes des *Anopla* et des *Enopla*, déjà donnée d'une manière schématique dans les figures 167 et 168 ; elles expriment avec ces figures 166, 167, 168, et les autres, 163, 164, 165, l'ensemble de l'organisation du groupe des Némertes.

## TROISIÈME PARTIE.

### ÉTABLISSEMENT DU CYCLE GÉNÉRAL. — CONCLUSION.

Maintenant que nous avons achevé de dévoiler d'une manière complète, par l'étude détaillée des particularités de chaque type, la structure spéciale propre à chacun d'eux, il nous reste à rapprocher ces différents types et à les comparer à un point de vue plus général, en faisant abstraction de leurs caractères propres, afin d'en déduire un schéma général d'organisation qui puisse représenter la structure primitive du groupe des Némertes. Si nous jetons les yeux sur les deux figures 173 et 174, nous voyons que, quelle que soit la distance à laquelle s'étend la soudure des lames prostomiales en une masse unique, cette soudure a toujours pour résultat la formation à sa partie inférieure d'un diaphragme complet qui exclut du reste de la cavité du corps la cavité comprise dans la masse céphalique, qui peut par conséquent être considérée comme comblée. Nous avons vu que l'ensemble des couches de la paroi pouvait se réduire dans les deux groupes à une couche unique longitudinale, tandis que les autres n'étaient que des différenciations variables suivant les groupes, et dont nous devons ici faire abstraction complète ; la paroi se réduira donc, au point de vue du plan général d'organisation, à une couche longitudinale renflée à partir des organes latéraux en une masse pleine (fig. 177). Derrière ce renflement de la couche musculaire, et à la partie antérieure de la cavité du corps qu'elle limite, se trouvent les masses ganglionnaires, qui, ainsi que nous l'avons vu, occupent dans tous les groupes cette position constante : elles se prolongent sur les côtés en cordons nerveux, qui bordent la partie mince de la couche musculaire (avec laquelle nous avons établi ses rapports constants), de la même manière que les ganglions en bordent la partie épaisse. Nous avons donc ainsi, succédant à une première zone externe constituée par une couche musculaire longitudinale (1) épaissie à partir des organes latéraux, une seconde zone interne constituée par les cordons nerveux renflés également, à la portion antérieure, en masses ganglionnaires. Au dedans de ces deux zones se trouve la cavité du corps, dont la disposition la plus caractéristique semble être, comme nous l'avons vu, l'état de cloisonnement par le tube digestif en cavités médianes et cavités latérales, communiquant entre elles par les chambres génitales, et bordées sur tout le pourtour par le reticulum condensé en couche. La bouche est invariablement située, comme nous l'avons vu, à peu près au même niveau que les organes latéraux, et se trouve par conséquent à la partie antérieure de la cavité interne.

La figure 177 représente ce plan de structure général composé simplement : 1° d'une couche longitudinale portant les organes latéraux, et épaissie, à partir de leur niveau, en masse antérieure ; 2° système nerveux renflé en avant en ganglions ; 3° cavité du corps avec son cloisonnement caractéristique, et limitée de toutes parts par la couche de reticulum : cet état peut être considéré comme représentant le Némerte arrivé à structure complète et comme formant le dernier stade de l'embryogénie.

Un autre stade également caractéristique est celui, antérieur à la formation du système nerveux et au cloisonnement de la cavité du corps, dans lequel la couche longitudinale n'est pas encore renflée à la partie antérieure (lames prostomiales avant leur épaississement) et où le reticulum est encore à l'état disséminé dans la cavité. Cet état (fig. 176) correspond presque exactement à la figure 36 du *Lineus obscurus*, dans laquelle le

---

(1) Il ne faut pas confondre cet épaississement avec la masse céphalique des anciens auteurs, qui commençait simplement au système des commissures et à laquelle j'ai assigné aujourd'hui pour limites le diaphragme *ps ;* celui-ci correspond aux masses prostomiales arrivées au terme de leur évolution, qui est la soudure en une masse pleine.

reticulum est représenté par les globules graisseux séparés des disques.

Enfin, le premier stade serait antérieur à l'apparition du mésoderme, et à sa division en reticulum et couche stratifiée (fig. 176) ; il consiste simplement dans la *gastrula,* mais dans la *gastrula* ayant déjà pris sa forme bilatérale, avec œsophage et intestin, et formation d'une volumineuse région prostomiale (fig. 175). Ces trois figures 175, 176, 177, expriment les trois états essentiels de l'évolution du groupe des Némertes et résument complétement le cycle embryonnaire ; elles doivent servir de conclusion à ce travail et représentent trois séries de phénomènes successifs :

1° Formation de la *gastrula* bilatérale à épaisse région prostomiale (fig. 175) ; 2° formation de mésoderme, divisé en reticulum irrégulier, et couche stratifiée délimitée par les organes latéraux en lames prostomiales et métastomiales (fig. 176) ; 3° épaississement des lames prostomiales en une masse unique ; formation du système nerveux sur tout le pourtour de l'espace ainsi limité ; enfin cloisonnement, par ramification du tube digestif, de la cavité du corps tapissée par le reticulum disposé en couche.

CONCLUSIONS.

*Relations générales du groupe des Némertes.* — 1° Au premier coup d'œil, les relations des Némertes semblent être naturellement avec les Turbellariés, et c'est ainsi que l'avaient entendu les premiers observateurs ; mais les études plus approfondies semblent avoir amoindri cette opinion ancienne, et tendent de jour en jour à lui substituer une autre théorie qui rapproche les Némertes des Vers supérieurs et des Annélides. La forme Planule du groupe des Némertes a été rapprochée de la forme ordinaire des larves d'Annélides (Mac-Intosh), et le *Pilidium* a été comparé à diverses reprises, soit aux formes larvaires des Échinodermes, soit aux larves pélagiques des Annélides et des Géphyriens. La présence d'un type tel que le *Balanoglossus,* ressemblant pour l'aspect à un Némerte, pour la structure à un

Annélide ou mieux à un Géphyrien, et pour l'embryogénie aux
Échinodermes (*Tornaria*), vient appuyer beaucoup cette manière
de voir. Enfin on a cherché à diverses reprises à établir l'homologie entre les vaisseaux et nerfs latéraux des Némertes, et les
vaisseaux et chaîne ganglionnaire ventraux des Annélides, et la
théorie précédemment exposée de Hubrecht sur les cloisons génitales considérées comme dissépiments vient donner une nouvelle importance à ces rapprochements basés sur l'anatomie.

2° Mes observations m'empêchent complétement d'accepter aucun de ces rapprochements. Nous voyons en effet, pour
l'embryogénie, que les rapports signalés entre les formes larvaires n'ont absolument aucune importance : ils correspondent
à de simples ressemblances adaptatives produites sur des types
complétement différents, et qui n'ont aucune espèce de rapports
avec le cycle normal de l'embryogénie ; dépouillé de ses différents phénomènes perturbateurs, ce dernier ne ressemble plus
en aucune façon à celui que nous connaissons chez les Vers
supérieurs, mais s'en écarte au contraire d'une manière notable.

De même, en ce qui concerne l'anatomie, je ne me refuse
pas du tout à admettre l'existence de quelques analogies entre
les Némertes les plus différenciés (*Enopla*) et les Annélides,
mais je nie que ces ressemblances puissent jamais servir à conclure au rapprochement entre les deux groupes ; elles ne peuvent indiquer qu'un simple parallélisme. D'après mes recherches, les Némertes et les Annélides sont construits suivant un
plan essentiellement différent. Chez les uns (Annélides), le tout
résulte de l'évolution directe d'une masse musculaire complexe
(ligne primitive) divisée dès le début (fig. 172) en cavités séparées ;
chez les autres, la musculature ne se compose que d'une simple
enveloppe, qui se renfle seulement à sa partie antérieure (masse
prostomiale, d'où résultent ensuite les disques antérieurs),
tandis qu'il existe un autre système, le reticulum, qui produit
le cloisonnement des cavités du corps. Ainsi que j'ai cherché
à l'exprimer pour chacun des deux types dans les figures 171
et 172, ils s'écartent dès la base d'une manière essentielle,

et présentent des traces d'une différence originelle, que tous les
efforts de l'adaptation seraient impuissants à faire disparaître.

Ces deux faits de simplicité de la couche musculaire, et du
rôle important du reticulum, qui tendent à nous montrer l'impossibilité des relations sérieuses entre le groupe des Némertes
et celui des Annélides, viennent au contraire fournir un appui
important à leur réunion aux Turbellariés : dans tout le dernier groupe, le caractère essentiel est l'existence constante de
ces deux systèmes, le premier sous forme d'une mince couche
continue, assez souvent renflée à la partie antérieure; le second
(reticulum) sous forme de fibres radiaires qui remplissent en
partie la cavité du corps et peuvent se condenser en membranes
cohérentes pour former la paroi de certains organes internes
(conduits génitaux) (1).

L'état primitif paraît être, comme chez les Planaires, le développement excessif du second système (reticulum), tandis que
le second (couche musculaire longitudinale) se trouve réduit
simplement à l'état de fibres isolées et en très-petit nombre
(fig. 158). Dans ce cas, on ne distingue pas à l'observation directe
la cavité centrale de la paroi du corps, et l'animal entier paraît
composé d'une masse continue de parenchyme : c'est là ce qui
donne l'aspect de Plathelminthe. Mais en s'avançant dans la
série, on voit la couche musculaire devenir plus puissante; et
chez presque tous les Rhabdocœles, elle est devenue suffisamment épaisse pour se distinguer de la cavité qu'elle comprend, et
dès lors l'aspect de Plathelminthe est perdu en partie. Les
Némertes nous offrent une différenciation analogue à celle des
Rhabdocœles, mais poussée plus loin encore par augmentation de la couche musculaire, et réduction du reticulum à un
degré ultérieur. L'étude des Némertes les plus élevés (*Enopla*)
nous montre même que cette transformation peut acquérir ici
des limites très-avancées : le reticulum disparaît en entier dans
le dernier type (*Enopla*, fig. 163, Plathelminthe; fig. 165,

(1) Les conduits génitaux des Planaires se montrent, dans les coupes, composés dans certaines parties, de reticulum encore continu avec celui qui
remplit la cavité du corps.

Némathelminthe), et il y a véritable passage complet de l'état
Plathelminthe à l'état complet de Némathelminthe (1) (présence d'organes distincts flottant au milieu d'une cavité générale complétement libre). Malgré cette extrême différenciation,
nous voyons, en somme, que le processus fondamental ne
diffère en rien de celui qui sépare les Rhabdocœles (aspect
du Plathelminthe incomplet) des *Dendrocœles* (Plathelminthe
complet), et que les Némertes doivent, pour la disposition et
l'évolution générale du mésoderme, se rattacher d'une manière
générale, tant pour l'anatomie que l'embryogénie, aux Turbellariés.

*Relations particulières*. — Après avoir déterminé ces relations générales, je me suis appliqué à chercher s'il n'existait pas
des rapports plus particuliers avec certains types de Turbellariés : mon attention a surtout été attirée par les types qui nous
offrent avec le plus de netteté les modifications de l'état Plathelminthe qui les rapprochent de celles que j'ai indiquées chez les
Némertiens. Mes études ont porté surtout sur le *Sténostome* et
sur le Prorhynque. Le Sténostome présente dans les renflements
de la couche musculaire, à la portion antérieure, des caractères
communs avec les Némertiens : on peut en effet, d'après la
position des organes latéraux (fig. 162 *ol*), distinguer, comme
chez les Némertes, une cavité antérieure *cp* dans laquelle
m'a semblé déboucher ici le tube médian (système aquifère ?) (2)
qui parcourt le corps, et qui serait peut-être l'homologue de la
cavité prostomiale. Les masses ganglionnaires *gn* sont, comme
chez les *Enopla*, placées entre les organes latéraux et l'œsophage, et forment ainsi une espèce de cloison qui sépare l'une
de l'autre les deux cavités. Malheureusement la disposition de
l'intestin, droit comme chez les Rabdocœles, et ne nous offrant

(1) C'est ce passage complété par le cloisonnement des cavités du corps qui
nous rend compte de la ressemblance vague avec les Annélides. En réalité, la
ramification du tube digestif qui est le point de départ de ce cloisonnement, ne
fait que constituer une analogie de plus avec les Turbellariés.

(2) Je n'ai pu, malgré mes efforts, voir ce tube se recourber en anse et revenir
en arrière, comme le dit Graff, mais il m'a toujours paru se terminer dans cette
lacune.

aucune trace de cæcums, ne confirme pas l'analogie. J'ai cherché
si l'étude de la formation par bourgeonnement de la partie
céphalique n'apprendrait rien qui pût avancer la question ; j'ai
constaté qu'il naissait entre la couche musculaire et épithéliale .
trois épaississements (fig. 162, partie postérieure) : un médian,
qui s'accroît simplement pour devenir l'œsophage, et deux latéraux, qui se segmentent chacun en deux parties, dont la postérieure, *gn*, donne naissance aux ganglions nerveux, tandis que
l'antérieure, DP, est le rudiment commun de l'organe latéral et
de la masse musculaire de la tête (lame prostomiale ?). Ce mode a
peut-être des analogies avec celui que nous avons décrit dans
la régénération de la tête du *Lineus :* néanmoins il ne nous
fournit rien de décisif.

Le Prorhynque nous présente des analogies beaucoup plus
remarquables. Les organes génitaux y présentent, il est vrai, une
structure qui s'écarte beaucoup de celle des Némertes et se rattache à celle des Turbellariés proprement dits (Aproctes) ; mais,
d'un autre côté, ces caratères négatifs sont contrebalancés
par la disposition qu'affectent ces parties (pénis occupant la
même position que la trompe des Némertes); d'un autre côté,
nous trouvons dans la disposition générale de la musculature des
rapports très-intimes : la couche musculaire s'y trouve renflée en
avant des organes latéraux *ol*, une masse unique (en DP) qu'on
peut comparer à la masse prostomiale des Némertes. Derrière
ces mêmes organes *ol* viennent, comme chez les Némertes, les
masses ganglionnaires, puis l'œsophage; le tube digestif porte de
plus des cæcums comme chez les Némertes, et présente une division qui s'y ramène, en somme, d'une manière complète (chambres génitales contenant aussi des glandes) (testicules ?). En
somme, le Prorhynque nous présente à l'état adulte une disposition générale de la musculature qui se ramène tout à fait à celle
qui sert de type au groupe des Némertes (fig. 177). J'ai voulu,
pour m'assurer de la structure de la paroi du corps, essayer de faire
quelques coupes ; sans pouvoir encore indiquer d'une manière
détaillée sa disposition, je suis du moins arrivé à y constater la
présence d'une couche très-singulière de fibres musculaires

longitudinales, composée de grosses fibres (fig. 159) disposées régulièrement en une seule rangée, et qui constitue la partie essentielle de cette paroi. Ce dernier fait vient donc encore à l'appui de l'analogie avec les Némertes, dont l'état primitif semble également être de posséder une couche longitudinale formant la partie essentielle de la musculature.

Mais ce même animal qui, à l'état adulte, paraît présenter une dispostion si concordante avec celle qui distingue les Némertes (fig. 177), paraît posséder pendant l'état jeune une structure qui en diffère d'une manière très-grande et qui se rapproche, jusqu'à l'identité, de la disposition typique des Planaires. J'ai en effet, à diverses reprises, rencontré à Lille, pendant le mois d'avril, dans un fossé extrêmement abondant en Prorhynques, de petites Planaires d'une couleur blanchâtre, de taille identique à celle des Prorhynques, et dont la structure paraît offrir avec celle de ces derniers des rapports surprenants (fig. 160) : ces Planaires possédaient une disposition générale des différents organes tout à fait identique à celle des Prorhynques ; à la partie antérieure se trouvait la trompe *tr*, encore dépourvue ici de stylets, et entourée à peu près à la même place que chez le Prorhynque de deux masses nerveuses *gn* portant chacune un petit point oculiforme. Derrière ces dernières venait un œsophage (*œ*) de structure identique à celui du Prorhynque, et suivi immèdiatement par un tube digestif divisé en cæcums avec une régularité telle que je n'en connais chez aucune autre Planaire et rappelant absolument la division en cæcums du Prorhynque et des Némertiens (1). Tout le long de la région occupée par ces cæcums, le reticulum se trouvait réduit à ne plus occuper que les parties externes ; mais en avant, dans la partie située au devant de l'œsophage, il constituait une masse solide occupant la même position vis à vis de l'ensemble des organes

_______

(1) Depuis que ces lignes ont été écrites, j'ai eu connaissance, grâce à l'obligeance de M. Horst, d'un type également très-voisin du Prorhynque trouvé par M. de Man dans la terre humide et décrit par lui sous le nom de *Geocentrophora sphyrocephala* (*Tijdschrift der Nederlandische dierkundige Vereeniging*, 1875, p. 62). Seulement l'auteur paraît y rapprocher ce type plus des *Rhabdocœles* que des *Dendrocœles*.

internes que la masse musculaire antérieure du Prorhynque. Je n'ai pu malheureusement, par suite de la mort prématurée de toutes mes Planaires, très-difficiles à conserver en captivité, observer jusqu'ici la transformation de ces Planaires en Prorhynques ; mais je puis à peine douter qu'elle ait réellement lieu, et que ces Planaires constituent en réalité l'état jeune du Prorhynque avec lequel elles offrent de si frappantes analogies. S'il en était ainsi, il faudrait admettre que le Prorhynque passe successivement, dans son évolution, par les deux états successifs d'arrangement général de la musculature des Planaires et des Némertes. Ces deux états existent déjà théoriquement, comme nous l'avons vu (fig. 175-176) dans l'embryogénie des Némertes ; nous aurions donc chez le Prorhynque la succession réelle des états que nous ne trouverons plus qu'à l'état de traces dans le groupe des Némertes, et il faudrait admettre que le groupe des Némertes dérive de la modification brusque (saisissable sur le fait chez le Prorhynque) de l'organisme Planaire. Cette conclusion établirait d'une manière décisive les affinités réelles des Némertes (comme faisant partie du groupe des Planaires), et résoudrait aussi affirmativement la question de savoir s'il nous est permis de chercher des homologies entre la trompe des Némertes et le pénis des Turbellariés, etc., homologies auxquelles il faudrait renoncer, si nous étions au contraire arrivés, par le Sténostome, à un rapprochement avec les *Proctucha*.

Pour terminer, résumons en quelques mots l'ensemble des conclusions des différentes parties.

A. *Cycle embryonnaire*. — Nous avons remplacé les quatre types larvaires par deux types basés sur le développement interne, et avons montré que ces derniers pouvaient eux-mêmes se ramener à un seul caractérisé par le mode général d'évolution du mésoderme. Partout l'embryogénie dérive primitivement de la *gastrula*, mais le feuillet moyen qui se forme ensuite peut subir deux variations caractéristiques : 1° il peut dès le début (*Pilidium*, *type de Desor*) montrer la division en ses quatre parties essentielles (disques) qui se concentrent ensuite autour des cavités qu'elles circonscrivent (cavités prostomiale et métastomiale) ; 2° il peut se former un feuillet continu autour des cavités apparues d'abord dans une masse amorphe, avec différenciation ultérieure des quatre rudiments autour de ces cavités. Mais quel que soit celui de ces processus qui se présente, l'ensemble du développement n'en consiste pas moins, en règle générale : 1° dans la formation des trois feuillets ; 2° dans la division du feuillet moyen en lames prostomiales et métastomiales (disques antérieurs et postérieurs), entourant chacun une cavité séparée l'une de l'autre par la bouche et les organes latéraux.

Les formes *scolex* ne sont que des *larves* résultant du passage à l'état libre de stades embryonnaires divers de ce mode commun de développement; elles ne constituent que des aberrations sans importance aucune de la série normale, et rien n'indique même que l'on puisse comparer ces perturbations entre elles. La forme *Planula* résulte du passage à l'état libre du stade 83 de l'*Amphiporus*, le *Pilidium* de la *gastrula*, et la larve de *Polia* du jeune Némerte tout formé. Nous avons vu, pour le cas du *Pilidium*, que ces aberrations, dues à l'état larvaire, pouvaient aller jusqu'à produire la chute de l'exoderme, et, ce qui est plus remarquable, la formation (par modification du mode de formation des disques) d'une membrane provisoire : l'amnios.

En somme, nous concluons à la destruction complète de l'ancien cycle, basé sur les formes externes, et nous en établissons un autre basé sur l'évolution complète du mésoderme : Metschnikoff n'avait pas reconnu la nature véritable des disques du *Pilidium* (rudiments de la musculature), et, de plus, il n'avait vu que la moitié de leur évolution. Nous voyons qu'à côté de cette première moitié (soudure en une couche continue) qui diffère suivant chacun de nos types d'embryogénie, les disques parcourent une seconde partie, identique cette fois dans tous les Némertes et qui consiste dans la soudure des disques antérieurs en une masse compacte (masse prostomiale) et un allongement des disques postérieurs en long tube rubané.

B. *Plan de structure*. — L'étude de l'adulte nous montre que la division caractéristique de la musculature (lames prostomiales et métastomiales) continue à se retrouver, pendant toute la vie, sur une couche longitudinale qui constitue la partie essentielle de la paroi. Elle nous montre, en outre, que le système nerveux est toujours situé à la partie interne de cette couche essentielle, et que c'est l'extension plus ou moins grande de la soudure des lames prostomiales en masse céphalique qui détermine la position variable des masses ganglionnaires d'où dérivent les dispositions des *Anopla* et des *Enopla* (toutes les autres couches de la paroi du corps : deux couches internes des *Anopla*, couche annulaire des *Enopla*, ne sont que des couches accessoires de revêtement, spéciales aux divers groupes).

A l'intérieur de l'ensemble circonscrit par la couche longitudinale et le système nerveux se trouve la portion de cavité du corps qui n'a pas été obstruée par la soudure en une masse, des lames prostomiales; cette portion éprouve une division caractéristique en tubes vasculaires et chambres génitales bordées par le reticulum connectif qui, plus tard, se détachera de la couche musculaire pour former la paroi des vaisseaux et glandes génitales.

C. *Cycle complet*. — En réunissant entre elles ces deux séries de conclusions, on voit que l'embryogénie peut se concevoir comme parcourant trois stades principaux :

1° *Gastrula* bilatérale (fig. 175).

2° *Gastrula*, avec feuillet moyen né de l'exoderme et composé de deux rudiments principaux : 1° la couche musculaire, ici mince et uniforme; 2° le reticulum, ici disséminé dans toute la cavité du corps, et représenté chez les embryons du *Lineus obscurus* par des globules graisseux (176).

3 La couche longitudinale s'est renflée en avant des organes latéraux, en une masse solide; le système nerveux est apparu sur tout le pourtour interne de la couche ainsi compliquée. La cavité interne s'est divisée en un système cloisonné tout

le long duquel le reticulum s'est appliqué en couche continue (177).

Ces trois états, qu'on voit successivement dans l'embryon du Némerte, paraissent exister d'une manière plus explicite chez le Prorhynque, où l'état 2 semble être représenté par une Planaire vivant en liberté (fig. 160). Les Némertes paraissent, d'après cet ensemble, dérivés d'une modification brusque de l'organisme Planaire, et justifient ainsi l'établissement d'homologies entre les organes dans les deux groupes (trompe homologue du pénis, etc.).

## EXPLICATION DES PLANCHES.

*Lettres communes à toutes les figures.*

*end,* endoderme.

*ex,* exoderme.

*mes,* mésoderme.

*DP,* disques antérieurs ou lames prostomiales.

*DM,* disques postérieurs ou lames métastomiales.

*mi,* masse musculaire impaire formée par la soudure de la partie antérieure des lames prostomiales.

*ms,* épaississement secondaire qui paraît se former d'une manière constante dans la portion postérieure des lames prostomiales.

*mc,* masse céphalique (correspondant, chez les *Anopla,* à la masse impaire, et chez les *Enopla,* aux lames prostomiales entières).

*cp,* cavité prostomiale.

*cm,* cavité métastomiale.

*cs,* cavité de segmentation.

*CD,* cavité digestive.

*ca,* portion de la cavité prostomiale comprise dans l'intérieur de la masse impaire *mi.*

*B,* bouche.

*œ,* œsophage.

*I,* intestin.

*gi,* masse graisseuse qui donnera naissance à l'intestin.

*cœc,* cæcums du tube digestif.

*cg,* chambres génitales.

*tr,* trompe.

*tr,* sa portion indévaginable.

*s,* son point d'insertion réel, au sommet du corps.

*ps,* son point d'insertion apparent, correspondant à sa soudure à la partie postérieure de la masse céphalique (soudée en ce point en un diaphragme continu).

*ol,* organes latéraux.

*fc*, fentes céphaliques.
*fl*, fossettes céphaliques.
*gn*, masses ganglionnaires.
*cn*, cordons nerveux.
*ep*, épiderme.
*oc*, points oculiformes.
*V*, vaisseaux.
*vg*, gaine de la trompe.
*rét*, fibres du reticulum connectif.


### PLANCHE 1.

#### *Lineus obscurus* (gross. 65 diam.).

*o*, vésicule germinative.
*D*, membrane du fond des dépressions (destinée à former des disques).
*cr*, lame exodermique qui s'étend au-dessus.

Fig. 1. Œuf après la ponte ; *o*, vésicule germinative.

Fig. 2. Œuf un peu plus avancé ; la vésicule germinative a gagné la surface.

Fig. 3. Stade 8 avant la rotation, avec cavité centrale déjà visible.

Fig. 4. Stade 8 après la rotation ; les quatre cellules de chaque moitié alternent en s'engrenant avec celles de l'autre moitié.

Fig. 5. Segmentation en 16 ; l'extrémité de chacune des quatre cellules de chaque moitié se sépare pour former quatre cellules en croix occupant les pôles.

Fig. 6. Stade 32 : aspect général montrant, à chaque pôle, quatre cellules en croix, et entre les deux une épaisse zone de cellules alternantes.

Fig. 7, 8. Premiers stades du développement de la *blastula* : les cellules de la paroi y sont encore très-grandes par rapport à la cavité qui occupe le centre, et l'œuf a la structure d'une sphère presque solide à éléments radiaires.

Fig. 9. Cavité centrale plus grande, cellules moins allongées.

Fig. 10. Blastosphère.

Fig. 11. Commencement de la *gastrula*.

Fig. 12. Stade plus avancé montrant, comme le précédent, la direction oblique de l'invagination.

Fig. 13. *Gastrula* toute formée, vue de profil : l'intestin est déjà, par suite de la direction oblique de l'invagination, entièrement rejeté d'un seul côté de la bouche ; la *gastrula* possède la structure bilatérale, et l'on peut déjà y distinguer deux portions distinctes, l'une située *au devant* de la bouche et ne renfermant aucune portion d'intestin (prostomium), l'autre située *derrière* et renfermant l'intestin entier (métastomium).

Fig. 14. Même stade, vu de face.

Fig. 15. La même, ayant pris la forme pentagonale

Fig. 16, 17, 18. Coupes transversales à travers les dépressions latérales des figures 19, 20, 21, pour montrer leur mode de fermeture : *D* indique la membrane du fond de ces dépressions, destinée à former les plaques discoïdes ; *Cr* est la lame cellulaire simple qui s'étale au-dessus pour fermer les dépressions.

PLANCHE 2.

*Lineus obscurus* (gross. 65 diam.).

*ci*, dépressions latérales.

*gl*, globules graisseux issus de la paroi des disques.

*Y*, trace en *y* de la soudure des disques postérieurs avec la plaque antérieure.

*cap*, portion céphalique.

*ter*, portion postérieure des embryons.

Fig. 19. Enfoncement des quatre faces latérales du pentagone pour former les quatre dépressions des disques.

Fig. 20, 21. Stades de fermeture des quatre dépressions. On voit en outre le changement de forme général qui résulte de l'aplatissement graduel de la *gastrula* et qui amène l'œsophage et l'intestin d'abord projetés l'un sur l'autre dans les vues de face, sur des plans différents : les figures montrent la place exacte et le mode de fermeture différent des deux paires de disques.

Fig. 22. Première apparition, sous l'aspect de quatre lames cellulaires, des disques dans l'intérieur de la cavité du corps ; les deux antérieurs se voient de profil, les deux autres de face.

(Les figures qui suivent représentent l'accroissement des plaques discoïdes, vues alternativement du côté ventral et dorsal).

Fig. 23, 24. Séparation plus nette de l'œsophage et de l'intestin, délamination de la portion interne des disques en globules graisseux.

Fig. 25, 26. Soudure des disques antérieurs ; naissance de la trompe en ce point de soudure sous forme d'un bourgeon solide.

Fig. 27, 28. Formation de la plaque ventrale et de l'épaississement labial par soudure de cette dernière au pourtour de la bouche.

Fig. 29, 30. Extension de la plaque ventrale vers le dos.

Fig. 31. Vue de profil, correspondant au stade fig. 20.

Fig. 32. Idem, au stade fig. 25-26 et montrant de côté les mêmes phénomènes ; l'espace obscur du haut de la figure 33 correspond au dernier point de réunion des disques en couche continue.

Fig. 33. Idem, au stade fig. 29-30.

PLANCHE 3.

*Lineus obscurus* (gross. 57 diam.).

*ct*, portion triangulaire de la cavité métastomiale.
*fun*, cordons solides qui relient l'œsophage aux organes latéraux.
*h*, leurs points d'insertion à l'œsophage.
*me*, feuillet interne (musculaire) de la couche des disques.

Fig. 34. Naissance des organes latéraux : la couche des disques est entièremen
formée, l'embryon s'aplatit encore et présente un aspect dilaté et arrondi ;
l'exoderme est devenu mince et l'endoderme commence à se résoudre, au
centre, en éléments graisseux. A partir de ce stade jusqu'à l'achèvement
complet, la couche des disques paraît constituer la partie essentielle de
l'embryon.

Fig. 35. Allongement de la partie inférieure de l'embryon qui, d'arrondi,
devient piriforme, et accroissement des organes latéraux vers le dehors.

Fig. 36. La partie antérieure de l'embryon se déprime de chaque côté pour
donner naissance aux fentes céphaliques. Les organes latéraux sont venus se
souder à la couche des disques, au point de réunion des deux paires 'une
à l'autre.

Fig. 37. L'allongement de la portion postérieure et la dépression des parties
latérales de la portion antérieure ont transformé la première en un tube
allongé et ont donné à la seconde une forme en fer de lance. On peut, dès
ce stade, distinguer, de même que dans les vues de face, la moitié antérieure
(*cap*) de la moitié postérieure (*ter*); l'embryon a déjà pris, à ce stade, un
aspect vermiforme ; la trompe s'est aussi beaucoup allongée.

Fig. 38. Commencement de la différenciation histologique (cellules de la couche
des disques devenues variqueuses). L'extrémité postérieure se renfle par
accroissement du tube digestif et l'aspect vermiforme (fig. 37) se perd de
nouveau.

Fig. 39. Écartement de l'exoderme pour produire l'alternance ; différenciation
de l'épiderme définitif à la surface de la couche des disques ; le tissu de cette
couche s'est réduit, au-dessous de cet épiderme, à un amas de globules irrégulièrement disposés.

Fig. 40. Stade fig. 34, vu de profil.

Fig. 41. Stade fig. 37, vu de profil.

Fig. 42. Jeune Némerte encore contenu dans l'ancien exoderme; le tube
digestif est entièrement graisseux, la portion postérieure du corps s'est renflé-
flée de manière à prendre un volume égal à l'antérieure.

Fig. 43. Jeune Némerte au moment de la sortie de la peau larvaire l'épaississement labial a été emporté dans la chute de cette membrane ; il ne reste
plus, de l'œsophage primitif, que les points d'insertion *h* des organes latéraux à sa paroi.

Fig. 44. Les points d'insertion se réunissent en un seul, qui est le rudiment
de l'œsophage définitif. L'amas graisseux du tube digestif augmente par suite
de la multiplication des globules et occasionne le renflement de toute la
portion postérieure, dont le volume arrive bientôt ainsi à dépasser celui de
la portion antérieure.

PLANCHE 4.

*Lineus obscurus* (gross. 50 diam.).

Fig. 45. Même stade que dans la figure 44, mais dans l'extension. L'épiderme
s'y présente sous la forme d'une couche anhiste où les éléments cellulaires
affectent leur forme de bâtonnets ; les globules graisseux se sont disposés
à la périphérie en couche continue.

Fig. 46. Apparition d'un protoplasme transparent entre les globules graisseux
du tube digestif. Les organes latéraux se séparent de l'œsophage ; l'épaississement impair, formé par la réunion des lames prostomiales (disques antérieurs), a gagné en étendue, et l'épaississement secondaire de ces mêmes
lames est déjà visible autour de la trompe : tout l'ensemble de l'animal
a éprouvé un rétrécissement.

Fig. 47, 48. Continuation des mêmes processus. Le protoplasme apparu entre
les globules disposés en couche, du tube digestif, se différencie en éléments
cellulaires, tandis que les globules se divisent en même temps en granules
hépatiques ; les lames prostomiales se concentrent de plus en plus, par rapprochement graduel et extension des épaississements impair et secondaire
en une masse solide.

Fig. 49, 50. La paroi du tube digestif, entièrement formée, apparaît à l'état
d'une couche cohérente qui se sépare tout à fait (fig. 50) de la paroi du
corps ; il se forme ainsi une cavité générale en fer à cheval, qui fait, du côté
ventral, le tour complet du tube digestif. La figure 50 correspond au dernier
état que l'on puisse ordinairement suivre sur les Némertes obtenus par
œufs. Les mêmes figures montrent la différenciation du reticulum qui a
formé, entre autres choses, la gaîne de la trompe, et des fibres unissant
l'intestin à la paroi du corps.

Fig. 51. Jeune Némerte de la grandeur *D* (fig. 55). La cavité générale continue
en fer à cheval s'est divisée, par suite de l'apparition des cæcums du tube
digestif, en troncs longitudinaux et chambres génitales ; les deux points
oculiformes de la partie antérieure commencent à disparaître pour faire place
à deux rangées latérales. — Gross. 30 diam.

Fig. 52. Némerte arrivé à l'état adulte. Il ne diffère de l'état fig. 51 qu'en ce
que les différentes divisions déjà existantes sont mieux accentuées. — Gross.
20 diam.

Fig. 53. Schéma pour indiquer le mode d'épaississement des lames prostomiales.

Fig. 54. L'épiderme au stade fig. 45, traité par l'acide acétique.

222 **J. BARROIS.**

Fig .55. Différents états de l'évolution, grandeur naturelle.—*A*, *B*, états obtenus
à la suite de la ponte : A, œuf ; B, jeune Némerte complet (stade fig. 50).
.— *C*, *D*, états intermédiaires obtenus dans un développement exceptionnellement heureux et montrant le passage de l'état B à l'état E.—*E*, *F*, adultes
tels qu'on les rencontre ordinairement sur la plage : F, état plus âgé avec
pigment noir ; E, plus jeune, avant l'apparition du pigment. ,

PLANCHE 5.

Fig. 56 à 73. Amphiporus lactifloreus (gross. 80 diam.).

o, vésicule germinative de l'œuf pondu.
o', autre vésicule claire de seconde formation.
p, portion centrale réfringente visible pendant la disposition radiaire.
p', portion plus diffuse qui y fait suite.
z, zone corticale obscure de l'œuf.

Fig. 56. Œuf pondu montrant la vésicule germinative ainsi que la zone corticale
obscure.

Fig. 57. Trois heures après la ponte. La vésicule germinative, qui, quelques
minutes après la ponte, avait disparu d'une manière complète, se trouve
remplacée à cette époque par une autre vésicule beaucoup plus petite et ne
contenant pas de tache germinative.

Fig. 58. Vésicule de la figure précédente expulsée au dehors pour former les
globules polaires.

Fig. 59. Apparition, dans le protoplasme interne de l'œuf, des centres d'at-
traction. La figure montre déjà la division en deux effectuée sur les noyaux,
qui se confondent par leur partie externe avec le protoplasme interne de
l'œuf. Cette division ne s'est pas encore manifestée au dehors.

Fig. 60. Stade 2 : les deux portions étoilées se sont concentrées en deux vési
cules semblables à celles de la figure 57.

Fig. 61 à 66. Disposition des sphères de segmentation. Des stades 2 à 16 es
phénomènes sont les mêmes que ceux déjà indiqués pour le *Lineus obscurus*.

Fig. 61. Stade 16 (quatorze heures), produit par scission transverse des quatre
cellules de chaque moitié. L'œuf se compose de huit séries de deux cellules
engrenées alternativement les unes dans les autres (les éléments de chaque
moitié sont, sur les figures, colorés d'une manière différente).

Fig. 62. Stade 32 (vingt-quatre heures), produit par nouvelle scission transverse
de chacune des seize cellules du stade précédent. L'œuf se compose de huit
séries de quatre cellules, engrenées comme avant, les unes dans les autres.

Fig. 63. Même stade, vu de face par l'un des pôles.-

Fig. 64, 65. Division, dans le sens longitudinal (fig. 64), des cellules les plus
voisines de l'équateur, en deux parties qui aussitôt se mettent à alterner
entre elles (fig. 65).

Fig. 66. Œuf au même stade, dessiné d'après nature aussi exactement que possible pour montrer la grande concordance avec la figure explicative 65.

Fig. 67. Les nouvelles segmentations longitudinales avec alternance continuent à se rapprocher graduellement des pôles ; on a ainsi quatre cellules centrales entourées d'un nombre de plus en plus grand de cellules alternantes.

Fig. 68. Stade plus avancé. Les éléments sont plus petits et la zone épaisse, située entre les deux pôles, des cellules alternantes est de plus en plus riche en éléments, mais les quatre cellules centrales sont encore visibles ; ces dernières ne tardent pas à perdre, par suite de la pression des cellules environnantes, leur disposition caractéristique, et dès lors on ne peut plus distinguer entre les cellules d'arrangement régulier.

Fig. 69 à 71. Stade *gastrula* montrant l'approfondissement et la fermeture de la dépression que l'on voit se former à la surface de la *morula*. Au stade fig. 73, l'ouverture d'invagination n'apparaît plus que comme un point, et la surface de l'embryon se couvre de cils vibratiles (la figure 70 est un embryon de trente-six heures ; la figure 72, de quarante-huit heures, et la figure 73 un embryon du troisième jour.

Fig. 74-75. Schémas des deux modes fondamentaux de disposition des cellules dans la *blastula*.

PLANCHE 6.

*Amphiporus lactifloreus* (gross. 100 diam.).

*mes,* masse de deutoplasme résultant de la dégénérescence de la partie interne des cellules radiaires.

*M,* masse interne résultant de la fusion des deux feuillets internes.

*rf,* renflement moyen de la musculature.

Fig. 76. Stade 8 vu par transparence. Chacun des huit éléments dont se compose l'œuf a la forme d'une pyramide ayant son sommet au centre de l'œuf ; chacune de ces pyramides se compose d'une enveloppe corticale plus sombre et d'une partie interne contenant le noyau. Dans la partie supérieure de cette figure on voit les noyaux affectant l'aspect radiaire, tandis que dans la partie inférieure ils se sont condensés en vésicules claires.

Fig. 77. Embryon du premier jour, stade fig. 65 vu par transparence. Les 48 cellules de ce stade sont encore disposées de la même manière que les 8 cellules du stade précédent ; elles constituent 48 pyramides avec sommet au centre ; la segmentation a, pendant toute sa durée, pour unique effet l'augmentation en nombre de ces pyramides. Au stade actuel (48), on commence à voir leur partie centrale prendre une couleur plus pâle et se confondre graduellement avec celle des pyramides voisines ; ce processus correspond à une dégénérescence de la partie interne de ces cellules radiaires, elle a pour but la formation du mésoderme *mes*. Chacune des pyramides se compose dès lors de trois parties : 1° enveloppe corticale ; 2° portion blanche interne (deutoplasme) ; 3° portion protoplasmique moyenne contenant le noyau.

Fig. 78. Embryon de vingt-quatre heures (stade fig. 67). Même aspect que précédemment : la partie blanche centrale est encore très-réduite. Au point de convergence des cellules radiaires se voit une petite cavité de segmentation.

Fig. 79. Embryon de trente heures (stade fig. 68). La substance blanche a augmenté beaucoup et a comblé, par son développement, la petite cavité de segmentation.

Fig. 80. Trente-six heures (stade fig. 69).

Fig. 81. Quarante-huit heures (stade fig. 72). — Fig. 82, troisième jour (stade fig. 73) : stades de *la gastrula*. La substance blanche centrale s'augmente et devient plus nette à mesure que les cellules radiaires deviennent, par suite de la segmentation, plus nombreuses et plus minces. Au stade 82 elle se sépare de la partie externe des cellules par une ligne plus nette. Pendant ces trois stades on distingue souvent, au milieu de la substance blanche du centre, des éléments étrangers (fig. 80) ou des cavités (fig. 81-82) indiquant, soit la cavité digestive, soit les éléments de l'endoderme ; l'embryon se compose alors de trois feuillets, et la couche blanche interne représente le mésoderme.

Fig. 83. Quatrième jour. Les éléments endodermiques et mésodermiques se sont confondus en une seule masse bien distincte maintenant des cellules radiaires qui forment tout autour une couche très-épaisse.

Fig. 85, 86. Différenciation nouvelle de la masse interne en ses deux feuillets (mésoderme, qui conserve d'abord l'aspect blanchâtre, et endoderme, qui apparaît dans la masse sous forme de granules opaques) ; la répartition des granules opaques indique, dès le début, la division en partie centrale (*tr*) et partie périphérique du mésoderme ; la première destinée à former la trompe, et la seconde le reste de la musculature.

Fig. 87-84. Des noyaux apparaissent dans le mésoderme et déterminent la différenciation de la masse amorphe qui le constitue en éléments cellulaires (84) destinés à former le tissu musculaire ; les différentes divisions indiquées précédemment se sont circonscrites en organes dictincts : la trompe au milieu, et vers le haut les deux renflements *rf*, qui séparent les cavités prostomiale et métastomiale et se prolongent sur tout le pourtour en une mince couche continue. Les granules opaques se sont concentrés vers la partie postérieure, où ils forment, dans la cavité métastomiale, un amas graisseux déjà important. Pendant ces phénomènes de différenciation, l'exoderme s'est graduellement aminci (voy. fig. 85-88) et les deux zones qui le composaient (enveloppe corticale et corps des cellules) se sont fondues en une seule. — Gross. 30 diam.

Fig. 88 à 91. Vue schématique de l'ensemble du développement.

    88. *Gastrula* avec ses trois feuillets.

    89. Fusion de l'endoderme et du mésoderme.

    90. Stade composé d'une masse centrale (réunion des deux feuillets internes) et couche périphérique.

    91. Différenciation de la masse interne en musculature et tube digestif.

PLANCHE 7.

Fig. 92 à 99. — *Amphiporus lactifloreus.*
Fig. 100 à 104. — *Lineus obscurus.*
Fig. 105-106. — *Tetrastemma candidum.*

*ci*, portion de cavité métastomiale qui est dans le refoulement en avant de
la masse céphalique, qui précède toujours la sortie de la trompe,
pénètre en avant des organes latéraux, et qu'il faut bien se garder
de confondre avec la cavité prostomiale.

*arm*, soulèvement annulaire destiné à former l'armature de la trompe.

$c^1$, cavité de la portion dévaginable de la trompe.

$c^2$, cavité de sa portion glanduleuse.

*tr'*, portion mince de la trompe, antérieure à la cloison *rf*.

Fig. 92. La mince couche musculaire périphérique, d'abord continue, commence à se renfler autour de la cavité prostomiale en lames prostomiales ;
la cloison moyenne *rf* se différencie en organes latéraux et masses ganglionnaires.

Fig. 93. Continuation du même processus. Les lames prostomiales se sont déjà
accrues et soudées en avant en masse impaire.

Fig. 94, 95. Différenciation du tube digestif (absolument comme chez le *Lineus
obscurus*) et développement dans les lames prostomiales de l'épaississement
secondaire.

Fig. 96. Le tube digestif, qui s'est séparé de la paroi du corps, commence
à montrer sa division en renflements successifs (cæcums) ; dans la tête on voit
l'épaississement secondaire arriver à se souder complétement à la trompe, de
manière à transformer toutes les lames prostomiales en une masse solide.

Fig. 97. Tête d'adulte : les traces de la soudure de l'épaississement secondaire
avec la trompe ne sont plus visibles, et les lames prostomiales ont fait entièrement place à la masse céphalique. Jusqu'à la figure 96, ces figures montrent
aussi le mode de formation graduel de la trompe. — Gross. 23.diam.

Fig. 98. Structure du tube digestif :

A, état normal.

B, granules hépatiques réunis en quelques corpuscules moins nombreux.

C, granules hépatiques réunis en une seule concrétion.

Fig. 99. Développement schématique de la région des stylets.

Fig. 100 à 104. Régénération de la tête du *Lineus obscurus*. — Gross. 35 diam.

Fig. 100. Après cicatrisation complète, montrant la couche musculaire partout
uniforme s'étendant sans interruption au-dessus de l'extrémité en cæcum du
tube digestif.

Fig. 101. Une cavité est apparue entre la couche musculaire et l'extrémité
de l'intestin ; sur le pourtour de cette cavité, la couche musculaire s'est
renflée, en *rf*.

Fig. 102. L'épaississement de la couche musculaire *rf* se divise en portion supérieure qui reste droite, et portion inférieure qui se recourbe en fer à cheval. A l'extrémité antérieure en cæcum du tube digestif apparaît, du côté ventral, un épaississement spécial qui formera l'œsophage.

Fig. 103. La partie restée droite du renflement musculaire (lames prostomiales) s'est soudée en masse impaire qui porte déjà les points oculiformes ; la portion en fer à cheval s'est mise en relation avec l'œsophage par ses extrémités qui forment les organes latéraux, tandis que sa portion supérieure se différencie en masses ganglionnaires.

Fig. 104. Tête d'adulte. — Gross. 23 diam.

Fig. 105 et 106. — *Tetrastemma candidum.*

Fig. 105. Stade correspondant à la figure 84 de l'*Amphiporus* offrant le renflement *rf* du mésoderme qui sépare déjà les cavités prostomiales et métastomiales. — Gross. 80 diam.

Fig. 106. Tête d'adulte. — Gross. 23 diam. .

PLANCHE 8.

Fig. 107 à 114. — *Tetrastemma dorsale* (gross. 85 diam.).
Fig. 115 à 119. — *Polia carcinophila* (gross. 80 diam.).
Fig. 120 à 123. — *Amphiporus splendidus* (gross. 80 diam.)
Fig. 124. — *Cephalothrix linearis* (gross. 80 diam.).

Fig. 107 à 114. — *Tetrastemma dorsale.*

Fig. 107. Œuf pondu. On voit la division en zone corticale et substance interne ; cette dernière contient une vésicule claire *o'*.

Fig. 108. Œuf fécondé. La vésicule claire a disparu et la zone corticale se fusionne avec la substance interne. Tout autour de l'œuf se voient de nombreux spermatozoïdes fixés à la membrane vitelline par la portion effilée.

Fig. 109. *Morula* (stade à cellules radiaires).

Fig. 110. Les cellules radiaires se sont divisées en une couche externe cellulaire et masse interne en dégénérescence qui apparaît (fig. 110) comme une masse sombre.

Fig. 111. Larve libre correspondant à la figure 83 de l'*Amphiporus*, avec couche externe représentant l'exoderme, et masse centrale représentant la réunion des deux feuillets internes ; mais ici la masse interne, au lieu d'être amorphe, se compose d'une multitude de cellules à noyaux plus petites que celles qui forment l'exoderme.

Fig. 112. Différenciation de la larve en Némerte (correspond à la figure 86 de l'*Amphiporus*). Les petites cellules de la masse interne se sont ramollies de manière à constituer un tissu granuleux qui donne ensuite naissance aux fibres musculaires. La séparation des éléments endodermiques et mésodermiques est déjà ici effectuée, et l'on peut voir la division en deux cavités séparées l'une de l'autre par la cloison *rf*.

Fig. 113. Stade plus avancée. Le tissu du feuillet moyen s'est différencié en musculature, et les éléments endodermiques se sont accumulés dans la cavité métastomiale.

Fig. 114. La différenciation de la cloison *rf* en organes latéraux et masse ganglionnaire est effectuée, et la couche musculaire, auparavant renflée insensiblement de bas en haut (fig. 113), a acquis la division en lames prostomiales et métastomiales. Le tube digestif est complétement formé.

Fig. 115 à 119. — *Polia carcinophila.*

Fig. 115. Première apparition des linéaments du jeune Némerte. Il semble qu'ici la production d'une masse de deutoplasme interne soit remplacée par la scission directe des cellules radiaires.

Fig. 116. L'embryon a repris une structure identique à celle du stade 87 de l'*Amphiporus.*

Fig. 117. Larve libre présentant, à peu de chose près, la structure complète du Némerte adulte. Le tube digestif est déjà en partie différencié ; la division en lames prostomiales et métastomiales y est aussi visible.

Fig. 118. Jeune Némerte issu de la larve libre.

Fig. 119. Tête d'adulte. Le peu de netteté des organes latéraux chez cette espèce rend difficile de retrouver chez l'adulte [la distinction des lames prostomiales et métastomiales. La figure 118 nous montre que cette division existe cependant encore avec une plus grande netteté à l'état plus jeune.

Fig. 120 à 123. — *Amphiporus splendidus.*

Fig. 120. Stade correspondant à la figure 86 de l'*Amphiporus.*

Fig. 121. Stade correspondant à la figure 87 de l'*Amphiporus.*

Fig. 122. Stade correspondant à la figure 92 de l'*Amphiporus.* La division en deux cavités limitées par les grandes divisions de la musculature (lames prostomiales et métastomiales, organes latéraux) y présente une netteté presque schématique.

Fig. 123. Plus âgé. La cloison s'est plus complétement différenciée en organes latéraux et masses ganglionnaires. Dans la portion antérieure, l'épaississement impair s'est déjà produit, mais la soudure complète de l'épaississement secondaire n'est pas encore terminée. — Gross. 23 diam.

Fig. 124. — *Cephalothrix linearis.*

On y voit un rudiment commun des lames prostomiales, organes latéraux et masses ganglionnaires sous forme de renflements *rf* de la portion antérieure de la couche musculaire continue qui entoure le corps. La division en cavités prostomiales et métastomiales n'est pas, comme chez les *Enopla*, distincte dès ce stade, mais elle apparaît après la différenciation des deux masses *rf*.

228 **J. BARROIS.**



PLANCHE 9.

Fig. 125 à 132. — *Lineus obscurus* (gross. 45 diam.).
Fig. 133 à 136. — *Lineus longissimus* (gross. 20 diam.).

*Lettres communes relatives aux coupes.*

A, couche musculaire principale de deux groupes de Némertes. (longitudinale externe des *Anopla*, longitudinale des *Enopla*.
*pig*, zone pigmentaire.
*gs*, ganglions supérieurs.
*gi*, ganglions inférieurs.
*cc*, cavité générale.
*ca*, portion de cavité prostomiale comprise en avant du diaphragme et contenant la portion indévaginable de la trompe.

*Lettres spéciales aux Anopla.*

*bc*, couches annulaire et longitudinale interne.
*bc'*, les mêmes, passées au dedans des masses ganglionnaires.
*L*, cavités latérales provenant de la réduction au devant de la bouche de la cavité du corps.
*cl*, cloison résultant de la réunion du reticulum autour de la trompe.
1, cavité médiane de la cloison.
2, cavités latérales de la cloison.
*h*, reste horizontal de la cloison maintenant distinctes ces trois cavités.

Fig. 136. Coupe de la région postérieure du corps composée de ses trois couches (longitudinale externe, annulaire et longitudinale interne); cavité du corps divisée en vaisseaux et chambres génitales.

Fig. 135. Région œsophagienne. La division en vaisseaux longitudinaux et chambres génitales a fait place à une cavité continue irrégulièrement traversée de fibres connectives radiaires et entourant l'œsophage.

Fig. 134. Coupe au niveau de la bouche. Même disposition.

Fig. 133, 132. Coupes à l'extrémité antérieure de l'œsophage. Les deux couches internes viennent se souder à ses parois latérales en supprimant à ce niveau la cavité générale, qui se trouve réduite à la portion supérieure. Les fibres du reticulum, disposées d'abord (fig. 134, 135) en faisceaux isolés, se groupent en faisceaux plus volumineux; l'un de ces derniers entoure la gaîne de la trompe et la réunit à la paroi de l'œsophage en formant une épaisse cloison connective (*cl*).

Fig. 131. Œsophage remplacé par une portion de couche musculaire externe, souvent caractérisée par l'arrangement circulaire du reticulum (fig. 130), et à laquelle la cloison continue à adhérer; cette dernière a augmenté encore en épaisseur, tandis que tous les autres faisceaux connectifs ont disparu des cavités latérales, transformées ainsi en cavités libres et arrondies *L*.

Fig. 130. Apparition des organes latéraux dans chacune des deux cavités latérales. Les deux couches internes de la paroi commencent à s'interrompre sur les côtés pour se concentrer sur la ligne médiane, en même temps qu'on voit

la cavité du corps réapparaître au milieu de la cloison. Au même point, les
cordons nerveux commencent à se réunir en ganglions inférieurs.

Fig. 129. Coupe au delà des organes latéraux. Les masses ganglionnaires sont
bien visibles ; les deux couches internes se sont concentrées sur la ligne médiane en deux lambeaux qui pénètrent à l'intérieur des masses ganglionnaires
pour venir reformer, à leur partie interne, une nouvelle couche continue.

Fig. 128, 127. Même processus complétement achevé. Il est à remarquer que
dans la dernière figure (127) la disposition générale, en ce qui concerne
l'ordre de stratification relative des différentes couches, est encore la même
que celle qui existait au début (136) : 1° couche longitudinale externe ;
2° système nerveux ; 3° deux couches internes ; 4° cavité du corps renfermant la trompe et sa gaîne. Cette concordance est due au passage qui s'est
effectué à partir des organes latéraux des deux couches internes en dedans
des ganglions.

Fig. 126. Le dernier vestige de cavité du corps (formé par écartement graduel
des fibres de la cloison) se trouve limité par la soudure de l'épaisse couche
externe A en diaphragme continu, au delà duquel on voit réapparaître une
autre cavité dirigée en sens opposé et qui n'a plus de rapport avec le système
circulatoire.

Fig. 125. Même disposition plus accentuée. La trompe et sa gaîne y sont rem-
placées par un tube unique (portion non dévaginable de la trompe).


PLANCHE 10.

Fig. 137 à 142. — *Amphiporus lactifloreus* (gross. 45 diam.).
Fig. 143 à 149. — *Drepanophorus spectabilis* (gross. 26 diam.).

*no*, organe énigmatique (nerfs optiques ?) situé dans la partie céphalique
du *Drepanophorus*.
*cv*, Cavité générale de seconde formation.

Fig. 149. Coupe dans la région postérieure du corps, montrant entre l'intestin
et la paroi du corps la cavité générale qui contient les vaisseaux et se trouve
divisée par les cloisons génitales en compartiments.

Fig. 148. Région œsophagienne. Le reticulum qui formait les cloisons est disséminé dans la cavité générale.

Fig. 147. Coupe à la partie postérieure des organes latéraux : on voit, à ce
niveau, la couche musculaire longitudinale se diviser en deux feuillets.

Fig. 146. Apparition des masses ganglionnaires refoulant les fibres du reticulum en mince couche périphérique, et en partie médiane *cl* logeant l'intestin et la gaîne de la trompe.

Fig. 145, 144. Coupes au devant de l'œsophage, montrant les deux feuillets
unis par le reticulum, de la couche longitudinale, s'écartant de plus en plus
de manière à former la masse céphalique.

Fig. 143. Le feuillet interne de la couche longitudinale est venu, à la suite de la
disparition des masses ganglionnaires, se souder à la gaîne de la trompe pour

230 **J. BARROIS.**

constituer le diaphragme qui limite en arrière la masse céphalique. La cavité
centrale *ca* ne contient plus que la portion *tr'* non dévaginable de la trompe.

Fig. 142. Coupe dans la région postérieure de l'*Amphiporus*.

Fig. 141. Région œsophagienne.

Fig. 140. Même région plus en avant, montrant la disparition graduelle de
l'intestin.

Fig. 139. Intestin presque disparu ; œsophage très-développé et montrant à sa
partie supérieure les vaisseaux et cordons nerveux passant au-dessus pour
aller former l'anse céphalique et les ganglions inférieurs.

Fig. 138. Coupe à la partie supérieure des ganglions (au niveau des organes
latéraux), montrant la scission de la couche longitudinale en deux feuillets.

Fig. 137. Coupe dans la masse céphalique, montrant sa composition aux dépens
des deux feuillets de la couche longitudinale réunis entre eux par le réticulum et circonscrivant une cavité entièrement occupée par la portion non
dévaginable de la trompe.

PLANCHE 11.

Fig. 150. *Lineus longissimus*. — Coupe de la région céphalique au point de
réunion des cordons nerveux, pour montrer l'aspect de la couche annulaire
refoulée en dedans au-dessus des cordons nerveux. — Gross. 16 diam.

Fig. 151. *Lineus bilineatus.*— Coupe au même niveau, montrant le même aspect,
en même temps que la disposition exacte visible dans la partie de droite, sur
les couches coupées perpendiculairement à leur direction. — Gross. 21 diam.

Fig. 152. *Lineus bilineatus.* — Coupe dans le milieu du corps montrant la
position ventrale des deux vaisseaux latéraux. — Gross. 19 diam.

Fig. 153. *Lineus bilineatus.*— Coupe un peu au-dessous de l'œsophage dans le
même individu, montrant que la position normale des vaisseaux est bien latérale et que la position ventrale qu'elles occupent dans la région postérieure
n'est due qu'à l'extension du tube digestif sur les côtés. — Gross. 18 diam.

Fig. 154, 155. *Lineus bilineatus.* — Coupes horizontales (parallèles aux faces
dorsale ou ventrale) montrant la division en chambres génitales déjà tapis-
sées par places d'épithélium génital figuré à deux degrés de développement.
— Gross. 35 diam.

Fig. 156. *Lineus obscurus.*— Coupe latérale (parallèle aux faces latérales) montrant la communication des chambres génitales et des vaisseaux latéraux.
— Gross. 50 diam.

Fig. 157. *Lineus bilineatus.*—Coupe horizontale passant par les vaisseaux ventraux de la région postérieure (fig. 152) pour montrer la continuité de la paroi
connective des chambres génitales avec la couche externe également connective des vaisseaux. — Gross. 48 diam.

Fig. 158. Coupe de Planaire d'eau douce pour montrer le grand développement
du reticulum et le faible développement de la couche musculaire principale,
réduite à quelques fibres longitudinales éparses *me ; pig*, zone pigmentaire ; *I*,
coupe des cœcums de l'intestin ; *ép*, épiderme ; *ret*, reticulum.—Gross. 19 diam.

Fig. 159. Coupe de la paroi du corps du Prorhynque pour montrer la couche longitudinale caractéristique qui en constitue la partie essentielle. — Gross. 120 diam.

Fig. 160. Planaire d'eau douce appartenant vraisemblablement à l'état jeune du Prorhynque : *tr*, trompe ; *œ*, œsophage ; *I*, intestin ; *gn*, système nerveux. — Gross. 60 diam.

Fig. 161. Partie antérieure du Prorhynque pour montrer la disposition générale de la musculature : DP, masse musculaire de la tête ; *ol*, organes latéraux ; *sp*, poche à spermatozoïdes ; *gl*, glandes du pénis. — Gross. 120 diam.

Fig. 162. Partie antérieure et bourgeonnement du *Stenostomum leucops*, montrant la disposition générale de la musculature : *gn*, système nerveux ; *ol*, organes latéraux ; DP, masses musculaires de la tête ; *cp*, lacune de la tête ; *œ*, œsophage ; *sph*, calottes réfringentes placées en arrière du système nerveux. — Gross. 400 diam.

PLANCHE 12.

Fig. 163 à 165. Schémas représentant les trois degrés successifs d'évolution du reticulum. — Fig. 163, disséminé irrégulièrement dans la cavité du corps qu'il comble en partie (état *Plathelminthe*, Planaires). — Fig. 164, refoulé en couche continue entourant le système des cavités internes. — Fig. 165, séparation de cette couche, des téguments, pour venir former une paroi propre autour des cavités qu'elle circonscrit et qui passent à celles des organes internes contenus dans une spacieuse cavité du corps (état *Némathelminthe*).

Fig. 166 à 168. Schémas pour résumer le cycle général d'embryogénie. — Fig. 66, forme primitive montrant la division en organes latéraux, lames prostomiales (disques antér.) et métastomiales (disques postér.). — Fig. 168, masses ganglionnaires formées au-dessus des organes latéraux (*Anopla*). — Fig. 169, masses ganglionnaires formées au-dessous (*Enopla*).

Fig. 169, 170. Les deux modes essentiels de différenciation de la masse interne du développement direct. Dans le premier cas, le rudiment commun des organes latéraux et masses ganglionnaires (renflement *rf*) apparaît en avant du système des cavités (*Anopla*, fig. 170), qui semblent, dans ce cas, confondues en une seule. Dans le second (*Enopla*, fig. 169), ils apparaissent entre les deux et les délimitent ainsi de bonne heure d'une manière très-nette.

Fig. 171, 172. Formes primitives comparées du groupe des Annélides et de celui des Némertes : la première (fig. 171), avec couche musculaire simplement renflée en masse antérieure (disques antérieurs) et cavité du corps cloisonnée par les cæcums du tube digestif et le reticulum ; la seconde (fig. 172) présentant l'apparition directe dans le rudiment de la musculature (ligne primitive) de cavités séparées : *lp*, ligne primitive s'étendant du côté dorsal.

Fig. 173, 174. Figures d'ensemble destinées à résumer les coupes des planches 10 et 11. — Figure 173 montre les deux couches internes *bc* sous forme d'une ligne noire, le reticulum sous forme de traînées blanches (*ret, cl, h*). Toutes deux, ces figures nous montrent en même temps les deux divisions caractéristiques causées par les organes latéraux et le diaphragme *ps*, et permettent de juger de leurs rapports divers. Les lignes numérotées indiquent le niveau des coupes des planches 9 et 10.

Fig. 175, 176, 177. Schémas destinés à représenter le cycle du groupe des Némertes : 175, *gastrula* bilatérale ; 176, même forme après apparition de fibres disséminées du reticulum et de la couche musculaire encore uniforme ; 177, la même, après renflement en avant des organes latéraux de la couche musculaire en masse antérieure, l'apparition du système nerveux sur toute sa face interne, et l'arrangement du reticulum en couches cohérentes autour du système des cavités du corps ; 178-179, deux chambres génitales à des degrés inégaux de développement.

------

1° Pendant que ce mémoire était sous presse, a paru un travail de M. Hoffmann (*Niederländisches Archiv. für Zoologie*, 3<sup>e</sup> vol., 1877) sur l'embryologie du *Tetrastemma varicolor*, qui appartient au type de la *Planula* : le développement y est identique à celui du *Tetrastemma dorsale* décrit précédemment ; M. Hoffmann a vu comme moi (voyez ma communication préliminaire de 1876) le fait important de la destinée de la masse centrale de la *Planula*, donnant naissance aux deux feuillets internes, et il signale de plus une disposition remarquable du mésoderme, formé au début d'une seule couche de longues cellules cylindriques.

J'accepte volontiers son résultat, acquis à l'aide de coupes, de la naissance des masses ganglionnaires par prolifération des cellules de l'épiderme, mais ne puis me rallier de même à ce qu'il dit sur la naissance de la trompe aux dépens de l'intestin.

2° Je dois en second lieu donner satisfaction à M. Hubrecht, qui, dans une communication privée postérieure à mon travail, m'a dit n'avoir pas voulu donner le sens que je pensais aux passages contestés dans ce qui précède : son intention n'était pas d'ajouter si grande importance à savoir, si la division en zoonites est produite par les cæcums ou par les cloisons ; mais il n'a voulu qu'insister par là sur le fait de la métamérisation chez les Némertes. Son rapprochement avec les Annélides n'a de même d'autre but que de signaler des relations générales avec la disposition annelée ; nullement de prétendre à une affinité réelle entre les deux classes des Annélides et des Némertiens. Entendues dans ce sens, ses différentes assertions n'ont plus rien de contraire à mes opinions, et je ne puis qu'y donner mon adhésion complète.

Vu et approuvé, le 25 juin 1877.

*Le Doyen de la Faculté des sciences,*

MILNE EDWARDS.

Permis d'imprimer, le 26 juin 1877.

*Le Vice-recteur de l'Académie de Paris,*

A. MOURIER.

# TABLE DES MATIÈRES

## II. DU PLAN DE STRUCTURE.



## III. ÉTABLISSEMENT DU CYCLE GÉNÉRAL.



FIN DE LA TABLE DES MATIÈRES.

# DEUXIÈME THÈSE

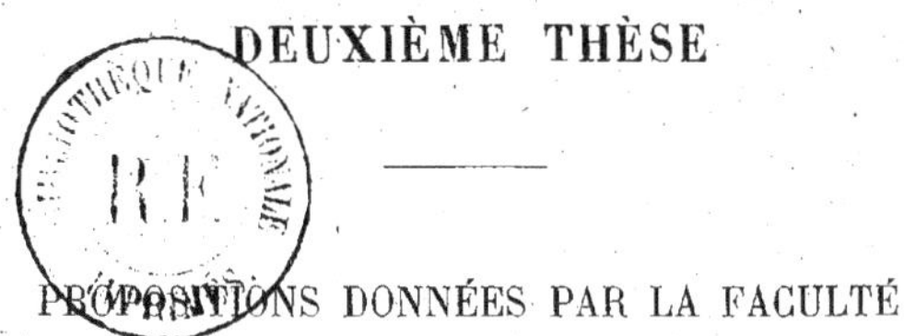

## PROPOSITIONS DONNÉES PAR LA FACULTÉ

BOTANIQUE. — 1° Différences entre la tige et la racine quant à la structure et au développement.

2° Caractères des Glumacées.

GÉOLOGIE. — 1° Histoire des noms Cambrien et Silurien.

2° Classification des couches sédimentaires inférieures du Terrain devonien.

Vu et approuvé, le 25 juin 1877.

*Le Doyen de la Faculté des sciences,*

MILNE EDWARDS.

Permis d'imprimer, le 26 juin 1877.

*Le Vice-recteur de l'Académie de Paris,*

A. MOURIER.

PARIS. — IMPRIMERIE DE E. MARTINET, RUE MIGNON, 2

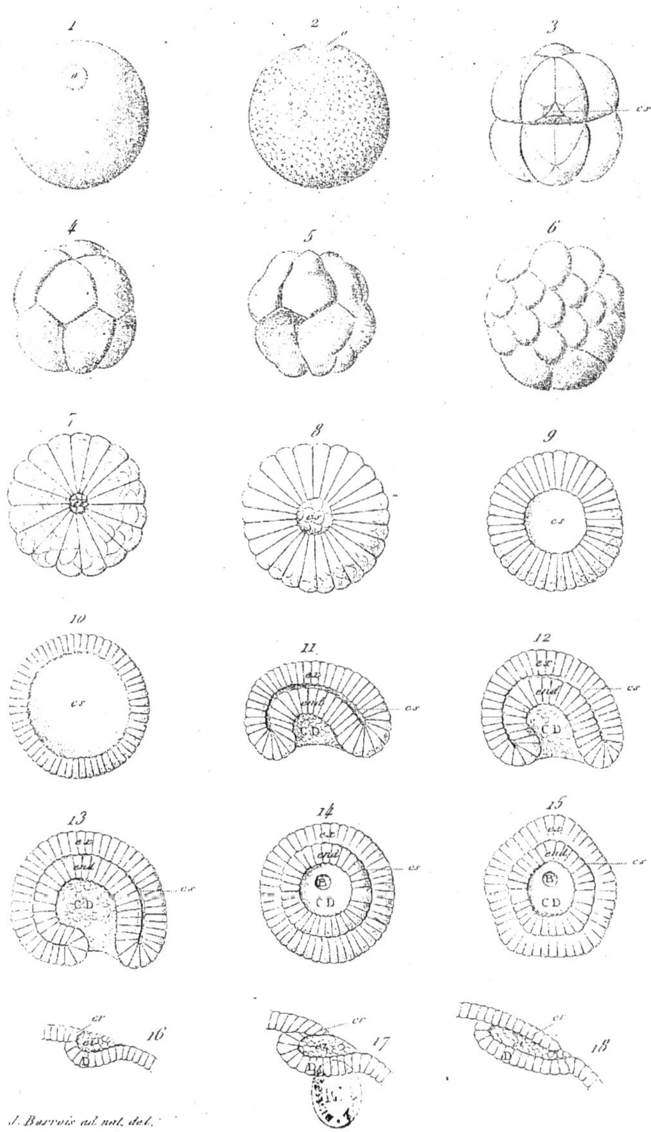

Embryologie des Nemertes.

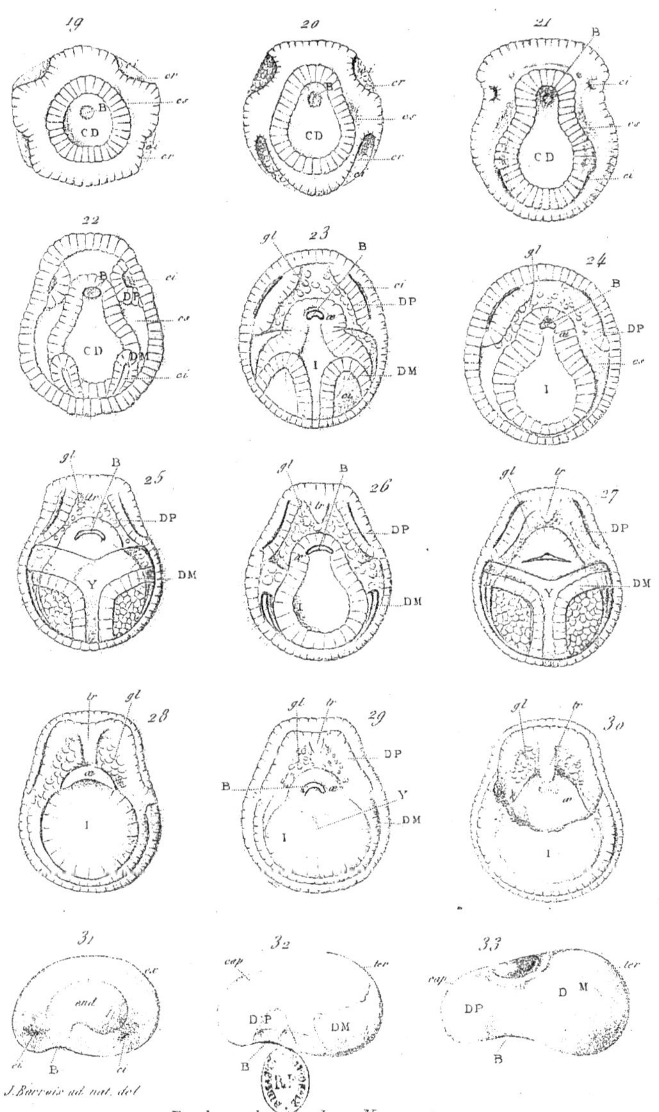


J. Barrois ad. nat. del.
Embryologie des Nemertes.
Imp. A. Salmon, r. Vieille Estrapade, 15. Paris.

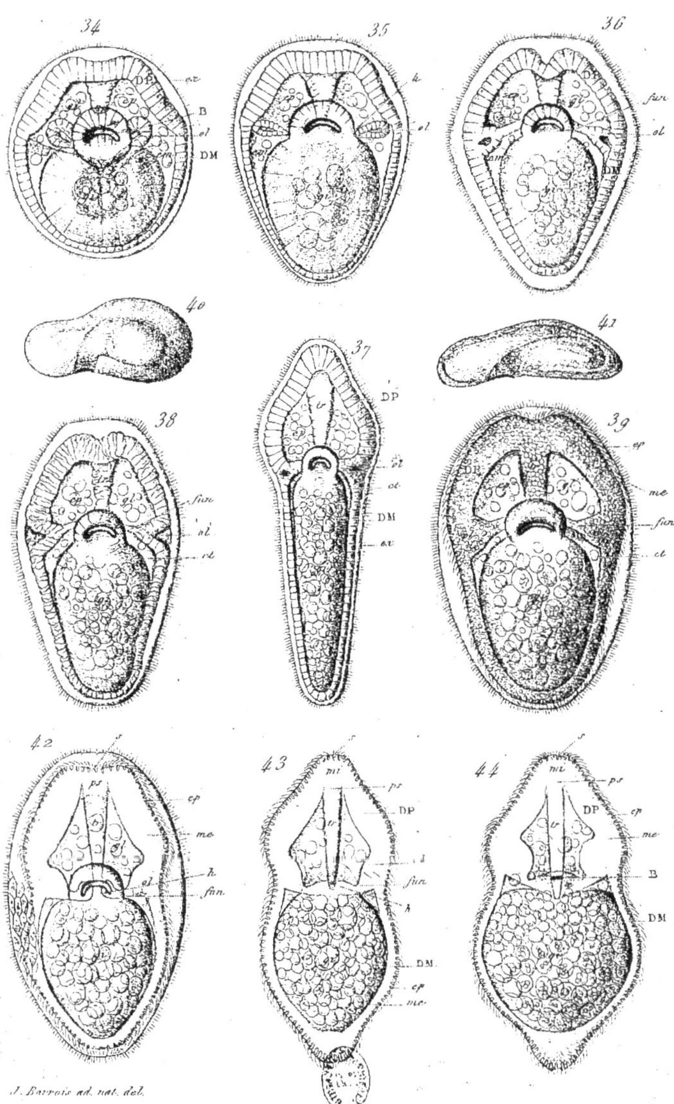

Embryologie des Nemertes.



Imp. A. Salmon, r. Vieille Estrapade, 15, Paris.

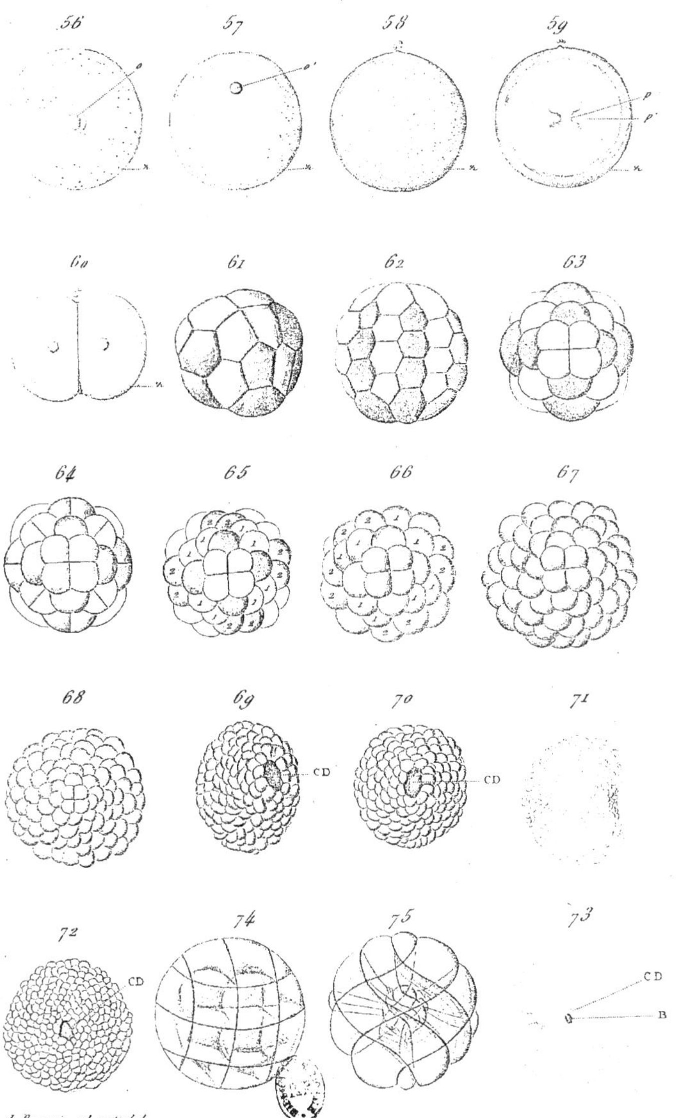



J. Barrois ad nat. del

Embryologie des Nemertes.

Imp. A. Salmon, r. Vieille Estrapade, 15, Paris.

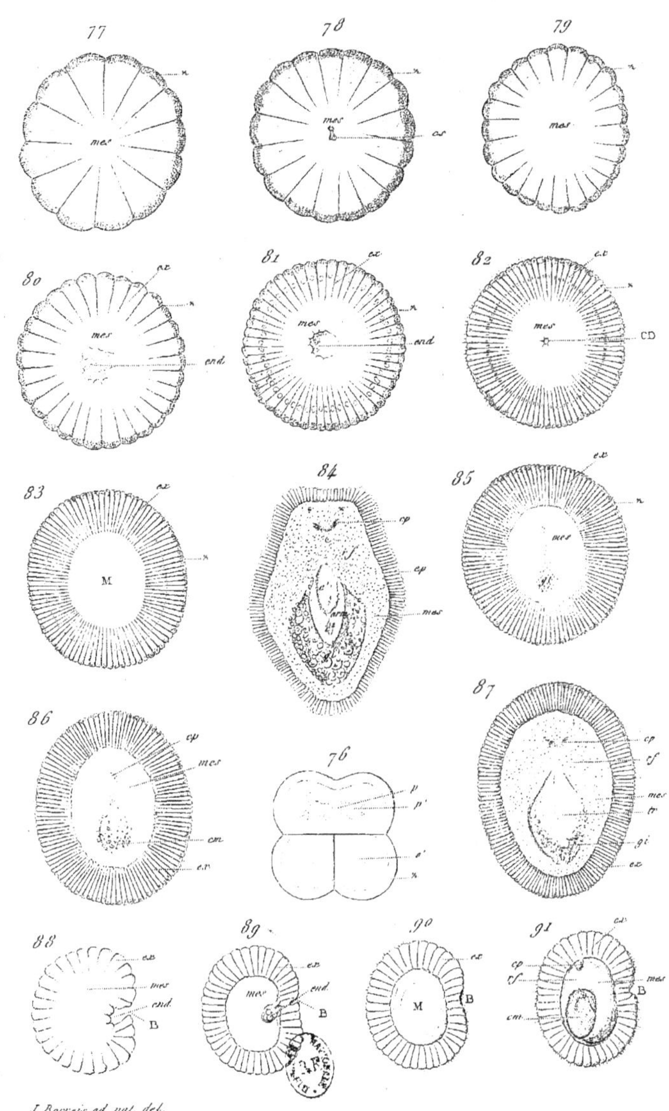

J. Barrois ad nat. del.

*Embryologie des Nemertes.*

Imp. A. Salmon, r. Vieille Estrapade, 15, Paris.

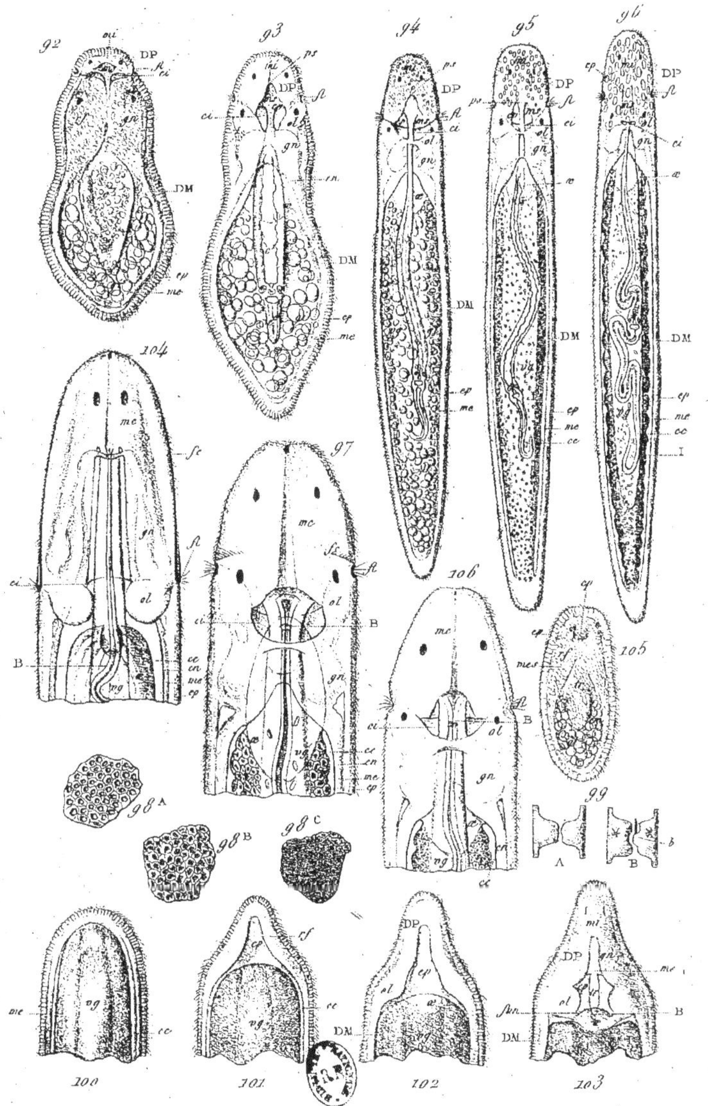

Embryologie des Nemertes.

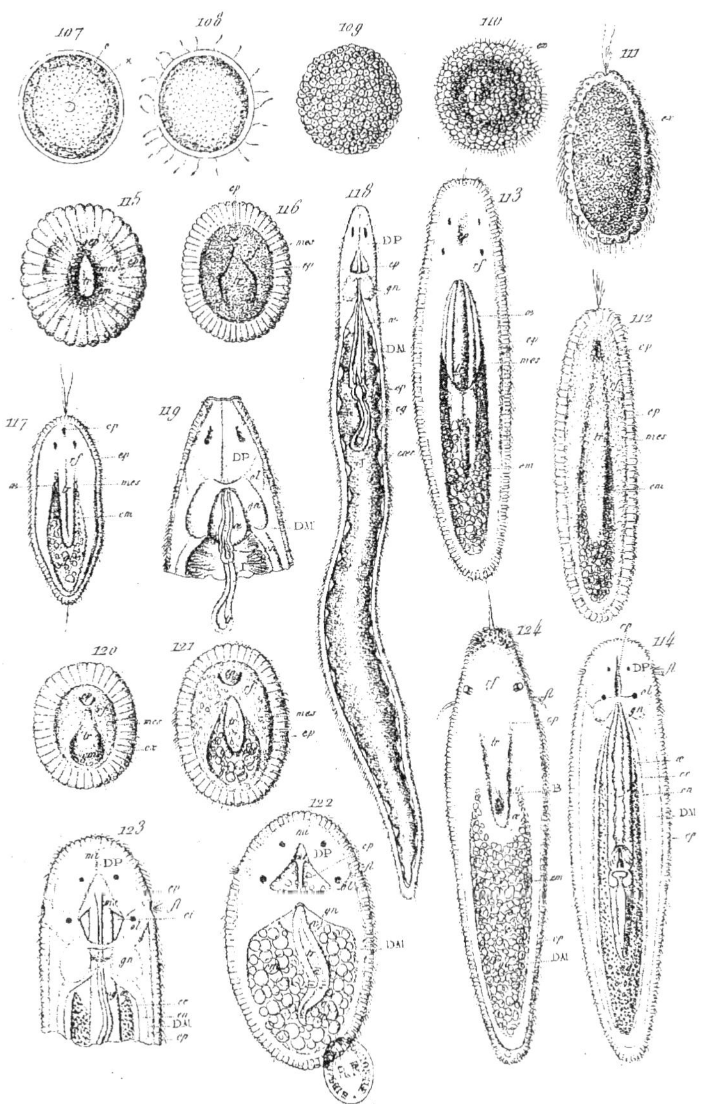

Embryologie des Nemertes.

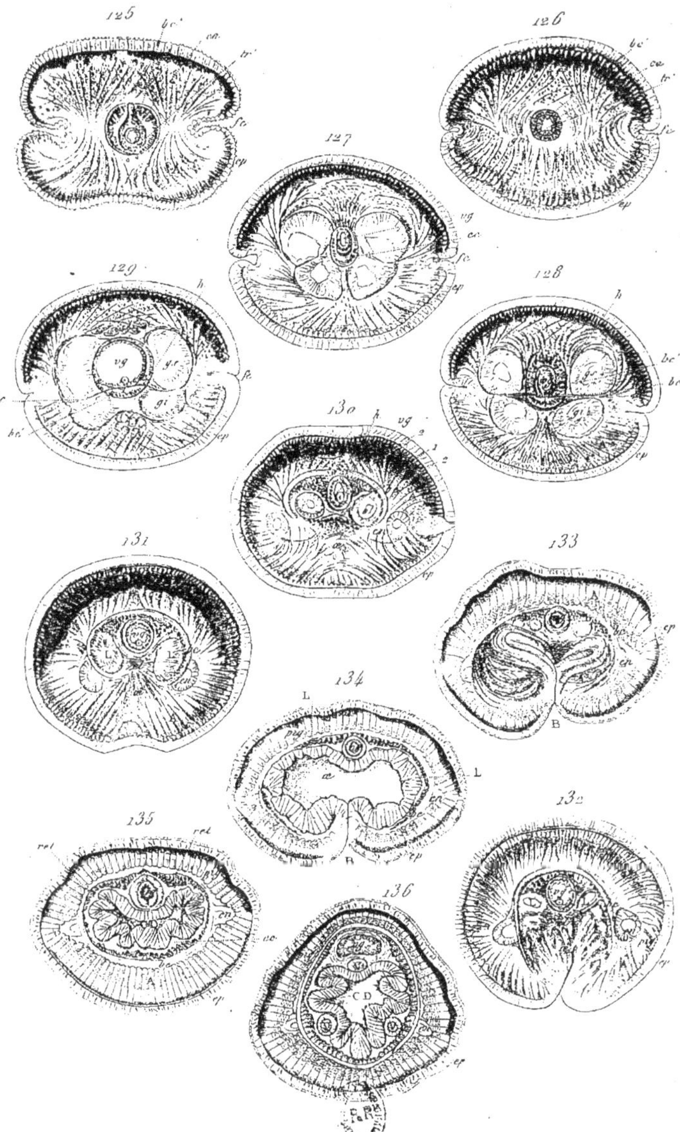



*Embryologie des Nemertes.*

Imp. A. Salmon, r. Vieille Estrapade, 15, Paris.

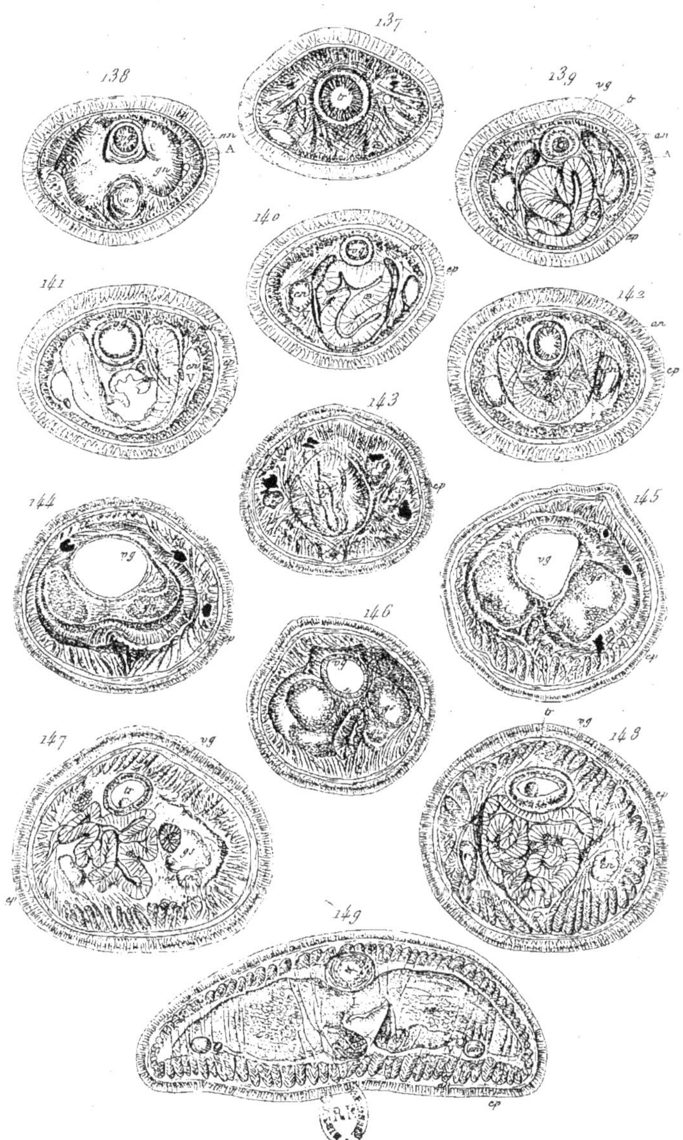



Embryologie des Nemertes.

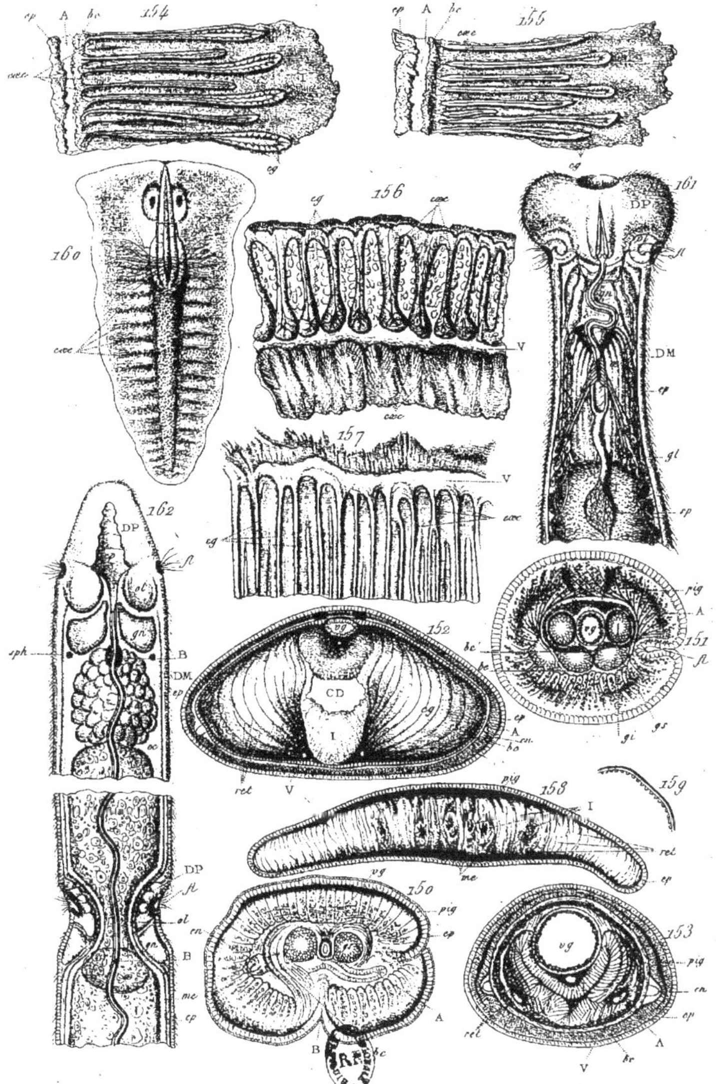

Embryologie des Nemertes.

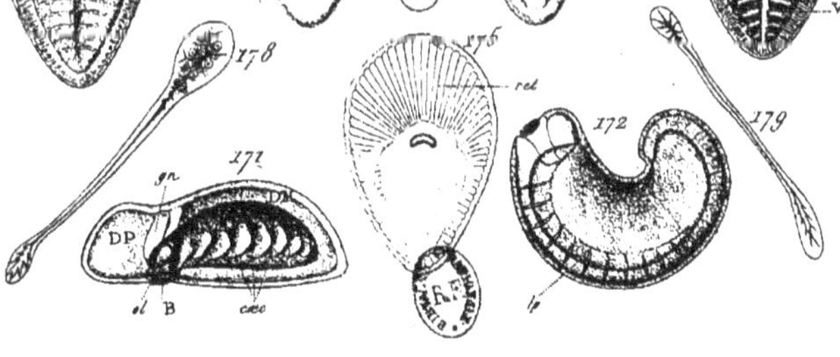

Embryologie des Nemertes.

Imp. A. Salmon, r. Vieille Estrapade, 15, Paris.